HANSJÖRG WEBER

Die Ausschlußfrist im Arbeitsrecht

Schriften zum Sozial- und Arbeitsrecht

Band 66

Die Ausschlußfrist im Arbeitsrecht

Von

Professor Dr. Hansjörg Weber

DUNCKER & HUMBLOT / BERLIN

CIP-Kurztitelaufnahme der Deutschen Bibliothek

Weber, Hansjörg:
Die Ausschlussfrist im Arbeitsrecht / von Hansjörg Weber. —
Berlin: Duncker und Humblot, 1983.
(Schriften zum Sozial- und Arbeitsrecht; Bd. 66)
ISBN 3-428-05354-0
NE: GT

Gedruckt 1983 bei Buchdruckerei A. Sayffaerth - E. L. Krohn, Berlin 61
Printed in Germany

ISBN 3 428 05354 0

Vorwort

Tarifliche Ausschlußfristen haben in der Praxis eine außerordentliche Bedeutung erlangt. Es dürfte deshalb heute kaum noch einen (Mantel- oder Rahmen-) Tarifvertrag geben, der keine Ausschlußfrist enthält. Nach der in Lehre, Rechtsprechung und Praxis herrschenden Ansicht dienen Ausschlußfristen vor allem der Rechtsklarheit und der Rechtssicherheit. Doch werden diese Ziele nicht erreicht. Denn eine verwirrende Vielzahl in Länge und Voraussetzungen unterschiedlicher Verfallklauseln verhindert Rechtsklarheit und eine widersprüchliche und oft dogmatisch nicht überzeugende Rechtsprechung läßt Rechtssicherheit nicht entstehen.

Die vorliegende Studie versucht, nach einer Analyse der Rechtsprechung des Bundesarbeitsgerichts zur Ausschlußfrist und nach der Auswertung der Tarifpraxis eine Regelung der Materie zu erarbeiten, die beiden Zielen gerecht wird und die zugleich dogmatisch fundiert ist. Am Ende der Untersuchung steht daher ein Gesetzesvorschlag, der nicht nur die bisherigen tariflichen Verfallklauseln betrifft, sondern generell die Ausschlußfrist im Arbeitsrecht erfaßt.

Arbeitgeberverbänden und Gewerkschaften habe ich für die bereitwillige Überlassung von Tarifverträgen zu danken. Die im Anhang abgedruckten und in der Studie ausgewerteten Verfallklauseln stellen eine zufällige, aber typische Auswahl dar.

Marburg, im Frühjahr 1983

Hansjörg Weber

Inhaltsverzeichnis

Abkürzungsverzeichnis

a. A.	=	anderer Ansicht
abl.	=	ablehnend
Abs.	=	Absatz
a. E.	=	am Ende
a. F.	=	alte Fassung
AFG	=	Arbeitsförderungsgesetz
Anm.	=	Anmerkung
AP	=	Arbeitsrechtliche Praxis (Nachschlagewerk des Bundesarbeitsgerichts)
ArbG	=	Arbeitsgericht
ArbGG	=	Arbeitsgerichtsgesetz
ARS	=	Einkommensteuergesetz
Aufl.	=	Auflage
AuR	=	Arbeit und Recht (Zeitschrift)
BAG	=	Bundesarbeitsgericht
BAGE	=	Entscheidungen des Bundesarbeitsgerichts (Amtliche Sammlung)
BAT	=	Bundes-Angestellten-Tarifvertrag
BB	=	Betriebsberater (Zeitschrift)
BBiG	=	Berufsbildungsgesetz
Bd.	=	Band
Bem.	=	Bemerkung
Betrieb	=	Der Betrieb (Zeitschrift)
BetrVerfG	=	Betriebsverfassungsgesetz
BGB	=	Bürgerliches Gesetzbuch
BGH	=	Bundesgerichtshof
BGHZ	=	Amtliche Sammlung des Bundesgerichtshofs in Zivilsachen
BlSt-SozArbR	=	Blätter für Steuerrecht, Sozialversicherung und Arbeitsrecht
BUrlG	=	Bundesurlaubsgesetz
DAR	=	Deutsches Arbeitsrecht (Zeitschrift)
d. h.	=	das heißt
Einl.	=	Einleitung
EStG	=	Arbeitsrechtssammlung
EzA	=	Entscheidungssammlung zum Arbeitsrecht
ff.	=	und folgende
Fußn.	=	Fußnote
GG	=	Grundgesetz
GS	=	Großer Senat
GVG	=	Gerichtsverfassungsgesetz
h. M.	=	herrschende Meinung

i. d. F.	= in der Fassung
i. d. R.	= in der Regel
i. S.	= im Sinne
i. V.	= in Verbindung
JuS	= Juristische Schulung (Zeitschrift)
JZ	= Juristenzeitung (Zeitschrift)
KO	= Konkursordnung
KSchG	= Kündigungsschutzgesetz
LAG	= Landesarbeitsgericht
LohnFG	= Lohnfortzahlungsgesetz
MDR	= Monatsschrift für Deutsches Recht (Zeitschrift)
MTV	= Manteltarifvertrag
m. w. N.	= mit weiteren Nachweisen
NJW	= Neue Juristische Wochenschrift (Zeitschrift)
Nr.	= Nummer
oHG	= offene Handelsgesellschaft
OLG	= Oberlandesgericht
PersVG	= Personalvertretungsgesetz
RdA	= Recht der Arbeit (Zeitschrift)
RG	= Reichsgericht
RGBl.	= Reichsgesetzblatt
RGZ	= Amtliche Sammlung des Reichsgerichts in Zivilsachen
Rdnr.	= Randnummer
Rspr.	= Rechtsprechung
RTV	= Rahmentarifvertrag
S.	= Satz, Seite
SAE	= Sammlung arbeitsrechtlicher Entscheidungen (Zeitschrift)
SchwbG	= Schwerbehindertengesetz
s. a.	= siehe auch
s. o.	= siehe oben
sog.	= sogenannt
str.	= streitig
s. u.	= siehe unten
TVG	= Tarifvertragsgesetz
Übers.	= Übersicht
Vorbem.	= Vorbemerkung
ZFA	= Zeitschrift für Arbeitsrecht
ZIP	= Zeitschrift für Wirtschaftsrecht und Insolvenzpraxis
ZPO	= Zivilprozeßordnung
ZRP	= Zeitschrift für Rechtspolitik
zust.	= zustimmend
z. T.	= zum Teil

Einleitung

Die im materiellen und formellen Recht bekannte Ausschlußfrist hat besondere Bedeutung im Arbeitsrecht erlangt. Anwendung hat sie dabei weniger im individuell ausgehandelten Einzelarbeitsvertrag[1] oder in Betriebsvereinbarungen gefunden als vielmehr in Tarifverträgen[2]. Grundlage dafür ist die in § 4 Abs. 4 S. 3 TVG getroffene Bestimmung: „Ausschlußfristen für die Geltendmachung tariflicher Rechte können nur im Tarifvertrag vereinbart werden." Es gibt heute kaum noch einen Mantel- oder Rahmentarifvertrag, der keine Ausschlußfristen enthält[3]. Gemäß §§ 3—5 TVG gelten die tariflichen Ausschlußfristen — außer im Fall der Allgemeinverbindlichkeit des Tarifvertrags — zwar nur für beiderseits tarifgebundene Arbeitgeber und Arbeitnehmer; diese Tarifnormen haben aber darüber hinaus eine viel weitere Verbreitung, weil es in der Praxis vielfach üblich ist, die Tarifverträge (durch Bezugnahme) zum Inhalt des Arbeitsvertrages zu machen, so daß die Ausschlußfristen dann kraft Einzelarbeitsvertragsrechts gelten[4].

Die damit offensichtliche Wichtigkeit dieses Rechtsinstituts für die Praxis rechtfertigt seine sorgfältige Analyse. Dies erweist sich gerade deshalb als erforderlich, weil die Ausschlußfrist keine gesetzliche Regelung erfahren hat. Ihre Ausgestaltung oblag daher weitgehend den Gerichten für Arbeitssachen, also insbesondere dem Bundesarbeitsgericht. Die Frage nach der Legitimation von Richterrecht soll hier jedoch nicht gestellt werden[5]. Vielmehr soll untersucht werden, wie die Rechtsprechung die vielfältigen Probleme der tariflichen Ausschlußfrist zu lösen versucht hat und ob es ihr gelungen ist, ein Rechtsinstitut zu entwickeln, das — dogmatisch fundiert — geeignet ist, Rechtssicherheit und Rechtsklarheit in diesem Bereich zu verwirklichen.

---

1 Beispiel in LAG Düsseldorf, Betrieb 1981, 590.

2 Zur Rechtslage vor Inkrafttreten des TVG s. *Hueck / Nipperdey*, ArbR II, 1 § 32 III 1 m. Anm. 21.

3 *Gaul*, Ausschlußfristen, S. 97 ff.; *Wiedemann / Stumpf*, TVG § 4 Rdnr. 366; *Stahlhacke*, BB 1967, 1487; s. auch schon *Tamm*, RdA 1959, 451 (II). Nicht nur die im Anhang abgedruckten Tarifverträge enthielten Ausschlußfristen, sondern alle mir zugänglich gemachten.

4 *Stahlhacke*, BB 1967, 1487; BAG, AP Nr. 1 zu § 1 TVG Bezugnahme auf Tarifvertrag.

5 Dazu neuestens *G. Müller*, Betrieb 1981, 93 ff.

Dabei soll keineswegs verkannt werden, daß auch gesetzlich normierte Rechtsinstitute Unklarheiten und Ungenauigkeiten aufweisen können; die Kommentar-Literatur gibt davon ein beredtes Zeugnis. Es ist daher nur zu prüfen, ob bei allen Differenzen, die in Einzelpunkten bestehen mögen, für die Ausschlußfrist ein tragfähiges Gerüst erkennbar ist, das die Entscheidung im Einzelfall vorhersehbar macht und damit die angestrebte Rechtssicherheit verwirklicht bzw. garantiert. Da die Ausschlußfristen also der Rechtssicherheit und dem Rechtsfrieden dienen[6], ist dies der Maßstab, an dem die Rechtsprechung zu messen ist.

Seit *Gaul*[7] sein Gutachten über tarifliche Ausschlußfristen erstattet hat, sind mehr als 15 Jahre vergangen. In dieser Zeit ist eine Vielzahl von Tarifverträgen neu abgeschlossen oder abgeändert worden, eine Fülle von höchstrichterlichen Urteilen ist ergangen und vielfältige Stellungnahmen sind im Schrifttum abgegeben worden. Auch dies rechtfertigt eine Untersuchung darüber, ob die Äußerungen für oder gegen dieses Rechtsinstitut an Gewicht gewonnen haben. Die unterschiedlichen Ansichten sollen hier nur durch *Gaul* und *Leser* markiert werden. *Gaul*[8] hatte den echten Ausschlußfristen für Ansprüche (mit Ausnahme der Urlaubsansprüche) jede Existenzberechtigung abgesprochen; *Frey*[9] stimmte dem in einer temperamentvollen Rezension des Gutachtens „lebhaft“ zu. Er philosophierte darüber, „ob die häufig lautstark und mit drohendem Augenrollen ausgesprochene Parole ‚Rechtssicherheit und Rechtsfrieden durch Anspruchsverlust‘ begrüßenswert ist“ und kam zu dem Ergebnis, die Ausschlußklauseln schafften ganz im Gegenteil Unsicherheit und Unfrieden. Ein wenig matt klingt dagegen die neueste Rechtfertigung der Ausschlußfristen durch *Heinrich Leser*[10], wonach die der Ausschlußfrist innewohnende Starre in Grenzfällen aus dem Bereich formaler Unbeweglichkeit herauszulösen und dadurch gewissermaßen zu vermenschlichen sei; das rechtfertige ihre derzeitige Anerkennung und Berechtigung für die Zukunft. Es soll daher auch Gegenstand der Untersuchung die Frage sein, ob einer dieser Ansichten zu folgen ist oder ob zwischen diesen beiden extremen Positionen ein Mittelweg gefunden werden muß.

Die Behandlung des Themas kann sich allerdings nicht in der kritischen Analyse der Rechtsprechung und des Schrifttums erschöpfen. Vielmehr muß dabei auch die Tarifpraxis Berücksichtigung finden, die manches Rechtsproblem durch ihre Verfallklauseln erst geschaffen hat, die

---

6 *Wiedemann / Stumpf*, TVG § 4 Rdnr. 367.

7 *Gaul*, Ausschlußfristen, S. 11 ff.

8 *Gaul*, Ausschlußfristen, S. 90.

9 *Frey*, AuR 1964, 341.

10 *Leser*, Ausschlußfristen L VII 3, 4, s. a. B V; dagegen z. B. aber BAG, AP Nr. 4 zu § 496 ZPO (Ziff. 3 c).

aber andererseits auch von der gerichtlichen Spruchpraxis betroffen und gegebenenfalls zur Reaktion veranlaßt wird. Von den herangezogenen Tarifverträgen sind im Anhang 100 abgedruckt. Sie stellen eine zufällige Auswahl dar. Von einigen Gewerkschaften und Arbeitgeberverbänden liegen systematische Übersichten über Ausschlußfristen vor, die einen konzentrierten Einblick in die Vielfältigkeit der Regelungen ermöglichen.

I. Der Begriff der Ausschlußfrist

Wenn eine Handlung innerhalb einer bestimmten Frist vorgenommen werden muß, weil sonst ein Rechtsnachteil eintritt, spricht man von einer Präklusivfrist oder Ausschlußfrist[1]. Bei ihr kann also Säumnis vorliegen. Die Bezeichnung „Fall- oder Fatalfristen" wird dagegen für die unvermeidlich wirkenden, weder der Wahrung noch der Unterbrechung zugänglichen einfachen Befristungen verwendet[2].

Unter Ausschlußfrist versteht man insbesondere eine Frist, innerhalb derer ein Anspruch oder ein sonstiges Recht geltend gemacht werden muß, weil es sonst nach ihrem Ablauf erlischt bzw. verfällt[3]. Die Bestimmungen, die eine derartige Ausschlußfrist enthalten, werden daher Verfallklausel, aber auch Ausschlußklausel oder Verwirkungsklausel[4] genannt[5]. Doch sollte allein die Bezeichnung „Verfallklausel" verwandt werden, da sowohl das Wort „Verwirkungsklausel" als auch das Wort „Ausschlußklausel" irreführend ist.

„Verwirkungsklausel" ist irreführend[6], weil unter „Verwirkung" ein eigenes Rechtsinstitut verstanden wird[7], das von der Ausschlußfrist streng zu unterscheiden ist. Diese Unterscheidung ist nicht immer klar gesehen worden; so hat etwa *Franke*[8] mit „Verwirkungsklausel" nicht nur eine falsche Bezeichnung gewählt, sondern den Rechtsverlust, der durch Nichtbeachtung der Ausschlußfrist eintritt, auch tatsächlich auf Verwirkung gestützt. *Tamm*[9] leitet die Ausschlußfrist ebenfalls aus dem Rechtsinstitut der Verwirkung ab und steht dann vor dem Problem, daß gem. § 4 Abs. 4 S. 2 TVG die Verwirkung von tariflichen Rechten verboten ist, die Ausschlußfrist aber im nächsten Satz dieser Vorschrift

---

1 *Erman / Hefermehl*, BGB Vor § 194, 5 a; *Palandt / Heinrichs*, BGB § 186, 1; *Larenz*, AT § 13 IV c.

2 So *Spiro* II, § 366 Anm. 5, § 429 Anm. 7. Beispiel: Kündigung zum 31. 12. d. J.

3 Vgl. hierzu *Gaul*, Ausschlußfristen S. 39; *Wiedemann / Stumpf*, TVG § 4 Rdnr. 364.

4 So z. B. *Tamm*, RdA 1959, 450; *Franke*, JW 1935, 1306; RAG, ARS 28, 261.

5 *Gaul*, Ausschlußfristen S. 39.

6 *Gaul*, Ausschlußfristen S. 39; *Leser*, Ausschlußfristen A V 2. Vgl. zum Sprachgebrauch aber rechtsvergleichend *Spiro* II, §§ 366 ff., 371.

7 Dazu s. u. S. 31 ff.

8 *Franke*, JW 1935, 1306; ebenso RAG, ARS 38, 363.

9 *Tamm*, RdA 1959, 450 ff.

erlaubt wird. Soweit daher bislang in Tarifverträgen[10], Urteilen[11] oder der arbeitsrechtlichen Literatur[12] davon gesprochen wird, nach Ablauf der Ausschlußfrist sei der Anspruch „verwirkt", so ist das nicht nur irreführend, sondern falsch. Es muß daher erstaunen, daß in 22 der im Anhang aufgeführten Verfallklauseln noch immer von „Verwirkung" die Rede ist[13].

Aus anderem Grund verfehlt ist es aber beispielsweise, den § 360 BGB als „Verwirkungsklausel" zu bezeichnen[14]; denn er statuiert ein Rücktrittsrecht. Offensichtlich unzutreffend ist demnach auch die früher für § 360 BGB verwandte Kennzeichnung als „Verfallklausel" oder „kassatorische Klausel"[15]. Denn das Besondere der Ausschlußfrist besteht gerade darin, daß allein der Zeitablauf eine Rechtsfolge herbeiführt; (weitere) rechtsgeschäftliche Handlungen (wie z. B. die Abgabe einer Rücktrittserklärung, § 349 BGB) sind nicht erforderlich.

Auch die Bezeichnung „Ausschlußklausel" wird zu Recht beanstandet[16], da sie mit der „Tarifausschlußklausel" verwechselt werden könnte, durch die Außenseiter von Tarifbedingungen ausgeschlossen werden sollen.

Zum Begriff der Ausschlußfrist gehört auch, daß das mit Ablauf der Frist eingetretene Erlöschen des Rechts von Amts wegen zu berücksichtigen ist[17]. Dadurch unterscheidet sich die Ausschlußfrist grundlegend von der Verjährung, wie später[18] noch darzulegen ist.

---

[10] *Gaul*, Ausschlußfristen S. 99 ff., Nr. 6, 7, 11—13, 18, 25, 26, 36, 39, 40, 47, 59; BAG, AP Nr. 42 zu § 4 TVG Ausschlußfristen.

[11] Vgl. z. B. RGZ 128, 47; RAG, ARS 38, 355.

[12] Vgl. z. B. *Hueck / Nipperdey*, ArbR II, 1 § 32 III 5 d bei Anm. 41.

[13] Anhang Nr. 1—8, 17, 23, 27, 28, 38, 55, 62, 63, 73, 85, 92, 93, 96, 100.

[14] Vgl. die Überschrift bei *Palandt / Heinrichs*, BGB § 360.

[15] So z. B. *Heck*, Grundriß § 52, 8 a.

[16] *Leser*, Ausschlußfristen A V 3; *Wiedemann / Stumpf*, TVG Einl. Rdnr. 70.

[17] *Hueck / Nipperdey*, ArbR II, 1 § 32 III 1.

[18] s. u. S. 30.

II. Der Zweck der Ausschlußfrist

1. Rechtsklarheit und Rechtssicherheit

Nach verbreiteter Ansicht[1] besteht der Zweck der Ausschlußfristen darin, den beiden Arbeitsvertragsparteien schnellstens Klarheit über die zwischen ihnen (noch) bestehenden Ansprüche aus dem Arbeitsverhältnis zu verschaffen, um dadurch Rechtsfrieden und Rechtssicherheit herbeizuführen. Es soll möglichst bald, nämlich innerhalb eines Zeitraumes, in dem alles noch überschaubar und deshalb ohne besondere Schwierigkeiten zu bereinigen ist, Gewißheit darüber eintreten, mit welchen Ansprüchen die jeweilige Gegenseite noch zu rechnen hat[2]. Insbesondere bei noch ausstehenden Lohn- oder Gehaltsansprüchen soll der Schuldner (Arbeitgeber) demnächst wissen, ob er vom Gläubiger (Arbeitnehmer) noch auf Zahlung in Anspruch genommen wird oder nicht[3]. Er soll sich darauf verlassen können, nach Ablauf der Ausschlußfrist nicht mehr in Anspruch genommen zu werden[4]; falls er bereits erfüllt hat, soll er vor Beweisnot bewahrt werden[5]. Der Gläubiger andererseits muß sich danach während der Ausschlußfrist darüber schlüssig werden, ob er noch Forderungen beim Arbeitgeber anmelden und im Falle der Ablehnung gerichtlich durchsetzen will oder nicht[6]. Er kann also während der Verfallfrist die Begründetheit und die Erfolgsaussichten seines in Betracht kommenden Anspruchs prüfen[7].

Gegen diese Zweckbestimmung der Verfallklausel läßt sich aus dem Gesichtspunkt des formal gerechten Interessenausgleichs wenig einwenden, wenn also unter die Ausschlußfrist sowohl die Ansprüche des Arbeitnehmers als auch die Ansprüche des Arbeitgebers fallen. Dies ist deshalb auch die heute überwiegende Gestalt der Verfallklausel; diese

---

1 *Hueck / Nipperdey*, ArbR II, 1 § 32 III 1; *Wiedemann / Stumpf*, TVG § 4 Rdnr. 367, 369; s. aber auch *Forsen*, Ausschlußfristen S. 18; *Zöllner*, Anm. zu BAG, AP Nr. 31 zu § 4 TVG Ausschlußfristen (Ziff. 2).

2 BAG, AP Nr. 34, 37, 41, 43, 46, 50, 64 zu § 4 TVG Ausschlußfristen.

3 BAG, AP Nr. 46 zu § 4 TVG Ausschlußfristen.

4 BAG, AP Nr. 5, 28 zu § 4 TVG Ausschlußfristen; AP Nr. 1 zu § 70 BAT; AP Nr. 9 zu § 59 BetrVG 1952.

5 *Wiedemann / Stumpf*, TVG § 4 Rdnr. 367, 369.

6 BAG, AP Nr. 46 zu § 4 TVG Ausschlußfristen; AP Nr. 3 zu § 40 BetrVG 1972.

7 *Wiedemann / Stumpf*, TVG § 4 Rdnr. 367.

betrifft „alle Ansprüche aus dem Arbeitsverhältnis“[8], also die jeweiligen Ansprüche beider Vertragspartner[9]. Häufig werden der Ausschlußfrist ausdrücklich „alle gegenseitigen Ansprüche“[10] oder „alle gegenseitigen Ansprüche aus dem Beschäftigungsverhältnis“[11] unterworfen; bisweilen sogar „alle gegenseitigen Ansprüche, die im Zusammenhang mit dem Arbeitsverhältnis stehen“[12]. Es finden sich aber auch ausdrückliche Regelungen[13] bzw. Protokollnotizen[14], daß die Ausschlußfrist entsprechend für die Ansprüche des Arbeitgebers gegen den Arbeitnehmer gilt. Dabei darf jedoch nicht übersehen werden, daß in der Regel der Arbeitnehmer derjenige ist, der (noch) Ansprüche geltend macht[15]. Das relativiert das Ergebnis, daß sich der Ablauf der Ausschlußfrist heute nicht nur zugunsten des Arbeitgebers, sondern auch zugunsten des Arbeitnehmers auswirkt[16].

Heftige Kritik ist aber geübt worden, wenn die Verfallklauseln zu einseitig die Interessen des Arbeitgebers berücksichtigten und dadurch der Verdacht erweckt wurde, daß sie mehr dem Profitstreben dienten als dem Rechtsfrieden[17]. Dieser Vorwurf kommt nicht von ungefähr, wenn man sieht, daß von den 63 Tarifverträgen, die *Gaul*[18] anführt, nur 16 eine eindeutige Regelung darüber enthalten, daß auch die Ansprüche des Arbeitgebers unter die Ausschlußfrist fallen[19]. Allerdings hatte etwa *Herschel*[20] nur soziale (keine rechtlichen[21]) Bedenken, wenn die Verfallklausel eine einseitige Benachteiligung der Arbeitnehmer enthielt. Diese kann jedenfalls nicht mit der wirtschaftlichen Überlegung begründet werden, der Arbeitgeber müsse entsprechend disponieren und kalkulie-

---

8 Anhang Nr. 28, 32, 33, 36, 38, 40, 41, 50, 56, 67, 75—80, 84, 85, 87, 89, 93, 97, 98.

9 *Wiedemann / Stumpf*, TVG § 4 Rdnr. 368; *Leser*, Ausschlußfristen B V.

10 Anhang Nr. 3, 5, 6, 8, 12, 16, 20, 30, 31, 34, 47—49, 61, 63—65, 67—72, 75, 78, 79, 86, 88, 90, 91.

11 Anhang Nr. 10, 13, 14, 21, 22, 25, 27, 73.

12 Anhang Nr. 17, 31, 35, 53, 63, 68, 69, 86.

13 Anhang Nr. 4, 37, 50, 58, 74, 84, 92, 93, 97, 98.

14 Anhang Nr. 76, 77.

15 *Frey*, AuR 1964, 341.

16 *Wiedemann / Stumpf*, TVG § 4 Rdnr. 368; vgl. BAG, AP Nr. 20 zu § 670 BGB.

17 Vgl. *Wiedemann / Stumpf*, TVG § 4 Rdnr. 368; *Gaul*, Ausschlußfristen S. 93; *Frey*, AuR 1964, 340.

18 *Gaul*, Ausschlußfristen S. 97 ff.

19 Von „beiderseitigen Ansprüchen“ bzw. Ansprüchen „der Parteien“ ist in den von *Gaul* angeführten Klauseln Nr. 9, 20, 22, 27, 35, 39, 40, 46, 48, von „allen Ansprüchen“ (nicht: allen „übrigen“ Ansprüchen!) ist in den Nr. 13, 14, 24 und von den „Ansprüchen des Arbeitgebers“ in den Nr. 11, 12, 29, 32 die Rede.

20 *Herschel*, Anm. zu LAG Düsseldorf, AP 1951 Nr. 82.

21 Dazu s. *Tamm*, RdA 1959, 452 f.; *Potthoff*, JW 1930, 740.

ren können[22]. Denn das kann er auch dadurch tun, daß er die strittigen Forderungen zunächst als Passiva bilanziert. Doch hat diese Kritik heute kein eigenes Gewicht mehr, da die Gestaltung der Verfallklausel jetzt, wie gesagt, weit überwiegend die „beiderseitigen Ansprüche" aus dem Arbeitsverhältnis erfaßt. Daher wird auch gern angeführt[23], daß die Vereinbarung von Ausschlußfristen nicht nur im Interesse der beiden Arbeitsvertragsparteien liege[24], sondern darüber hinaus auch im allgemeinen Interesse. Warum es aber im Allgemeininteresse liegen soll, „wenn noch vor Ablauf der Verjährungsfristen Klarheit über vorhandene Ansprüche gewonnen wird"[23] und beiderseits „reiner Tisch gemacht"[25] wird, erfährt man nicht.

2. Rechtsfrieden

Dieser Zweck einer Ausschlußfrist, alsbald Rechtsklarheit und Rechtsfrieden[26] zu schaffen, soll jedoch in seinem „ursprünglichen Sinne" jedenfalls dann nicht erfüllt werden können, wenn es sich nicht um streitige Ansprüche handelt, sondern wenn beide Arbeitsvertragsparteien wissen, daß noch bestimmte Ansprüche bestehen, deren Ausgleichung in Kürze erfolgen werde[27]. Im Interesse des Rechtsfriedens wird aber eine Geltung der Ausschlußfristen auch für unstreitige Ansprüche angenommen[28]. Nichts rechtfertige die Annahme, daß in rechtlicher und tatsächlicher Hinsicht eindeutige Ansprüche, die der Schuldner gekannt, aber nicht erfüllt habe, von tariflichen Ausschlußfristen ausgenommen sein sollten. Dies müsse im Tarifvertrag zum Ausdruck kommen[29].

Hierbei wird also der Rechtsfrieden gleich zweimal in Ansatz gebracht; einmal zur Legitimation der Ausschlußfrist (für streitige Ansprüche) überhaupt und zum anderen zur (weiteren) Rechtfertigung der Anwendung der Ausschlußfrist auch auf unstreitige Ansprüche. Damit ist zugleich die ganze Härte der Ausschlußfrist vor Augen geführt, die nicht nur streitige Ansprüche durch Verfall „befriedet", sondern auch

---

22 So LAG Düsseldorf, AP 1951 Nr. 82; *Franke*, JW 1935, 1306; *Haberkorn*, NJW 1954, 89 f.; abl. *Wiedemann / Stumpf*, TVG § 4 Rdnr. 368.

23 *Wiedemann / Stumpf*, TVG § 4 Rdnr. 368.

24 So *Leser*, Ausschlußfristen B III; BAG, AP Nr. 4 zu § 496 ZPO.

25 BAG, AP Nr. 42 zu § 4 TVG Ausschlußfristen.

26 So BAG, AP Nr. 37 zu § 4 TVG Ausschlußfristen (Ziff. II 4 b). Auch dem Betriebsfrieden soll die Verfallklausel dienen: BAG, AP Nr. 27 zu § 4 TVG Ausschlußfristen.

27 BAG, AP Nr. 6 zu § 70 BAT (Ziff. II).

28 BAG, AP Nr. 52 zu § 4 TVG Ausschlußfristen (Ziff. 3 c); AP Nr. 6, 7 zu § 70 BAT.

29 So *Hueck / Nipperdey / Stahlhacke*, TVG, § 4 Rdnr. 152.

unstreitig bestehende Ansprüche vernichtet[30]. Es wird zu überprüfen sein, ob und inwieweit der Zweck der Verfallklauseln, Klarheit, Rechtssicherheit, Rechtsfrieden und Ordnung[31] zu schaffen, es rechtfertigt, dem Sicherheitsgedanken den Vorzug vor der materiellen Gerechtigkeit zu geben[32].

Immerhin hat sich das BAG[33] in seinen Entscheidungen ohne Begründung über die klare Stellungnahme des RAG[34] hinweggesetzt, daß das Ziel der Ausschlußfrist[35] überhaupt und demgemäß auch dasjenige der tariflichen Ausschlußfristen wegen des Ordnungsbedürfnisses nur darin bestehen könne, den Unternehmer vor unzumutbaren Ansprüchen zu bewahren. Das seien solche, mit deren Geltendmachung er nicht gerechnet habe und auch nicht habe zu rechnen brauchen. An der Zulässigkeit der Ausschlußklausel[35] fehle es aber, wenn ein nach Grund und Höhe unbestrittener und lebenswichtiger Anspruch in Frage stehe. Unbestritten war hier die (lebenswichtige?) Forderung von Gehalt für zwei Monate.

---

30 Dazu s. auch u. S. 121.

31 So *Leser*, Ausschlußfristen B IV 1—4.

32 Vgl. *Leser*, Ausschlußfristen B IV 5.

33 BAG, AP Nr. 52 zu § 4 TVG Ausschlußfristen; AP Nr. 6, 7 zu § 70 BAT.

34 RAG, ARS 38, 355.

35 Das RAG spricht allerdings von „Verwirkung" und prüft auch die Verwirkungsvoraussetzungen, obwohl eine Ausschlußfrist vorlag; ARS 38, 359.

III. Die Rechtsnatur der Ausschlußfrist

Obwohl über den Begriff und die Wirkung der Ausschlußfrist Einigkeit herrscht, ist ihre Rechtsnatur umstritten.

1. Wirkung

Die Wirkung der Verfallklausel besteht, wie bereits gesagt[1], darin, daß mit ihrem Ablauf der Berechtigte mit seinem Recht ausgeschlossen ist[2], das Recht also erlischt[3]. Das Versäumen der Ausschlußfrist beseitigt das Recht selbst[4].

Hat es etwa ein Arbeitnehmer versäumt, einen Lohn- oder Gehaltsanspruch innerhalb der Ausschlußfrist geltend zu machen, so kann der Arbeitgeber die danach noch gezahlte Vergütung von dem Arbeitnehmer gemäß § 812 I 1 BGB zurückverlangen, da diesem ein Anspruch auf die Zahlung nicht (mehr) zusteht. Diese Konsequenz wird nur selten erwähnt[5]; sie ergibt sich aus dem Erlöschen des (Forderungs-) Rechtes mit Ablauf der Ausschlußfrist und kann durchaus praktische Bedeutung erlangen[6].

Umgekehrt ist es dem Arbeitnehmer jedoch verwehrt, nach Ablauf der Ausschlußfrist eine Vergütung seiner Arbeitsleistung vom Arbeitgeber aus dem Gesichtspunkt der ungerechtfertigten Bereicherung zu fordern. Denn der infolge der Verfallklausel eintretende Rechtsverlust (hinsichtlich des Anspruchs aus § 611 BGB) ist gerade zu dem Zweck gewollt, aus Gründen der Rechtssicherheit nach Ablauf der Ausschlußfrist von einer Ausgleichung abzusehen[7].

Die Einigkeit über die Wirkung der Verfallklausel wird auch nicht dadurch beeinträchtigt, daß gelegentlich davon gesprochen wird, das

---

1 s. o. S. 14.

2 *Larenz*, AT § 13 IV c.

3 BAG, AP Nr. 1 zu § 1 TVG Bezugnahme auf Tarifvertrag; AP Nr. 9 zu § 59 BetrVG 1952; AP Nr. 6 zu § 4 TVG Ausschlußfristen.

4 RGZ 128, 47; *Gaul*, Ausschlußfristen S. 66; *Palandt / Heinrichs*, Überbl. v. § 194 BGB, 4 a.

5 s. aber *Böhm / Spiertz*, BAT-Komm. § 70 Rdnr. 1.

6 Vgl. *Hansjörg Weber*, Anm. zu BAG, AP Nr. 7 zu § 70 BAT (Ziff. III 4).

7 So *Palandt / Thomas*, Einf. v. § 812 BGB, 5 b.

Recht sei nach Ablauf der Ausschlußfrist „verwirkt“[8]. Hierbei ist zu berücksichtigen, daß die Verfallklausel früher auch „Verwirkungsklausel“ genannt[9] und mit dem Rechtsinstitut der Verwirkung in Verbindung gebracht wurde.

Ungewöhnlich ist die tarifliche Regelung, daß dem Schuldner nach Ablauf der Frist (nur) ein Leistungsverweigerungsrecht eingeräumt[10] oder die Leistungserbringung fingiert wird[11].

2. Inhalt des Rechts oder nur Geltendmachung

Hinsichtlich der Rechtsnatur der Ausschlußfrist ist insbesondere streitig, ob sie den Inhalt des Anspruchs oder nur die Geltendmachung des Rechts nach Ablauf der Frist betrifft[12].

Während *Herschel*[13] schon früh die Verfallklausel zum Inhalt des Anspruches zählte, lehnte bereits das RAG[14] seine Ansicht (ohne Begründung) ab und meinte, die Ausschlußfrist enthalte „lediglich eine den Anspruch inhaltlich nicht berührende Befristung seiner Geltendmachung“. Dieser Auffassung ist das BAG[15] in ständiger Rechtsprechung gefolgt. Es hat dabei unter anderem formuliert, eine Ausschlußfrist berühre „nicht das Recht selbst, sondern nur seine Geltendmachung“[16], ohne dafür aber eine Begründung zu geben. Ohne dogmatische Begründung blieb ferner auch z. B. die Behauptung des BAG[17], beim Setzen von Ausschlußfristen handele „es sich nicht um eine Ausschließung des Anspruchs im voraus oder um seine inhaltliche Veränderung . . ., sondern um die Einführung von Fristen für die Geltendmachung des inhaltlich nicht veränderten Anspruches“.

Zweifel an seiner Ansicht hätten dem BAG[18] bereits bei seiner Formulierung kommen müssen, das zur Entstehung gelangende und zunächst

---

[8] So z. B. RGZ 128, 47; *Franke*, JW 1935, 1306.

[9] Dazu s. o. S. 14 und u. S. 31 ff.

[10] Anhang Nr. 40, 41.

[11] Anhang Nr. 37.

[12] Vgl. hierzu *Wiedemann / Stumpf*, TVG § 4 Rdnr. 365.

[13] *Herschel*, DAR 1935, 277 ff.; *ders.* später JZ 1961, 237; *ders.*, Anm. zu BAG, AP Nr. 1 zu § 4 TVG Ordnungsprinzip.

[14] RAG, ARS 28, 264 m. insoweit zust. Anm. *Nipperdey*. Ferner RAG, ARS 17, 3; 32, 199; 34, 33; 37, 19.

[15] So z. B. in BAG, AP Nr. 81 zu § 611 BGB Urlaubsrecht; AP Nr. 6, 27, 28 zu § 4 TVG Ausschlußfristen; AP Nr. 24 zu § 1 ArbKrankhG; AP Nr. 4 zu § 611 BGB Urlaubskarten.

[16] BAG, AP Nr. 28 zu § 4 TVG Ausschlußfristen m. abl. Anm. *Schelp*.

[17] BAG, AP Nr. 81 zu § 611 BGB Urlaubsrecht.

[18] BAG, AP Nr. 6 zu § 4 TVG Ausschlußfristen.

bestehende Recht solle erst nach Ablauf der Frist erlöschen; das Recht werde also „in seiner Dauer begrenzt". Denn spätestens hier hätte die Frage gestellt und beantwortet werden müssen, ob die zeitliche Begrenzung eines (Forderungs-) Rechtes in seinem Bestand den Inhalt des Rechtes betrifft oder nicht. Vollends unbefriedigend ist es aber, wenn das BAG anstelle einer Begründung hier nur auf *Hueck / Nipperdey*[19] verweist und man dort liest, durch die Ausschlußfrist werde das Recht inhaltlich (!) in seiner Dauer *ipso iure* begrenzt!

Die Auffassung des BAG wird mit seinem Bestreben erklärt[20], eine Auseinandersetzung mit der Frage zu vermeiden, ob die Tarifvertragsparteien für *zwingende gesetzliche*[21] und für *einzelvertragliche*[22] Ansprüche überhaupt Verfallfristen vereinbaren können. Das BAG habe die vorausgeahnten Bedenken gegen seine Entscheidung für die weite rechtliche Ausdehnung der Verfallklauseln mit dem Hinweis beschwichtigen wollen, daß der Inhalt des Anspruchs überhaupt nicht betroffen sei. Diese Erklärung ist plausibel und in der Tat aus den angeführten Entscheidungen[15] abzuleiten, die die Anwendbarkeit der Verfallklauseln sowohl auf zwingende gesetzliche als auch auf einzelvertragliche Ansprüche feststellen. Schon *Herschel*[23] hat in einer Anmerkung zur Entscheidung des BAG vom 26. 8. 1960[24] dazu aufgerufen, unermüdlich darauf hinzuweisen, daß diese herrschende Lehre von einem unrichtigen dogmatischen Ansatz ausgehe. Zu Recht betont er[25], daß sich der Inhalt eines Anspruchs keineswegs in der Bestimmung des Leistungsgegenstandes erschöpft, sondern daß auch die Leistungsmodalitäten (wie Leistungszeit, Erfüllungsort, Ausschlußfristen usw.) zum Anspruchsinhalt gehören. Das Beifügen einer Ausschlußfrist sei demgemäß ein Eingriff in den Inhalt des Anspruchs selbst, durch den seine Existenz temporär begrenzt werde. Für zwingende gesetzliche Ansprüche gehe das nicht an, weil die Unabdingbarkeit grundsätzlich den ganzen Anspruch und nicht bloß seinen Gegenstand erfasse[26].

Auch *Schelp*[27] bemängelt, daß das BAG sich mit der rechtsdogmatischen Seite nicht auseinandersetzt; er hält die nicht näher begründete

---

[19] *Hueck / Nipperdey*, ArbR II, 6. Aufl. 1957, S. 450; dieselbe Formulierung findet sich in der 7. Aufl. ArbR II, 1 § 32 III 1.

[20] *Wiedemann / Stumpf*, TVG § 4 Rdnr. 365.

[21] Dazu s. u. S. 45 ff.

[22] Dazu s. u. S. 43 ff. BAG, AP Nr. 1 zu § 1 TVG Bezugnahme auf Tarifvertrag.

[23] *Herschel*, JZ 1961, 237 f.

[24] BAG, AP Nr. 6 zu § 4 TVG Ausschlußfristen.

[25] Unter Berufung auf *Lesser*, Inhalt S. 9 u. 103; s. auch noch *Herschel*, Verzichtsausschlußklausel S. 12.

[26] Dazu s. u. S. 51 ff.

[27] *Schelp*, Anm. zu BAG, AP Nr. 28 zu § 4 TVG Ausschlußfristen.

Aussage für nicht überzeugend, daß die Ausschlußfrist nicht das Recht selbst berühre, sondern nur seine Geltendmachung. Da sich die Ausschlußfrist auf die Dauer des rechtlichen Bestandes des Anspruches auswirke, diese Dauer des Anspruches sich aber dogmatisch nicht von seinem übrigen Inhalt trennen lasse, gehöre auch sie zum Anspruchsinhalt.

Diese Ansichten entsprechen der allgemeinen Auffassung zu dieser Frage. Die Motive zum BGB[28] enthalten dazu folgende Aussage: „Unter Anspruch wird das Recht in seiner Richtung gegen eine bestimmte Person verstanden, vermöge dessen von derselben eine gewisse Leistung — die zur Verwirklichung des Rechts erforderliche Handlung oder Unterlassung — verlangt werden kann.“ Der Gläubiger kann aber nur so lange etwas verlangen, solange sein Anspruch überhaupt besteht. Es unterliegt daher keinem Zweifel, daß die existentielle Begrenzung des Anspruchs durch eine Bedingung oder eine Zeitbestimmung zum Inhalt des Rechtes gehört[29]. Die Ausschlußfrist wird daher zu Recht zum Anspruchsinhalt gerechnet; die Verfallklausel stellt also eine Inhaltsbestimmung des Anspruchs in Form einer Befristung dar[30].

Von einer derartigen Zeitbestimmung, die zum existentiellen Inhalt des Rechtes gehört, kann man die Zeitbestimmung unterscheiden, die sich nur auf die Geltendmachung des Anspruches bezieht, ihn in seiner Existenz aber unberührt läßt. Hier spricht man dann von Fälligkeit und Verjährung. Aber auch die Regelung, wann ein Anspruch fällig ist oder verjährt, betrifft seinen Inhalt. Nach der Definition der Motive kommt es für die inhaltliche Bestimmung des Anspruchs darauf an, daß der Gläubiger etwas verlangen kann. Das setzt unter anderem die Fälligkeit des Anspruches voraus und ferner, daß dieser nicht verjährt ist, falls sich der Schuldner auf Verjährung beruft. Hieran zeigt sich deutlich, daß jede Zeitbestimmung den Inhalt des Rechtes betrifft, das sich ohne Zutun des Schuldners oder Gläubigers im Zeitablauf auch inhaltlich verändern kann (Fälligkeit tritt ein oder Verfall). Daher ist die Ansicht des RAG[31] unzutreffend, auf die die Rechtsprechung des BAG[32] sich stützt, daß die Ausschlußfrist „lediglich eine den Anspruch inhaltlich nicht berührende Befristung seiner Geltendmachung“ enthalte. Selbst wenn nämlich die Ausschlußfrist nur die „Geltendmachung“ des Anspruchs im Sinne von Fälligwerden oder Verjähren zum Gegenstand hätte, gehörte sie gleichwohl zum Inhalt des Rechtes. Die vom BAG getroffene Unterscheidung zwischen dem Inhalt des Anspruchs und sei-

[28] Motive I, S. 291; s. dazu auch *Okuda*, AcP 164, 536 ff.

[29] Vgl. dazu *Palandt / Heinrichs*, Einf. v. BGB § 158, 1, 5.

[30] *Wiedemann / Stumpf*, TVG § 4 Rdnr. 365; LAG Düsseldorf, Betrieb 1981, 590.

[31] RAG, ARS 28, 264; s. o. bei Anm. 14.

[32] s. o. Anm. 15—18.

ner Geltendmachung existiert daher nicht[33]. Auch die Regelung seiner Geltendmachung gehört wie alle Leistungsmodalitäten und wie der Leistungsgegenstand zum Anspruchsinhalt.

Für die Unterscheidung des BAG gibt auch der § 4 Abs. 4 S. 3 TVG nichts her, der von „Ausschlußfristen für die *Geltendmachung* tariflicher Rechte" spricht. Denn einmal handelt es sich hier gerade nicht um die Geltendmachung im eben beschriebenen Sinne der (die Existenz des Rechts schonenden) Fälligkeit oder Verjährung, da durch die Ausschlußfrist der Anspruch zum Erlöschen gebracht wird. Insofern fällt die Ausschlußfrist also unzweifelhaft unter den Anspruchsinhalt. Zum anderen wird sich zeigen[34], daß das Wort „Geltendmachung" in dieser Bestimmung ohnehin fehl am Platz ist, da die Ausschlußfristen nicht geltend gemacht werden müssen, sondern von Amts wegen zu berücksichtigen sind.

Überspitzt und unzutreffend ist allerdings die Kritik von *Herschel*[35], wenn man wirklich den vom BAG erfundenen Unterschied ernst nehmen und die Ausschlußfristen nicht zum Inhalt des Anspruchs zählen wollte, so könnten sie tariflich überhaupt nicht geregelt werden. Denn die Tarifparteien könnten neben Abschluß- und Beendigungsnormen gemäß § 1 Abs. 1 TVG nur noch Inhaltsnormen vereinbaren. Wenn aber tariflich nur der Inhalt eines Anspruchs geregelt werden könne, fehle es an einer gesetzlichen Ermächtigung, auch eine außerhalb des Anspruchsinhaltes liegende Geltendmachung des Anspruches zu normieren. Eigentlich dürfe es somit für das BAG gar keine tariflichen Ausschlußfristen geben. *Herschel* verkennt, daß sich die Inhaltsnormen nicht (nur) auf den Inhalt eines Anspruches beziehen, sondern auf den Inhalt von Arbeitsverträgen[36]. Insofern kann also die Regelung der Geltendmachung tariflicher Rechte in Inhaltsnormen erfolgen.

Gleichwohl ist entgegen der Auffassung des BAG die Ausschlußfrist zum Inhalt des Anspruchs zu zählen.

3. Berücksichtigung von Amts wegen

Das Versäumen der Ausschlußfrist ist vom Gericht von Amts wegen zu berücksichtigen[37]. Das soll daraus folgen, daß die Ausschlußfrist das

---

[33] Ablehnend z. B. auch *Richardi*, RdA 1962, 62 (Ziff. I).

[34] Dazu s. sogleich u. Ziff. 3.

[35] *Herschel*, DAR 1935, 278; JZ 1961, 237.

[36] Vgl. z. B. *Wiedemann / Stumpf*, TVG § 1 Rdnr. 150.

[37] H. M.; BAG, AP Nr. 1 zu § 1 TVG Bezugnahme auf Tarifvertrag (Ziff. 5); AP Nr. 9 zu § 59 BetrVG 1952; AP Nr. 9 zu § 15 AZO; AP Nr. 56 zu § 611 BGB

Recht in seinem zeitlichen Umfang begrenzt[38]. Zwar brauche das Gericht nicht von sich aus Nachforschungen darüber anzustellen, ob im Streitfall ein Tarifvertrag eingreift. Ergibt sich jedoch aus dem Parteivortrag, daß tarifliche Normen die Entscheidung beeinflussen können, so hat das Gericht das anzuwendende Tarifrecht von Amts wegen zu ermitteln (§ 293 ZPO) und eine darin enthaltene Ausschlußfrist zu beachten[38]. Damit unterscheidet sich die Ausschlußfrist von der Verjährung, die nur dann vom Gericht zu beachten ist, wenn sie einredeweise geltend gemacht worden ist[39].

Doch entspricht dieser klaren Rechtslage der Sprachgebrauch des BAG bisweilen nicht. Im Zusammenhang mit der Frage, ob die Anwendung der Ausschlußfrist durch den Grundsatz von Treu und Glauben (§ 242 BGB) untersagt wird[40], spricht der 4. Senat des BAG[41] z. B. neuerdings von der „Berufung" auf die tarifliche Ausschlußfrist, die treuwidrig sein könne. Dabei hatte derselbe Senat bereits in seiner Entscheidung vom 27. 3. 1963[42] betont, daß sich der Schuldner anders als bei der Verjährung nicht auf die Ausschlußfrist berufen müsse. Insofern sei es ungenau zu sagen, die Berufung eines Vertragspartners verstoße aus bestimmten Gründen gegen Treu und Glauben; denn es handele sich bei der Ausschlußfrist nicht eigentlich um die Ausübung eines Rechtes. Dementsprechend hatte der 4. Senat auch noch in seinem Urteil vom 3. 5. 1972[43] festgestellt, daß es in einem derartigen Fall nicht ausreiche, daß sich die Beklagte auf die Ausschlußfrist nicht „berufen" wolle, da diese von Amts wegen zu berücksichtigen sei. Vielmehr sei gegebenenfalls zu prüfen, ob gegenüber der Anwendung (!) der Ausschlußfrist der Einwand der unzulässigen Rechtsausübung durchgreife. Ebenso richtig sprach der 4. Senat des BAG auch im Urteil vom 28. 1. 1970[44] davon, Treu und Glauben könnten es verbieten, die Ausschlußfrist „anzuwenden".

Haftung des Arbeitnehmers; AP Nr. 10 zu § 611 BGB Lohnanspruch; *Hueck / Nipperdey*, ArbR II, 1 § 32 III 1; *Böhm / Spiertz*, BAT-Komm. § 70 Rdnr. 4.

[38] *Wiedemann / Stumpf*, TVG § 4 Rdnr. 445. Um eine Überraschungsentscheidung zu vermeiden, muß das Gericht aber den Parteien Gelegenheit geben, zur Frage der Ausschlußfrist Stellung zu nehmen; BAG, AP Nr. 51 zu § 4 TVG Ausschlußfristen.

[39] Dazu s. u. S. 30 f.

[40] Zuletzt dazu BAG, AP Nr. 6 zu § 70 BAT m. Anm. *Clemens;* s. auch BAG, AP Nr. 2 zu § 70 BAT (Ziff. 3 d).

[41] BAG, AP Nr. 7 zu § 70 BAT m. abl. Anm. *Hansjörg Weber;* s. a. *Böhm / Spiertz*, BAT-Komm. § 70 Rdnr. 10 Ziff. a.

[42] BAG, AP Nr. 9 zu § 59 BetrVG 1952 m. zust. Anm. *Neumann-Duesberg* (Ziff. 3). Ferner s. BAG, AP Nr. 10 zu § 611 BGB Lohnanspruch; AP Nr. 9 zu § 15 AZO.

[43] BAG, AP Nr. 3 zu §§ 22, 23 BAT Krankenkassen.

[44] BAG, AP Nr. 1 zu § 70 BAT.

Die in mehreren der im Anhang abgedruckten Verfallklauseln[45] enthaltene und auch sonst gelegentlich[46] noch anzutreffende Formulierung von der „Berufung" auf den Ablauf einer Ausschlußfrist darf also nicht darüber hinwegtäuschen, daß der Ablauf ohne diese „Berufung" darauf von Amts wegen zu berücksichtigen ist. Es ist somit unerheblich, ob sich der Verpflichtete auf den Ablauf der Ausschlußfrist beruft[47].

4. Kenntnis des Berechtigten

Die Wirkung der tariflichen Ausschlußfrist tritt nach h. M. ohne Rücksicht darauf ein, ob der Berechtigte Kenntnis von ihr hatte oder nicht[48]. Es sei ihm zuzumuten, sich über den für ihn geltenden Tarifvertrag zu unterrichten[49]; die Ausschlußfristen gelten daher auch, von seltenen Ausnahmen abgesehen[50], wenn der Tarifvertrag entgegen § 7 TVG vom Arbeitgeber nicht ausgelegt worden ist[51].

Doch will das BAG[52] hiervon dann abweichen, wenn ein Arbeitnehmer infolge des (unabsichtlichen) Verhaltens des Arbeitgebers vom Vorhandensein seines Anspruches keine Kenntnis hat. Ähnlich wie es bei der Verjährung die Hemmung gibt, müsse hier etwas der Hemmung gleichkommendes herbeigeführt werden. Im Streitfall hatte der Arbeitgeber (mit Billigung des Betriebsrates) die (unrichtige) Auffassung vertreten und dementsprechend (durch Aushang am schwarzen Brett) festgestellt, mit Einführung der 45-Stundenwoche entfalle der Anspruch auf einen Hausarbeitstag für Frauen. Dadurch war nach Ansicht des BAG eine derartige Rechtsunsicherheit hinsichtlich dieser HAT-Ansprüche entstanden, daß den anspruchsberechtigten Frauen eine Geltendmachung nicht zumutbar gewesen sei. Deshalb könne sich der Arbeitgeber für die Zeit dieser Rechtsunsicherheit nicht auf die tarifliche Ausschlußfrist „berufen"[53].

An dieser Entscheidung erstaunt, daß sie den Zweck der Ausschlußfrist geradezu in sein Gegenteil verkehrt. Denn weil der Anspruch strei-

---

45 Anhang Nr. 67, 74, 83.

46 *Gaul*, Ausschlußfristen S. 68 f.; BAG, AP Nr. 27 zu § 4 TVG Ausschlußfristen und *A. Hueck* in seiner Anmerkung hierzu, ferner Nr. 52 a. a. O. (Ziff. 3 c); AP Nr. 6 zu § 70 BAT (Ziff. II).

47 *Böhm / Spiertz*, BAT-Komm. § 70 Rdnr. 10 (lit. a).

48 H. M.; BAG, AP Nr. 2, 27, 28, 29, 30, 37 zu § 4 TVG Ausschlußfristen; AP Nr. 9 zu § 59 BetrVG 1952; *Hueck / Nipperdey*, ArbR II, 1 § 32 III 5 d; *Schaub*, Handbuch § 205 IV.

49 *Schaub*, Handbuch § 205 IV; *Hueck / Nipperdey*, ArbR II, 1 § 32 III 5 d.

50 Anhang Nr. 19, 20, 98.

51 *Hueck / Nipperdey / Stahlhacke*, TVG § 4 Rdnr. 58.

52 BAG, AP Nr. 27 zu § 4 TVG Ausschlußfristen.

53 Dazu s. o. Ziff. 3.

tig (unsicher) ist, soll die Ausschlußfrist nicht laufen; weil Rechtsunsicherheit herrscht, ist die Ausschlußfrist also „gehemmt". Aber gerade die Fälle der Rechtsunsicherheit soll doch die Ausschlußfrist erfassen! Zweck der Ausschlußfrist ist es, wie dargelegt wurde[54], Klarheit über *streitige* Ansprüche zu schaffen.

Diese Klarheit sah die genannte Entscheidung[55] erst durch das Urteil des BAG vom 17. 1. 1958[56] herbeigeführt, wonach die Hausarbeitstage weiter zu gewähren sind. Mit dem Bekanntwerden dieses Urteils sei die Rechtsunsicherheit hinsichtlich der Ansprüche der bisher arbeitstagsberechtigten Frauen beseitigt und die Ausschlußfrist damit in Gang gesetzt worden. Es genüge, daß die Frauen die Möglichkeit gehabt hätten, von der nach Ansicht des BAG[56] bestehenden Berechtigung ihrer Ansprüche zu erfahren. Positive Kenntnis in jedem Einzelfall sei nicht zu fordern, weil dadurch der Zweck verkannt werde, der mit der Schaffung tariflicher Ausschlußfristen generell verfolgt werde: Es sollte dadurch eine alsbaldige Klarheit herbeigeführt werden. Dem stimmt *A. Hueck*[55] ausdrücklich zu.

Die Rechtssicherheit, die durch die Anwendung der Ausschlußfrist erst geschaffen werden soll, wird damit jedoch bereits zu einer Voraussetzung ihrer Anwendbarkeit gemacht. Welchen Zweck kann dann aber die Ausschlußfrist noch haben, wenn sie (nur) mit Sicherheit bestehende Ansprüche erfassen soll? In diesem Fall wird durch sie nicht Rechtssicherheit erlangt (die ja schon besteht), sondern Rechtsfrieden — allerdings durch Vernichtung eines unstreitig (!) bestehenden Anspruches. Dieses Problem ist bereits angesprochen worden und muß später genauer behandelt werden[57]. Im übrigen erstaunt an dieser Entscheidung, daß das BAG[55] nicht einmal den Versuch unternimmt, eine analoge Anwendung der Vorschriften über die Hemmung der Verjährung zu erörtern. Wahrscheinlich unterblieb dies deshalb, weil die in § 203 BGB[58] für die Hemmung genannten Voraussetzungen, nämlich Stillstand der Rechtspflege oder höhere Gewalt, sich allzu deutlich von einem rechtsfehlerhaften Anschlag eines Schuldners am schwarzen Brett (und einigen abweichenden Urteilen instanzlicher Arbeitsgerichte[55]), unterscheiden. Das BAG begnügt sich vielmehr mit dem allgemeinen Hinweis, hier müßten die gleichen Grundsätze gelten, wie sie für das Recht der Verjährung entwickelt worden seien.

---

[54] s. o. S. 18.

[55] BAG, AP Nr. 27 zu § 4 TVG Ausschlußfristen m. Anm. *A. Hueck*.

[56] BAG, AP Nr. 1 zu § 1 HausArbTagsG Nordrh.-Westfalen.

[57] s. o. S. 18 f. und u. S. 121.

[58] Der § 202 BGB ist auf die Ausschlußfrist nicht anwendbar; *Palandt / Heinrichs*, BGB § 202, 4; a. A. *Säcker*, ZZP 80, 434.

Dabei übergeht das BAG freilich die Ansicht kommentarlos[59], daß die für die Verjährung geltenden Vorschriften nicht ohne weiteres für die Ausschlußfristen gelten[60], insbesondere nicht die Regeln über die Hemmung[61]. Hierzu hatte das RG[62] sehr deutlich auf die Verschiedenheit der Fristen hingewiesen. Eine Ausschlußfrist habe zur Folge, daß eine Handlung mit Wirkung nur innerhalb der bestimmten Frist vorgenommen werden könne; eine Verjährungsfrist wirke dagegen rechtsverändernd, nämlich rechtsbegründend oder rechtszerstörend[63]. Beide Fristen unterschieden sich wesentlich dadurch, daß die Ausschlußfrist von Rechts wegen und unbedingt wirke, so daß das Recht regelmäßig auch dann „verwirkt"[64] sei, wenn der Berechtigte die Handlung innerhalb der Frist gar nicht habe vornehmen können oder wenn er nicht von seinen Rechten unterrichtet gewesen sei. Im Gegensatz zur Verjährung sind nach Ansicht des RG[62] bei der Ausschlußfrist Hemmungen und Unterbrechungen des Fristablaufs grundsätzlich ausgeschlossen. Nur ausnahmsweise erkläre das Gesetz den Hemmungsgrund, insbesondere den des Stillstandes der Rechtspflege (§ 203 BGB), auch auf die Ausschlußfrist für anwendbar[65]. Voraussetzung sei aber, daß die Gerichtstätigkeit selbst eingestellt sei, nicht, daß der Berechtigte nur persönlich gehindert sei, das Gericht in Anspruch zu nehmen.

Im gegebenen Fall[66] lag nicht einmal eine persönliche Verhinderung vor, sondern lediglich eine (persönliche) Rechtsunsicherheit über das Bestehen des Anspruchs. Das Heranziehen der Verjährungshemmung ist hier also unbegründet erfolgt. Nur dies ist der Entscheidung des BAG vorzuhalten. Denn daraus, daß das Gesetz in einigen wenigen Fällen einzelne Verjährungsregeln für entsprechend anwendbar erklärt, kann nicht geschlossen werden, daß andere als diese ausdrücklich bezeichneten Bestimmungen nicht auf Ausschlußfristen übertragbar sind[67]. Verjährung und Ausschlußfrist dienen demselben Zweck, weisen also insofern Ähnlichkeiten auf. Eine entsprechende Anwendung der Verjährungsvorschriften auf andere gesetzliche oder vertragliche Ausschlußfristen ist daher als zulässig anzusehen, soweit die dargestellten grundlegenden Unterschiede der beiden Rechtsinstitute dies nicht ausschließen. Die Analogie muß aber deutlich gemacht werden; etwas „der

---

59 Dazu s. u. S. 31.

60 RGZ 102, 341; *Palandt / Heinrichs*, Überbl. v. BGB § 194, 4 a.

61 RGZ 158, 140; RG, Recht 25, 438.

62 RGZ 128, 47.

63 Dazu s. z. B. auch *Grub*, Verjährung A I.

64 Dazu s. u. S. 31 ff.

65 Vgl. dazu §§ 124 II, 210, 215 II, 477 II, 802, 1002, 1954 II, 1997, 2082 II BGB.

66 BAG, AP Nr. 27 zu § 4 TVG Ausschlußfristen.

67 So und wie folgt zu Recht *Gaul*, Ausschlußfristen S. 77.

Hemmung Gleichkommendes" darf nicht „erfunden" werden. Und die analoge Anwendung muß begründet werden[68].

5. Gegenstand der Ausschlußfrist

Während gem. § 194 BGB der Verjährung nur Ansprüche unterliegen, wirkt die Ausschlußfrist sich auch auf andere Rechte aus, insbesondere auf Gestaltungsrechte[69]. Beispiele dafür finden sich in gesetzlich geregelten Ausschlußfristen wie z. B. in §§ 121, 124, 148, 532, 1339, 1944, 1994 BGB. Ansprüche, für die gesetzliche Ausschlußfristen normiert sind, betreffen z. B. die §§ 561 II, 801 I 1, 864, 977, 1002 BGB.

[68] Vgl. dazu *Schnorr von Carolsfeld*, Anm. zu BAG, AP Nr. 46 zu § 4 TVG Ausschlußfristen, der eine (begründete) Analogie des § 206 BGB für Ausschlußfristen für möglich hält.

[69] *Gaul*, Ausschlußfristen S. 12, 73, 76; *Palandt/Heinrichs*, Überbl. v. BGB § 194, 4 a.

IV. Abgrenzungen

Neben dem Rechtsinstitut der Ausschlußfrist sollen dem Rechtsfrieden und der Rechtssicherheit auch die Verjährung[1] und die Verwirkung[2] dienen[3]. Beide unterscheiden sich deutlich von der Ausschlußfrist.

1. Verjährung

Gegenstand der Verjährung kann — wie bereits gesagt[4] — gem. § 194 I BGB nur ein Anspruch sein. Damit sind von der Verjährung alle Rechte ausgenommen, die keine Ansprüche sind, insbesondere also die Gestaltungsrechte. Eine derartige Einschränkung gilt für Ausschlußfristen also nicht.

Anders aber als die Ausschlußfrist vernichtet die Verjährungsfrist den Anspruch nicht, sondern gibt dem Schuldner gem. § 222 I BGB nur eine Einrede, ein Leistungsverweigerungsrecht[5]. Der Schuldner kann sich also auf die Verjährung berufen; er braucht es aber nicht zu tun. Nur dann, wenn der Schuldner die Einrede der Verjährung erhebt, entsteht das Leistungsverweigerungsrecht. Das Erheben der Einrede nimmt dem Anspruch nur seine Durchsetzbarkeit, vernichtet ihn aber nicht. Der Schuldner kann also auch noch erfüllen, obwohl er die Einrede der Verjährung erhoben hat. Daraus, daß die verjährte Forderung weiter erfüllbar bleibt[6], folgt umgekehrt aber auch, daß gem. § 222 II BGB das zur Befriedigung eines verjährten Anspruches Geleistete selbst dann nicht zurückgefordert werden kann, wenn die Leistung in Unkenntnis der Verjährung erfolgt ist. Während die Ausschlußfrist von Amts wegen vom Gericht zu berücksichtigen ist[7], wird die Verjährung nur beachtet, wenn der Schuldner sie geltend macht[8].

---

[1] BAG, AP Nr. 3 zu § 70 BAT (Ziff. I 4); *Grub*, Verjährung A I; *Palandt / Heinrichs*, BGB Überbl. v. § 194, 2.

[2] Dazu s. *Gaul*, Ausschlußfristen S. 28.

[3] *Wiedemann / Stumpf*, TVG § 4 Rdnr. 367.

[4] s. o. S. 29.

[5] Statt aller RGZ 128, 47.

[6] *Palandt / Heinrichs*, BGB § 222, 2.

[7] s. o. S. 24 ff.

[8] Im Einzelnen dazu *Palandt / Heinrichs*, BGB § 222, 1.

Gemäß § 196 Nr. 8 und 9 BGB verjähren die Ansprüche aus tariflich gestalteten Arbeitsverhältnissen in 2 Jahren vom Schluß des Jahres der Anspruchsentstehung an[9]. Doch können nach § 225 BGB Verjährungsfristen durch Vereinbarung abgekürzt werden. Es wird als Redaktionsversehen betrachtet[10], daß der Gesetzgeber die Abkürzung von Verjährungsfristen in § 4 Abs. 4 S. 3 TVG nicht erwähnt hat. In analoger Anwendung dieser Vorschrift wird daher auch die Abkürzung von Verjährungsfristen für tarifvertraglich gestaltete Rechte nur in Tarifverträgen für zulässig gehalten[11]. Infolge der unterschiedlichen Wirkung von Ausschluß- und Verjährungsfrist kann also der Arbeitgeber, der in Unkenntnis einer tariflichen Ausschlußfrist gezahlt hat, das Geleistete aus ungerechtfertigter Bereicherung zurückfordern[12]; hat er dagegen in Unkenntnis der eingetretenen Verjährung geleistet, schließt § 222 II BGB die Rückforderung aus[13].

Nach Ansicht des BAG[14] zeigen die unterschiedlichen Wirkungen von Verjährungs- und Ausschlußfristen, daß die Bestimmungen, die Ausschlußfristen enthalten, das Ziel der Rechtssicherheit und Rechtsklarheit höher bewerten und besser erreichen als Verjährungsvorschriften. Die meisten Ausschlußfristen brächten in kürzerer Frist als die Verjährung und mit endgültiger Wirkung durch Erlöschen des Anspruchs Rechtsklarheit. Damit wurde im Streitfall die Verdrängung der Ausschlußfrist des § 70 II BAT durch die Verjährungsvorschrift des § 14 BAT i. V. m. § 78 BBG verneint, weil einer solchen Verdrängung „der von den Tarifvertragsparteien mit dem Tarifvertrag nun einmal erkennbar verfolgte Zweck, alle Ansprüche aus dem Arbeitsvertrag einer mehr oder weniger kurzen Ausschlußfrist zu unterwerfen“, entgegenstehe.

Das bedeutet aber nicht, daß umgekehrt die Ausschlußfristen die Verjährungsfristen überflüssig machten. Denn wenn die Ausschlußfrist gewahrt wird, der Anspruch also nicht verfällt, kann er noch verjähren.

2. Verwirkung

Nach allgemeiner Ansicht[15] ist ein Anspruch verwirkt, wenn seit der Möglichkeit seiner Geltendmachung eine längere Zeit verstrichen ist und

[9] *Hueck / Nipperdey*, ArbR II, 1 § 32 IV.

[10] *Hueck / Nipperdey*, ArbR II, 1 § 32 III 3; *Hueck / Nipperdey / Stahlhacke*, TVG § 4 Rdnr. 134.

[11] *Hueck / Nipperdey*, ArbR II, 1 § 32 III 3 m. w. N. in Anm. 26.

[12] *Gaul*, Ausschlußfristen S. 76; *Hueck / Nipperdey*, ArbR II, 1 § 32 III 3 Anm. 26; *Hueck / Nipperdey / Stahlhacke*, TVG § 4 Rdnr. 134.

[13] *Hueck / Nipperdey*, ArbR II, 1 § 32 III 3 Anm. 26; *Hueck / Nipperdey / Stahlhacke*, TVG § 4 Rdnr. 134.

[14] BAG, AP Nr. 3 zu § 70 BAT (Ziff. I 4).

[15] RGZ 158, 107; BGHZ 25, 52; 43, 292; Betrieb 1969, 302; *Gaul*, Ausschluß-

besondere Umstände hinzukommen, aufgrund derer die verspätete Geltendmachung gegen Treu und Glauben verstößt. Man spricht von der „illoyalen Verspätung“ der Geltendmachung[16]. Die Verwirkung wird als Sonderfall der unzulässigen Rechtsausübung angesehen und hat ihre Rechtsgrundlage in § 242 BGB. Während also die Wirkung von Verjährung und Ausschlußfrist allein durch den Fristablauf eintritt, müssen bei der Verwirkung zu einem nach den Umständen des Einzelfalles zu bestimmenden Zeitablauf (sog. Zeitmoment), noch weitere Umstände hinzutreten, die die verspätete Geltendmachung des Rechtes mißbräuchlich machen[17], sogenanntes Umstandsmoment[18]. Es genügt also im Gegensatz zu Verjährung und Ausschlußfrist für die Anwendung der Verwirkung nicht die schematische Feststellung des Zeitablaufs, sondern es kommt auf die gesamten Umstände des Einzelfalles, insbesondere auf das Verhalten des Gläubigers an, wenn die verspätete Geltendmachung des Rechtes als Verstoß gegen Treu und Glauben angesehen werden soll[19]. Wenn der Gläubiger durch sein Verhalten den Eindruck erweckt hat, daß er sein Recht nicht mehr geltend machen wolle, setzt er sich mit diesem Verhalten in Widerspruch, wenn er dennoch sein Recht durchzusetzen versucht *(venire contra factum proprium)*[20]. Allerdings herrscht Einigkeit darüber, daß es sich bei der Verwirkung um einen außerordentlichen Rechtsbehelf handelt, dessen Anwendung nur in Ausnahmefällen in Betracht kommt. Gleichzeitig ist damit aber der unverwechselbare Gegensatz zur Ausschlußfrist erkannt, bei der es allein auf den Zeitablauf ankommt und ein subjektives Verhalten keine Bedeutung hat. Infolgedessen sind die bereits erwähnten Ansichten[21] abzulehnen, die eine Verbindung zwischen der Verwirkung und der Ausschlußfrist glauben herstellen zu können.

Eine hiervon zu trennende Frage ist allerdings, ob der Gesichtspunkt der Verwirkung oder ein anderer Aspekt des Grundsatzes von Treu und Glauben der Anwendung der Ausschlußfrist im Einzelfall entgegenstehen kann[22].

---

fristen S. 28 ff.; *Erman / Hefermehl*, Vor BGB § 194 Rdnr. 11; *Palandt / Heinrichs*, BGB § 242, 9 a.

16 BAGE 6, 167; 10, 189; BGHZ 25, 51 ff.; *Gaul*, Ausschlußfristen S. 29; *Diekhoff*, Betrieb 1959, 112; umfangr. Nachw. bei *Hueck / Nipperdey*, ArbR II, 1 § 32 in Anm. 3 und 5.

17 RGZ 155, 152; BGHZ 21, 78; 43, 292; *Staudinger / Weber*, BGB § 242 Anm. D 59, 626; *Soergel / Siebert*, BGB § 242 Rdnr. 121 m. w. N.

18 BAGE 6, 167.

19 So *Erman / Hefermehl*, Vor BGB § 194 Rdnr. 11; *Erman / Sirp*, BGB § 242 Rdnr. 84.

20 *Erman / Sirp*, BGB § 242 Rdnr. 84.

21 s. o. S. 27 ff.

22 Dazu s. u. S. 87 ff.

Gegenstand der Verwirkung können wie bei der Ausschlußfrist und damit im Gegensatz zur Verjährung alle Rechte sein, also auch Gestaltungsrechte[23].

Im Gegensatz zur Verjährung ist die Verwirkung ferner wie die Ausschlußfrist von Amts wegen zu berücksichtigen[24]. Sie setzt aber ebensowenig wie Ausschlußfrist und Verjährung voraus, daß der Berechtigte von seinem Recht Kenntnis hatte[25]. Doch soll bei schuldloser Unkenntnis des Rechtsinhabers ein besonders strenger Maßstab anzulegen sein[26] und keine Verwirkung eingreifen, wenn der Verpflichtete sich selbst unredlich verhalten[27] und z. B. den Anspruch dem Berechtigten treuwidrig verheimlicht hat[28].

Gemäß § 4 Abs. 4 S. 2 TVG ist die Verwirkung von tariflichen Rechten ausgeschlossen[29]. Was dabei unter „tariflichen Rechten" zu verstehen ist[30], muß einheitlich für die in Satz 1 und 3 dieser Vorschrift ebenfalls verwandten Begriffe beantwortet werden. Dies wird sogleich (V) erfolgen.

Die Rechtsfolgen der Verwirkung bestimmen sich nach dem Einzelfall[31], so daß die inhaltliche Begrenzung eines Anspruches[32] von seiner dauernd fehlenden Durchsetzbarkeit bis zum völligen Ausschluß, also seiner Vernichtung, reichen kann[33]. Im einzelnen ist hier jedoch vieles streitig[34].

---

23 *Erman / Sirp*, BGB § 242 Rdnr. 84.

24 BGH, NJW 1966, 345.

25 RGZ 134, 41; BGHZ 25, 53; BAG, Betrieb 1969, 1996.

26 *Palandt / Heinrichs*, BGB § 242, 9 d, cc.

27 Vgl. RGZ 158, 109, 238; *Erman / Sirp*, BGB § 242 Rdnr. 84.

28 BGHZ 25, 53.

29 Zur Rechtsentwicklung s. *Hueck / Nipperdey*, ArbR II, 1 § 32 I; *Diekhoff*, Betrieb 1959, 112.

30 Dazu s. *Hueck / Nipperdey*, ArbR II, 1 § 32 I 3.

31 Umfangr. Nachw. bei *Staudinger / Weber*, BGB § 242 Anm. D 59—61, 625; *Gaul*, Ausschlußfristen S. 37 f. m. w. N.; *Wiedemann / Stumpf*, TVG § 4 Rdnr. 370.

32 Dazu s. *Palandt / Heinrichs*, BGB § 242, 9 a.

33 Meinungsstand dazu bei *Staudinger / Weber*, BGB § 242 Anm. D 625; *Soergel / Siebert*, BGB § 242 Rdnr. 116.

34 Dazu s. *Staudinger / Weber*, BGB § 242 Rdnr. D 59, 625; *Soergel / Siebert*, BGB § 242 Rdnr. 336; *Palandt / Heinrichs*, BGB § 242, 9 f; *Gaul*, Ausschlußfristen S. 37 f.; *Rappenecker*, Verwirkung B III.

V. Persönlicher Geltungsbereich

1. Tarifgebundene Arbeitnehmer und Arbeitgeber

Die in einem Tarifvertrag geregelte Ausschlußfrist kann in ihrem persönlichen Geltungsbereich sowohl die Ansprüche der (tarifgebundenen) Arbeitnehmer als auch die Ansprüche der (tarifgebundenen) Arbeitgeber erfassen[1]. Als vorherrschend ist heute die beiderseitige Verfallklausel anzusehen[2], die Ausschlußfristen gleichermaßen für Arbeitnehmer- und Arbeitgeberrechte vorsieht. Ganz allgemein wird das ausgedrückt, wenn die Ausschlußfrist für „Ansprüche aus dem Arbeitsverhältnis" gilt[3]. Eine Beschränkung der Ausschlußfrist nur auf Ansprüche des Arbeitnehmers müssen die Tarifvertragsparteien etwa durch die Beschränkung auf „Lohnansprüche" zum Ausdruck bringen oder durch den Zusatz, daß die Ansprüche gegenüber der Geschäftsleitung oder der von ihr bezeichneten Stelle geltend gemacht werden müssen[4].

a) Unproblematisch ist, daß eine tarifliche Ausschlußfrist nur für tarifgebundene Arbeitnehmer gilt und nicht auch für nicht tarifunterworfene Arbeitnehmer[5]. Umstritten ist lediglich, ob Verfallklauseln zu den Inhaltsnormen des Tarifvertrages zählen. Da die Befristung eines Rechtes zu seinem Inhalt gehört[6], regelt die tarifliche Ausschlußfrist die materiellen Arbeitsbedingungen im Arbeitsverhältnis[7] und ist deshalb als Inhaltsnorm anzusehen[8]. Sie wirkt daher auch gemäß § 4 Abs. 5 TVG nach Ablauf des Tarifvertrages nach[9], wenngleich als einzelvertragliche Regelung, für die § 4 Abs. 4 S. 3 TVG nicht (mehr) gilt[10].

---

1 *Wiedemann / Stumpf*, TVG § 4 Rdnr. 390.

2 Dazu ausf. o. S. 16 f. s. auch *Gaul*, Ausschlußfristen S. 50.

3 Vgl. z. B. BAG, AP Nr. 37 zu § 4 TVG Ausschlußfristen.

4 *Leser*, BB 1961, 1088; BAG, AP Nr. 37 zu § 4 TVG Ausschlußfristen (Ziff. II 1). s. dazu u. Ziff. VIII 1.

5 *Wiedemann / Stumpf*, TVG § 4 Rdnr. 373, 390; *Leser*, Ausschlußfristen E II 5 a.

6 s. o. S. 21 ff., 24.

7 Dazu s. *Wiedemann / Stumpf*, TVG § 1 Rdnr. 150 ff.

8 *A. Hueck*, Anm. zu BAG, AP Nr. 27 zu § 4 TVG Ausschlußfristen; *Schaub*, Handbuch § 205 I 3.

9 BAG, AP Nr. 27 zu § 4 TVG Ausschlußfristen m. zust. Anm. *A. Hueck*; *Schaub*, Handbuch § 205 I 3.

10 *Hueck / Nipperdey*, ArbR II, 1 § 32 III 1 a. E.

b) Keine besonderen Schwierigkeiten ergeben sich daraus, daß auch Ansprüche des tarifgebundenen Arbeitgebers gegen den Arbeitnehmer unter die Ausschlußfrist fallen sollen. Dies wird regelmäßig durch die Formulierung sichergestellt, daß „alle Ansprüche" bzw. „alle gegenseitigen Ansprüche" von der Ausschlußfrist erfaßt werden sollen[11] oder daß diese für die Ansprüche des Arbeitgebers entsprechend gelte[12].

c) Nicht ganz unproblematisch erscheinen jedoch die Regelungen, nach denen tarifliche Ausschlußfristen allein für Ansprüche der Arbeitnehmer gelten sollen. Häufig sind diese Klauseln so formuliert, daß zwar „alle (übrigen) Ansprüche" erfaßt werden sollen, sich aber aus der vorangehenden — allein Arbeitnehmeransprüche betreffenden[13] — Regelung ergibt, daß mit dieser Formulierung nur „alle (übrigen) Ansprüche" des Arbeitnehmers gemeint sein können[14]. Dann wird überlegt, ob durch eine derartige einseitig wirkende Ausschlußfrist etwa Gleichbehandlungsgrundsätze oder der Gleichheitssatz des Art. 3 Abs. 1 GG verletzt werden[15], an den die Tarifvertragsparteien bei ihrer Rechtssetzung gebunden sind[16]. Das BAG[17] hat dies verneint, weil es durchaus einen beachtlichen Unterschied darstellen könne, ob eine Vielzahl von Arbeitnehmern ihre Ansprüche gegen den Arbeitgeber rechtzeitig geltendmachen müsse oder ob dies der Arbeitgeber gegen einen einzelnen Arbeitnehmer tun müsse[18]. Damit verwarf das BAG die Kritik, die von Instanzgerichten[19] und im Schrifttum[20] an der durch eine solche einseitige Verfallklausel bedingten Schlechterstellung des Arbeitnehmers gegenüber dem Arbeitgeber geübt worden war. Zwar hat diese Entscheidung[17] Zustimmung gefunden, doch wird hervorgehoben, daß eine zwischen Arbeitgeber- und Arbeitnehmeransprüchen differenzierende Ver-

---

11 Dazu s. *Gaul*, Ausschlußfristen S. 49; *Wiedemann / Stumpf*, TVG § 4 Rdnr. 390 m. w. N.

12 Ausführlich dazu o. Ziff. II 1 m. w. N.

13 So BAG, AP Nr. 3 zu § 390 BGB.

14 So z. B. in BAG, AP Nr. 1 zu § 1 TVG Tarifverträge: Fernverkehr; Anhang Nr. 1, 9, 19, 24, 26, 27, 29, 54, 56, 57, 60, 66, 82, 83.

15 So BAG, AP Nr. 1 zu § 1 TVG Tarifverträge: Fernverkehr. Auf das Problem der Drittwirkung der Grundrechte braucht hier nicht eingegangen zu werden. Zum Gleichbehandlungsgrundsatz s. *Götz Hueck*, Grundsatz S. 7 ff. und *Bickel*, Unmöglichkeit S. 3 ff.

16 Dazu s. *Hueck / Nipperdey*, ArbR II, 2 § 47 B V 2.

17 BAG, AP Nr. 1 zu § 1 TVG Tarifverträge: Fernverkehr m. zust. Anm. *Crisolli;* s. a. BAG, AP Nr. 3 zu § 390 BGB.

18 Aus den gleichen Gesichtspunkten soll auch ein Verstoß gegen das Sozialstaatsprinzip oder gegen § 138 BGB ausscheiden: *Wiedemann / Stumpf*, TVG § 4 Rdnr. 390 a. E.

19 ArbG Hamburg, AP 1951 Nr. 210; LAG Düsseldorf, Betrieb 1955, 827; BB 1959, 447; ArbG Essen, BB 1961, 676; ArbG Hamm, BB 1962, 336.

20 Dazu s. *Herschel*, AP 1951 Nr. 82; *Tophoven*, AP 1951 Nr. 208; *Leser*, BB 1961, 1088; *Hueck / Nipperdey / Stahlhacke*, TVG § 4 Rdnr. 148.

fallklausel nur zulässig ist, wenn dazu ein sachlicher Anlaß besteht[21]. Unter diesem Gesichtspunkt wird auch für zulässig gehalten, daß zwar der Arbeitnehmer, nicht aber auch der Arbeitgeber innerhalb der Ausschlußfrist Klage erheben muß[22], wenn der Anspruch nicht erlöschen soll[23]. Wenn jedoch ein Verstoß gegen Art. 3 Abs. 1 GG vorliegen sollte, wird darüber gestritten[24], ob die Ausschlußfrist dann gemäß § 134 BGB nichtig ist[25] oder ob sie auf den bisher nicht betroffenen Arbeitgeber (bzw. Arbeitnehmer) erweitert werden muß (ergänzende Tarifvertragsauslegung)[26].

Da also nur durch Auslegung ermittelt werden kann, ob neben den Ansprüchen des Arbeitnehmers auch die Ansprüche des Arbeitgebers unter die tarifliche Ausschlußfrist fallen sollen[27], muß allein der erkennbar geäußerte Wille der Tarifvertragsparteien entscheiden[28]. Ist danach eine Ausschlußfrist allein für Arbeitnehmeransprüche vereinbart, kann sie das Gericht[29] nicht im Wege „fortschrittlicher" Auslegung aus Gründen der Gleichbehandlung oder aus Treu und Glauben auf Arbeitgeberansprüche ausdehnen[30].

2. Nicht tarifgebundene Arbeitnehmer und Arbeitgeber

a) Nichtorganisierte (Arbeitnehmer oder Arbeitgeber) fallen dann unter den Geltungsbereich einer tariflichen Ausschlußfrist, wenn der Tarifvertrag im einzelnen Arbeitsverhältnis wirksam sein soll[31]. Dies erfolgt in der Regel dadurch, daß die gesamte tarifvertragliche Regelungsmaterie in den Einzelarbeitsvertrag aufgenommen wird[32], etwa durch die Abrede: „Die Vertragsschließenden tätigen den Vertrag unter Bezugnahme auf die Bestimmungen des geltenden Tarifvertrages"[33]. Bei

---

21 *Trinkner*, BB 1967, 1376; *Wiedemann / Stumpf*, TVG § 4 Rdnr. 390, 391.

22 Zur klageweisen Geltendmachung s. u. S. 106 ff.

23 Vgl. dazu BAG, AP Nr. 36 zu § 4 TVG Ausschlußfristen mit krit. Anm. *Sieg*.

24 *Sieg*, Anm. zu BAG, AP Nr. 36 zu § 4 TVG Ausschlußfristen (Ziff. 2).

25 So BAG, AP Nr. 36 zu § 4 TVG Ausschlußfristen (a. E.); *Wiedemann / Stumpf*, TVG § 4 Rdnr. 391.

26 So *Trinkner*, BB 1967, 1376. Abl. *Schaub*, Handbuch § 205 II.

27 *Hueck / Nipperdey*, ArbR II, 1 § 32 III 5 f m. w. N. in Anm. 41 e.

28 Vgl. LAG Hamm, BB 1962, 336; LAG Düsseldorf, BB 1959, 447; *Wiedemann / Stumpf*, TVG § 4 Rdnr. 390 m. w. N.

29 Vgl. aber ArbG Essen, BB 1961, 676.

30 So zu Recht *Leser*, BB 1961, 1088; zust. u. a. *Hueck / Nipperdey / Stahlhacke*, TVG § 4 Rdnr. 148; *Hueck / Nipperdey*, ArbR II, 1 § 32 III 5 f.

31 Dazu allgemein *v. Hoyningen-Huene*, RdA 1974, 138; *Schaub*, Handbuch, § 208; *Herschel*, Betrieb 1969, 659 ff.

32 *Wiedemann / Stumpf*, TVG § 4 Rdnr. 392.

nur teilweiser Übernahme des Tarifvertrages durch Außenseiter muß durch Auslegung ermittelt werden, ob auch die Verfallklauseln mit in den Einzelarbeitsvertrag einbezogen werden sollten[34]. Durch die Bezugnahme werden die tariflichen Rechte zu einzelvertraglichen Rechten ohne normative und unabdingbare Wirkung[35], so daß insoweit § 4 Abs. 4 S. 3 TVG keine Anwendung findet[36]. Eine Ausschlußfrist könnte daher auch hinsichtlich dieser Rechte einzelvertraglich vereinbart werden[36]. Das BAG[37] hat zu Recht die Auffassung eines nicht organisierten Arbeitnehmers zurückgewiesen, der meinte, die tarifliche Ausschlußfrist gelte für ihn deshalb nicht, weil der Tarifvertrag nicht kraft Tarifbindung, sondern kraft vertraglicher Bezugnahme anzuwenden sei[38]. Es hat sich dabei auf die einhellige Ansicht der Lehre berufen, die sogar der Auffassung ist[39], der von den Parteien eines Arbeitsvertrages in bezug genommene Tarifvertrag brauche nicht einschlägig zu sein. Wenn der nicht organisierte Arbeitnehmer durch Bezugnahme auf den (einschlägigen) Tarifvertrag solche Regelungen für sich in Anspruch nehme, die dieser Tarifvertrag zu seinen Gunsten enthält, müsse er es hinnehmen, daß ungünstige Regelungen ihm gegenüber genauso wie gegenüber organisierten Arbeitnehmern gelten.

b) Tarifliche Ausschlußfristen gelten schließlich auch dann für Außenseiter, wenn ein Tarifvertrag gemäß § 5 TVG für allgemeinverbindlich erklärt worden ist[40].

3. Gläubigerwechsel

Die der tariflichen Ausschlußfrist unterliegenden Rechte können durch Vertrag, aber auch kraft Gesetzes auf einen anderen Berechtigten übergehen. Dieser muß dann gemäß § 404 BGB die Ausschlußfrist gegen sich gelten lassen.

a) Bei der rechtsgeschäftlichen Abtretung erwirbt der neue Gläubiger die Forderung gemäß §§ 398, 404 BGB mit dem gegebenen Inhalt, also

---

33 BAG, AP Nr. 1 zu § 1 TVG Bezugnahme auf Tarifvertrag. Vgl. BAG, AP Nr. 13 zu § 9 TVG.

34 *Wiedemann / Stumpf*, TVG § 4 Rdnr. 393.

35 *Hueck / Nipperdey*, ArbR II, 1 § 23 III; *Frohn*, Betrieb 1959, 432 f.; *Herschel*, Betrieb 1969, 659 ff.; a. A. *v. Hoyningen-Huene*, RdA 1974, 147 ff.

36 *Hueck / Nipperdey*, ArbR II, 1 § 32 III 1 a. E.; *Wiedemann / Stumpf*, TVG § 4 Rdnr. 373 m. w. N.

37 BAG, AP Nr. 9 zu § 1 FeiertagslohnzahlungsG Berlin (Ziff. II 1 b).

38 Ebenso unzutreffend *Dahns*, Betrieb 1959, 233 f., 433; gegen ihn zu Recht *Pawelke* und *Frohn*, Betrieb 1959, 432 f.

39 *Hueck / Nipperdey*, ArbR II, 1 § 23 III Anm. 22.

40 BAG, AP Nr. 34 zu § 4 TVG Ausschlußfristen; *Leser*, Ausschlußfristen E II 5 b.

zeitlich befristet. Sein guter Glaube wird nicht geschützt, so daß der Anspruch auch dann verfällt, wenn der neue Gläubiger von der Ausschlußfrist nichts weiß[41].

Als Rechtsnachfolger ist auch der Betriebsnachfolger i. S. d. § 613 a BGB anzusehen[42].

b) Bei der *cessio legis* gilt gemäß § 412 BGB dasselbe[43]. Daher hat das BAG[44] auch im Falle des gesetzlichen Forderungsüberganges gemäß § 67 VVG darauf hingewiesen, daß einer Versicherungsgesellschaft nicht unbekannt geblieben sein könne, daß im Rechtsleben, insbesondere im Arbeitsrecht, Ausschlußfristen Gang und Gäbe seien. Ausschlußfristen gehörten zu den Einwendungen, mit denen eine übergegangene Forderung behaftet sein könne und die nach § 404 BGB dem neuen Gläubiger entgegengesetzt werden könnten. Das BAG meint sogar, es sei der Versicherungsgesellschaft zuzumuten, sich bei Eintritt des Versicherungsfalles darüber zu vergewissern, ob die Arbeitsvertragspartner tarifgebunden sind und ob der zuständige Tarifvertrag Ausschlußfristen enthält, und ihren Versicherungsnehmer zu veranlassen, innerhalb der tariflichen Ausschlußfristen ihm etwa zustehende Schadensersatzansprüche geltend zu machen. Verabsäume er dies, dann gingen die aus dieser Unterlassung für sie entstandenen Rechtsnachteile zu ihren Lasten.

Dabei hat das BAG[45] nicht verkannt, daß hierdurch Härten, z. B. für den Träger der gesetzlichen Krankenversicherung, entstehen können. Da der Forderungsübergang gemäß § 182 Abs. 7 RVO sich erst im Zeitpunkt der Zahlung des Krankengeldes vollzieht, kann der Fall eintreten, daß die Lohnforderung zu diesem Zeitpunkt infolge der Wirkung einer tariflichen Ausschlußfrist bereits untergegangen ist und der Träger der Krankenversicherung ohne den durch § 182 Abs. 7 RVO bezweckten Ausgleich Krankengeld gezahlt hat. Auch kann die Ausschlußfrist bereits soweit abgelaufen sein, daß es für den Träger der Krankenversicherung schwierig wird, sie zu wahren. Dies alles sind jedoch nach Ansicht des BAG[45] keine hinreichenden Gründe, die im Falle des Forderungsüberganges nach § 182 Abs. 7 RVO eine vom sonstigen Rechtszustand abweichende Beurteilung der rechtlichen Wirkung von Ausschlußklauseln rechtfertigen könnten. Der Gesetzgeber habe beim Erlaß des Lohnfortzahlungsgesetzes den Absatz 7 neu in den § 182 RVO eingefügt, ohne den Rechtscharakter der auf den Träger der Krankenversicherung

41 *Leser*, Ausschlußfristen F I 5 b.

42 *Leser*, Ausschlußfristen F I 5 b.

43 BAG, AP Nr. 40, 52, 53 zu § 4 TVG Ausschlußfristen.

44 BAG, AP Nr. 40 zu § 4 TVG Ausschlußfristen m. krit. Anm. *Sieg / Gärtner*.

45 So und wie folgt BAG, AP Nr. 52 zu § 4 TVG Ausschlußfristen m. zust. Anm. *Brackmann*.

übergeleiteten Lohnforderung im geringsten zu ändern. Daher habe er auch den Einfluß von Ausschlußfristen auf den Bestand der übergeleiteten Forderung hingenommen. Die Krankenkassen seien im allgemeinen auch in der Lage, ihnen drohende Härten durch genaue Prüfung und Beachtung tariflicher Ausschlußfristen zu vermeiden.

Obwohl diese Ansicht Zustimmung erfahren hat[46], herrscht doch Einmütigkeit darüber, daß dieser Rechtszustand unbefriedigend ist. Denn durch die Vielzahl unterschiedlicher und teilweise auch außerordentlich kurzer Ausschlußfristen wird hier die Rechtsstellung eines Dritten (Versicherer) berührt, der kaum oder doch nur unter erheblichem Aufwand in der Lage ist, den erforderlichen Überblick über alle für ihn in Betracht kommenden Tarifverträge und ihre Ausschlußfristen zu erhalten und zu behalten. Nicht von ungefähr wird daher gerade in diesem Zusammenhang eine einheitliche gesetzliche Regelung der Ausschlußfristen und die Herausnahme ihrer Regelung aus der Tarifautonomie zur Diskussion gestellt[47].

c) Keine Besonderheiten gelten, wenn über das Vermögen des Arbeitgebers das Konkursverfahren eröffnet wird[48]. Denn dadurch werden die Arbeitsverhältnisse grundsätzlich nicht berührt, sie bestehen also unverändert fort. Allerdings tritt an die Stelle des Arbeitgebers, der die Verfügungs- und Verwaltungsbefugnis verliert, gemäß § 6 Abs. 2 KO der Konkursverwalter. Für ihn als Amtswalter (Amtstheorie) gelten die Ausschlußfristen ebenso wie zuvor für den Gemeinschuldner.

---

[46] *Brackmann* und *Hessel* in Anm. zu BAG, AP Nr. 52 und 53 zu § 4 TVG Ausschlußfristen.

[47] *Sieg / Gärtner*, Anm. zu BAG, AP Nr. 40 zu § 4 TVG Ausschlußfristen.

[48] Hierzu siehe *Leser*, Ausschlußfristen F I 5 e.

VI. Sachlicher Geltungsbereich

1. „Tarifliche Rechte“ i. S. d. § 4 Abs. 4 TVG

Der sachliche Geltungsbereich der tariflichen Ausschlußfristen hängt zunächst davon ab, wie die in § 4 Abs. 4 S. 1, 2 und 3 TVG gebrauchten Worte „tarifliche Rechte“ auszulegen sind. Unter den „tariflichen Rechten“ i. S. d. § 4 Abs. 4 TVG sind die „durch Tarifvertrag gestalteten“ Ansprüche und Rechte zu verstehen[1], also jene Rechte, „die nach § 4 Abs. 1 TVG Geltung beanspruchen“[2].

Nach dem eindeutigen Wortlaut[3] erlaubt daher § 4 Abs. 4 S. 3 TVG *im Tarifvertrag nur* Ausschlußfristen für Arbeitsbedingungen, die durch diesen zur Rechtsnorm erhoben werden[4], und der Paragraph erlaubt Ausschlußfristen für diese Arbeitsbedingungen *nur im Tarifvertrag*. Das bedeutet zunächst einmal, daß die tarifliche Ausschlußfrist anders begründete Ansprüche und Rechte Tarifgebundener nicht erfaßt[5]. Sie findet daher z. B. keine Anwendung auf einzelarbeitsvertraglich vereinbarte Ansprüche und Rechte oder auf solche aus Betriebsvereinbarung. In einer frühen Entscheidung hatte daher das BAG[6] zu Recht gefragt, „ob Ausschlußfristen (einer fortgeltenden Tarifordnung) für die Geltendmachung tarifvertraglich begründeter oder gestalteter Rechte maßgebend sind“, und darunter (im Leitsatz) Ansprüche verstanden, „die auf Tarifvertrag beruhen“. Diese wörtliche Auslegung deckt sich auch mit der teleologischen Interpretation, daß eine Ausschlußfrist für tarifvertraglich begründete Rechte nur in einem Tarifvertrag vereinbart

---

[1] So *Hueck / Nipperdey*, ArbR II, 1 § 32 I 3, III; s. aber auch u. Anm. 12.

[2] *Rappenecker*, Verwirkung C II 1 a. E.

[3] So *Frey*, AuR 1964, 341.

[4] *Wiedemann / Stumpf*, TVG § 4 Rdnr. 373, verstehen unter „tariflichen Rechten“ solche, „die von dem erklärten Willen der Tarifvertragsparteien getragen werden und kraft einer Tarifbindung für die Tarifangehörigen bindend sind“.

[5] In Übereinstimmung hiermit stellt *Rappenecker*, Verwirkung C II 1 a. E., fest, daß § 4 Abs. 4 Satz 2 TVG die Verwirkung nur für „tarifliche Ansprüche“ ausschließt, also für Ansprüche, die nach § 4 Abs. 1 TVG Geltung beanspruchen. Der Ausschluß der Verwirkung gilt deshalb seiner Meinung nach nicht für übertarifliche Ansprüche und auch nicht für Ansprüche von Außenseitern eines Tarifvertrages (dazu s. o. Ziff. V 2).

[6] BAG, AP Nr. 3 zu § 4 TVG Ausschlußfristen (Ziff. II) mit Anm. *Nikisch*, SAE 1958, 116 ff.; *Diekhoff*, BB 1958, 592, 771, und *Leser*, BB 1958, 700; zustimmend *Pawelke* und *Frohn*, Betrieb 1959, 432 f.

werden kann. Die Dispositionsbefugnis über das durch sie begründete Recht bleibt also insoweit bei den Tarifvertragsparteien; die (tarifunterworfenen) Partner des Einzelarbeitsvertrages können danach eine Ausschlußfrist für dieses Recht ebensowenig wirksam vereinbaren, wie die Partner einer Betriebsvereinbarung. Die Tarifvertragsparteien ihrerseits können aber auch nicht im Wege einer Ausschlußfrist den Arbeitnehmern oder Arbeitgebern (einzel-) vertraglich oder gesetzlich begründete Rechte entziehen, die auch beständen, wenn eine tarifliche Regelung nicht vorläge[7].

Zu Recht hat nämlich *E. Wolf*[7] sorgfältig differenziert: Einmal sind unter „tariflichen Rechten“ die durch die Tarifvertragsparteien erst begründeten Rechte zu verstehen, die ohne die tarifliche Regelung also nicht beständen. Für sie sind tarifliche Ausschlußfristen unbeschränkt möglich. Denn Rechte, die nur infolge einer tariflichen Regelung entstehen, können in dieser oder einer späteren tariflichen Regelung beliebig eingeschränkt (also auch wieder vernichtet) werden. Zum anderen werden als „tarifliche Rechte“ solche Rechte angesehen (z. B. ein Lohnanspruch in bestimmter Höhe), die einzelvertraglich oder gesetzlich begründet sind und deshalb auch ohne das Vorhandensein eines Tarifvertrages beständen. Sie werden nur insoweit „tarifliche Rechte“, als sie durch eine tarifvertragliche Regelung gemäß § 4 Abs. 1 S. 1 i. V. m. Abs. 3 TVG unabdingbar werden. Die Berechtigung der Tarifvertragsparteien gemäß § 4 Abs. 4 S. 3 TVG, in Tarifverträgen Ausschlußfristen für „tarifliche Rechte“ zu vereinbaren, kann hier nur die Wirkung betreffen, die diese Rechte als „tarifliche Rechte“ gerade infolge des Tarifvertrages haben, also ihre Unabdingbarkeit. Mit dem Ablauf der Ausschlußfrist endet daher für diese Rechte ihre Eigenschaft als „tarifliche Rechte“, also ihre (tarifliche)[8] Unabdingbarkeit. Der Arbeitnehmer kann nunmehr über seine Rechte (durch Erlaßvertrag oder Verzicht) frei verfügen.

Über diese von *Wolf*[7] getroffene Unterscheidung hinaus wird man noch in Betracht ziehen müssen, daß es einzelvertragliche Rechte gibt, die über den Tarifvertrag hinausgehen. Zahlt etwa der Arbeitgeber übertarifliche Löhne[9], so unterliegen der Ausschlußfrist die Löhne nur in Tarifhöhe; der übertarifliche Lohn- (teil-) Anspruch wird von ihr nicht erfaßt.

Diese Ansicht, wonach unter „tariflichen Rechten“ i. S. d. § 4 Abs. 4 TVG nur „tariflich entstandene“ oder „tariflich (zur Unabdingbarkeit)

---

[7] So und wie folgt *E. Wolf*, Anm. zu BAG, AP Nr. 49 zu § 4 TVG Ausschlußfristen (Ziff. I); zust. schon *Hansjörg Weber*, SAE 1980, 126.

[8] Zur gesetzlichen Unabdingbarkeit von Ansprüchen s. u. S. 45 ff.

[9] Entsprechendes gilt für außertarifliche Ansprüche; a. A. *Wiedemann / Stumpf*, TVG § 4 Rdnr. 382; BAG, AP Nr. 34 zu § 4 TVG Ausschlußfristen.

erstarkte" Rechte zu verstehen sind, führt allerdings zu mißlichen Konsequenzen. Zahlt etwa ein Arbeitgeber einem Arbeitnehmer einzelvertraglich einen Stundenlohn von DM 15,— und erhält der Arbeitnehmer nach seinem Beitritt zur zuständigen Gewerkschaft einen Tariflohn von DM 16,—, so wirkt die tarifliche Ausschlußfrist auf die Unabdingbarkeit der Lohnforderung nur in Höhe von DM 15,— ein und nur in Höhe von DM 1,— wirkt sie anspruchsvernichtend. Denn ohne das Vorhandensein bzw. Eingreifen des Tarifvertrages bestände ein Lohnanspruch in Höhe von DM 15,— pro Stunde; insoweit wird der Lohnanspruch durch die Tarifunterwerfung als „tariflich erstarktes Recht" nur unabdingbar i. S. d. § 4 Abs. 1 Satz 1 i. V. m. Abs. 3 TVG. Nur in Höhe von DM 1,— entsteht ein tariflich begründeter Lohnanspruch, der verfallen kann. Umgekehrt vernichtet die Ausschlußfrist den Tariflohnanspruch eines Gewerkschaftsmitgliedes in Höhe von DM 16,—, berührt aber die einzelvertraglich gewährte Mehrvergütung von DM 2,— nicht, die der Arbeitgeber als übertarifliche Vergütung entrichtet[10].

Diese und andere Schwierigkeiten vermeidet die ganz h. M.[11], wonach die tarifliche Ausschlußfrist ihre Geltung nicht auf tariflich gestaltete Rechte zu beschränken braucht, sondern sich auf alle Ansprüche aus dem Arbeitsverhältnis erstrecken kann. Bezieht sich die Verfallklausel auf „alle Ansprüche aus dem Arbeitsverhältnis", so werden danach[12] auch übertarifliche[13] oder auf Gesetz[14] oder Betriebsvereinbarung[15] beruhende Ansprüche erfaßt. Das BAG[16] hat bei der Begründung dieser Ansicht aber nur den *einen* Aspekt des § 4 Abs. 4 S. 3 TVG angesprochen und sich auf den Standpunkt gestellt, diese Vorschrift wolle nach Wortlaut und Zweck nur verhindern, daß für die durch Tarifvertrag gestalteten Ansprüche Ausschlußfristen im Einzelarbeitsvertrag, in einer Betriebsvereinbarung oder Arbeitsordnung vereinbart werden könnten. Ausschlußfristen für diese tariflich normierten Ansprüche seien streng auf Tarifverträge beschränkt. Das bedeute aber nicht, daß die Tarifvertragsparteien kraft der ihnen verliehenen Tarifautonomie nicht Aus-

---

10 Zur „Aufspaltung" bei übertariflichen Rechten s. *Gaul*, Ausschlußfristen S. 47 f.

11 *Nikisch*, ArbR II § 85 II 3; *Stahlhacke*, RdA 1962, 227; *Gaul*, Ausschlußfristen S. 50 f.; abl. z. B. *Frey*, AuR 1964, 341.

12 So z. B. *Hueck / Nipperdey / Stahlhacke*, TVG § 4 Rdnr. 146; *Hueck / Nipperdey*, ArbR II, 1 § 32 III 4.

13 BAG, AP Nr. 1, 6, 14, 27, 28, 37, 45 zu § 4 TVG Ausschlußfristen.

14 BAG, AP Nr. 1, 6, 14, 27, 28, 37, 40, 42, 49, 54 zu § 4 TVG Ausschlußfristen; Nr. 1 zu § 1 TVG Bezugnahme auf Tarifvertrag; Nr. 81 zu § 611 BGB Urlaubsrecht; Nr. 1 zu Art. 10 UrlaubsG Bayern; Nr. 9 zu § 7 BUrlG Abgeltung; *Nikisch*, ArbR II § 85 II 3.

15 BAG, AP Nr. 1 zu § 4 TVG Ordnungsprinzip.

16 Siehe z. B. BAG, AP Nr. 27 zu § 4 TVG Ausschlußfristen m. zust. Anm. *A. Hueck*; zust. auch z. B. *Waechter*, Betrieb 1966, 1808 ff.

schlußfristen für Ansprüche vereinbaren könnten, die nicht nur auf dem Tarifvertrag beruhen. Ganz in diesem Sinne ist etwa eine Verfallklausel[17], die „alle Ansprüche aus dem Tarifvertrag oder den Einzelverträgen" ausschließt[18]. *E. Wolf*[19] hat aber bereits nachgewiesen, daß eine derartige Einwirkungsbefugnis der Tarifvertragsparteien aus § 4 Abs. 1 Satz 1 i. V. m. Abs. 3 TVG nicht hergeleitet werden kann. Doch wird auch in der Tarifpraxis die Anwendung der Ausschlußfrist nur selten auf „tarifliche Ansprüche" beschränkt[20].

2. Arbeitsvertragliche Ansprüche aus Gesetz

Mit Hilfe der von *E. Wolf*[21] getroffenen Unterscheidung der — hier sogenannten: — „tariflich entstandenen" und „tariflich erstarkten" Rechte i. S. der „tariflichen Rechte" des § 4 Abs. 4 TVG läßt sich auch eine weitere Überlegung des BAG[22] widerlegen. Als „tarifliche Rechte", die durch eine Ausschlußfrist erfaßt werden können, sieht das BAG[22] z. B. auch solche Ansprüche „aus dem Arbeitsverhältnis" an, die auf dem Gesetz beruhen, wie z. B. den Anspruch auf Urlaub, auf Hausarbeitstag oder auf Zuschüsse nach dem Arbeiterkrankheitsgesetz. Denn ohne das Bestehen eines Arbeitsverhältnisses seien diese Ansprüche nicht gegeben.

Daran ist zunächst richtig, daß die in den entsprechenden Gesetzen geregelten Rechte und Pflichten gesetzlicher Inhalt des Arbeitsverhältnisses werden[23], wenn ein Arbeitsvertrag wirksam abgeschlossen wird[24]. Sie sind also nicht ohne das Bestehen eines Arbeitsverhältnisses gegeben, wohl aber sind sie — was das BAG vernachlässigt — auch ohne das Bestehen eines Tarifvertrages gegeben. Das bedeutet, daß diese Ansprüche nicht zu den „tariflich entstandenen" Rechten gehören, sondern nur zu den „tariflich erstarkten". Die Ausschlußfrist kann sie daher nicht in ihrer Existenz vernichten, sondern ihnen nur die (tarifliche!) Unabdingbarkeit nehmen; das aber auch nur dann, wenn sie nicht schon selbst zwingendes Gesetzesrecht enthalten. Das verkennen Rechtsprechung[25] und Schrifttum[26], wenn sie es für zulässig halten, daß durch

---

[17] BAG, AP Nr. 49 zu § 4 TVG Ausschlußfristen.

[18] Vgl. Anhang Nr. 36, 54, 60, 67, 96, 99.

[19] *E. Wolf*, Anm. zu BAG, AP Nr. 49 zu § 4 TVG Ausschlußfristen (Ziff. I, II). Vgl. dazu auch *Söllner*, ArbR § 17 III 2.

[20] Anhang Nr. 7, 39, 42—47, 49, 51, 52, 58, 59.

[21] *E. Wolf*, Anm. zu BAG, AP Nr. 49 zu § 4 TVG Ausschlußfristen.

[22] s. o. Anm. 14; vgl. z. B. BAG, AP Nr. 27 zu § 4 TVG Ausschlußfristen.

[23] Ausführlich dazu *Hansjörg Weber*, RdA 1980, 294 ff. (Ziff. III 2—4).

[24] Ebenso für den Urlaubsanspruch: *Dersch / Neumann*, BUrlG-Komm. § 13 Rdnr. 72.

tarifliche Ausschlußfristen auch arbeitsvertragliche Ansprüche aus zwingender gesetzlicher Grundlage erfaßt werden können, wie z. B. der Urlaubsanspruch[27]. Das BAG hat diese Ansicht damit begründet, daß sich Ausschlußfristen nicht auf das Recht als solches bezögen, sondern nur auf seine Geltendmachung[28]. Die Ausschlußfrist verstoße ihrem Wesen[29] nach jedenfalls nicht grundsätzlich gegen zwingendes Gesetzesrecht, da es den gesetzlichen Anspruch stets für die Dauer der Ausschlußfrist unberührt bestehen lasse. Diese Begründung ist, wie bereits gezeigt wurde[30], nicht haltbar und zu Recht kritisiert worden.

Eine Rechtfertigung für eine derart weitgehende Anwendung der Ausschlußklausel wird neuerdings[31] in der Befugnis der Tarifvertragsparteien gesehen, den einzelnen Arbeitsverhältnissen eine Rahmenordnung zu geben. Die Tarifvertragsparteien könnten im Rahmen der Tarifmacht vorschreiben, wie der Einzelarbeitsvertrag auszusehen habe und die Verfallklausel sei daher so zu fassen: „Hiermit wird festgelegt, daß für alle Einzelarbeitsverträge für bestimmte Ansprüche eine Verfallklausel des Inhalts ... gilt." Unter den „bestimmten Ansprüchen" sollen offenbar die hier behandelten übertariflichen oder gesetzlichen usw. Ansprüche zu verstehen sein.

Doch darf bezweifelt werden, ob allein der Ordnungsgedanke eine tarifliche Regelung zu Ungunsten der Arbeitnehmer rechtfertigen kann[32]. Denn wenig überzeugend ist insofern die Überlegung des BAG[33], daß tarifliche Ausschlußfristen eine Ordnungsfunktion innerhalb unseres Arbeitsrechts erfüllten; sie dienten der Rechtsklarheit und Rechtssicherheit und dieser Grundsatz müsse sich auch gegenüber Ansprüchen aus Arbeitsschutzgesetzen und damit also auch gegenüber unabdingbaren gesetzlichen Ansprüchen durchsetzen. Außerdem wird keine Begründung dafür gegeben, warum die „Rahmenordnungs"-Kompetenz die Tarifvertragsparteien dazu berechtigen soll, zwingende gesetzliche

---

25 So z. B. BAG, AP Nr. 27, 28, 34 zu § 4 TVG Ausschlußfristen; AP Nr. 81 zu § 611 BGB Urlaubsrecht.

26 *Hueck / Nipperdey*, ArbR I § 49 VIII 3 Anm. 126; *Beer*, AuR 1964, 175; *Forsen*, Ausschlußfristen S. 86; *Gaul*, Ausschlußfristen S. 52 f.; *Gotzen*, SAE 1962, 217; *A. Hueck*, Anm. zu BAG, AP Nr. 6 und 27 zu § 4 TVG Ausschlußfristen; *Leser*, Ausschlußfristen C II 2; *Molitor*, SAE 1959, 142; *Richardi*, RdA 1962, 63 f.; *Schaub*, Handbuch § 205 II.

27 Dazu s. im Einzelnen u. S. 45 ff.

28 So etwa BAG, AP Nr. 6 zu § 4 TVG Ausschlußfristen (Ziff. II 4).

29 Zum Wesen des Wesens s. den aufschlußreichen Beitrag von *Scheuerle*, AcP 163, 429 ff.

30 Dazu s. o. S. 21 ff.

31 *Wiedemann / Stumpf*, TVG § 4 Rdnr. 380.

32 Abl. *E. Wolf*, Anm. zu BAG, AP Nr. 49 zu § 4 TVG Ausschlußfristen; *Leser*, Ausschlußfristen E II 2 f.; *Beer*, AuR 1964, 177 (Ziff. IV 5).

33 BAG, AP Nr. 9 zu § 1 FeiertagslohnzahlungsG Berlin (Ziff. II 1 a).

Ansprüche oder einzelvertraglich eingeräumte Rechte zu vernichten. Und es bleibt außer Betracht, daß nur „tarifliche Rechte" zur Disposition stehen.

Da „nach der Rechtsprechung des BAG ... tarifliche Ausschlußfristen sogar für unabdingbare gesetzliche Ansprüche vereinbart werden" können, sollen aber nach Ansicht des BAG[34] „erst recht vertragliche Ansprüche aller Art einbezogen werden" können, so daß „keine Bedenken dagegen" bestehen, „daß die Ausschlußklausel auf nichttarifliche (also außer- oder übertarifliche) Ansprüche erstreckt" wird. Doch entfällt dieses *argumentum a maiore ad minus*, wenn entgegen der Auffassung des BAG tarifliche Ausschlußfristen für unabdingbare gesetzliche Ansprüche nicht vereinbart werden können. Am Beispiel des Urlaubsanspruchs soll näher untersucht werden, ob zwingende gesetzliche Ansprüche wirklich von tariflichen Ausschlußfristen erfaßt werden.

3. Beispiel: Urlaubsanspruch

Nach Ansicht des BAG[35] können die auf das Bundesurlaubsgesetz gestützten Ansprüche durch tarifliche Ausschlußfristen erfaßt werden[36]. Zwar seien die Ansprüche auf Erholungsurlaub und auf Urlaubsgeld unabdingbar, doch werde dadurch den Tarifvertragsparteien die Vereinbarung einer Ausschlußfrist nicht verwehrt[37]. Denn die Unabdingbarkeit besage nur, daß ein solcher Anspruch nicht im voraus vor seiner Entstehung ausgeschlossen werden könne. Bei der Setzung von Ausschlußfristen handele es sich aber nicht um eine Ausschließung des Anspruches im voraus oder um seine inhaltliche Veränderung zum Nachteil des Arbeitnehmers in einer mit dem Zweck des Urlaubs unvereinbaren Weise, sondern um die Einführung von Fristen für die Geltendmachung des inhaltlich nicht veränderten Anspruchs.

Diese Begründung verkennt, wie gesagt[38], daß durch die Ausschlußfrist der Inhalt und nicht nur die „Geltendmachung" des Anspruchs geregelt wird. Daher wird die Zulässigkeit tariflicher Ausschlußfristen

[34] So BAG, AP Nr. 34 zu § 4 TVG Ausschlußfristen (Ziff. II 3) m. zust. Anm. *Herschel*.

[35] BAG, AP Nr. 1 zu Art. 10 UrlaubsG Bayern; AP Nr. 81 zu § 611 BGB Urlaubsrecht; AP Nr. 6, 27, 28 zu § 4 TVG Ausschlußfristen; AP Nr. 7 zu § 11 BUrlG; AP Nr. 9 zu § 5 BUrlG; AP Nr. 9 zu § 7 BUrlG Abgeltung; AP Nr. 9 zu § 15 AZO; AP Nr. 1 zu § 1 TVG Bezugnahme auf Tarifvertrag; AP Nr. 3 zu § 40 BetrVG 1972.

[36] Zustimmend z. B. *Gaul*, Ausschlußfristen S. 52 f.; *Richardi*, RdA 1962, 62; *Waechter*, Betrieb 1966, 1808 f.; *Leser*, Ausschlußfristen E II 2; s. ferner *Wiedemann / Stumpf*, TVG § 4 Rdnr. 379.

[37] BAG, AP Nr. 81 zu § 611 BGB Urlaubsrecht.

[38] s. o. S. 21 ff., 24.

gegenüber zwingenden gesetzlichen Ansprüchen neuerdings mit dem Hinweis darauf begründet, es handele sich dabei um tarifdispositives Recht[39]. Darunter versteht man Gesetzesrecht, von dem die Tarifvertragsparteien abweichen dürfen. So gestattet der Gesetzgeber z. B. in § 13 Abs. 1 S. 1 BUrlG den Tarifvertragsparteien, von Vorschriften des Bundesurlaubsgesetzes abzuweichen. Aus dieser „weitgehenden Überantwortung sozialpolitischer Entscheidungen an die Tarifvertragspartner“[40], wird geschlossen, daß der Gesetzgeber hier mit dem *Mehr,* nämlich der Vereinbarungsmöglichkeit von Art und Umfang der zu erbringenden Arbeitgeberleistung, den Tarifvertragsparteien auch das *Weniger,* nämlich die Möglichkeit der Vereinbarung von Ausschlußfristen habe delegieren wollen; der geringere Eingriff in den gesetzlichen Regelungsvorschlag sei ebenfalls erlaubt[41]. Da dem Gesetzgeber beim Erlaß dieser tarifdispositiven Gesetze die ständige Rechtsprechung des BAG zur tariflichen Ausschlußfrist bekannt gewesen sei, könne die Nichterwähnung von Ausschlußfristen in den betreffenden Bestimmungen, die Art und Umfang des Anspruches der Disposition der Tarifvertragsparteien überlassen, für diese Gesetze als Billigung der bisherigen Rechtsprechung verstanden werden.

Auch diese Begründung überzeugt nicht. Die gesetzlichen Mindesturlaubsansprüche sind unabdingbar (§ 13 I 1 BUrlG), auch für die Tarifvertragsparteien. Die Verfallklausel ließe den Urlaubsanspruch entgegen den gesetzlichen Bestimmungen untergehen[42]. Diese Tarifmacht ist aber den Tarifvertragspartnern nicht eingeräumt. Sie haben zwar die Möglichkeit, gesetzliche Regelungen im Tarifvertrag auch zu Ungunsten der Arbeitnehmer abzuändern, doch gilt dies nicht für den Mindesturlaubsanspruch. Dessen Vernichtung durch eine tarifliche Ausschlußfrist verstößt gegen § 1 BUrlG und wird durch § 13 I 1 BUrlG ausgeschlossen. Wenn das BUrlG „Art und Umfang“ des Urlaubsanspruches der Vereinbarung der Tarifpartner überläßt, ist dies nicht ein Mehr gegenüber der Ausschlußfrist (als Weniger), sondern etwas *Anderes.* Der Umfang des Urlaubsanspruches steht nur insoweit zur Disposition der Tarifvertragsparteien als sie *mehr* Urlaubstage vereinbaren; die Vereinbarung von weniger Urlaubstagen ist ausgeschlossen (§ 13 I 1 BUrlG) und damit auch die Vernichtung des Anspruches auf die Mindesturlaubstage durch eine Ausschlußfrist.

---

[39] Dazu s. *Wiedemann / Stumpf,* TVG § 4 Rdnr. 387 und Einl. v. § 1 Rdnr. 106 ff.

[40] So und wie folgt *Wiedemann / Stumpf,* TVG § 4 Rdnr. 387.

[41] Dazu s. BAG, AP Nr. 9 zu § 5 BUrlG m. zust. Anm. *Thiele.*

[42] So und wie folgt *Dersch / Neumann,* BUrlG § 13 Rdnr. 73; ebenso *Maus,* Urlaubsrecht Anm. 180; *Trieschmann,* AuR 1963, 312.

Thiele[43] meint, die Unabdingbarkeit in § 13 I 1 BUrlG solle dem Arbeitnehmer den Urlaubsanspruch nur in einem „Kernbereich" gewährleisten, nicht aber auch in den „Modalitäten seiner Verwirklichung". Für die tariflichen Ausschlußfristen dürfe man davon ausgehen, daß die zeitliche Beschränkung der Geltendmachung und die Festsetzung von Formvorschriften (schriftliches Erheben des Anspruches) *nicht* den „Kern" des Urlaubsanspruches berührten. Das Schwergewicht der Normierung von Ausschlußfristen liege nicht auf der Regelung der Entstehungsvoraussetzungen und des Umfanges des Urlaubsanspruchs, sondern auf der Art und Weise seiner Durchsetzung. Damit verkennt aber auch er, daß die existentielle Vernichtung eines Anspruches durch eine Ausschlußfrist nicht die „Art und Weise seiner Durchsetzung" regelt und daß die „Modalitäten seiner Verwirklichung" in Wahrheit zum Inhalt des Anspruchs zählen.

Wenn *Thiele*[43] dann unter Berufung auf *Richardi*[44] weiter ausführt, daß die Vereinbarung einer Ausschlußfrist einer selbständigen Regelungsmaterie der Tarifpartner angehöre und zwischen Arbeitgeber und Arbeitnehmer eine allgemeine Ordnungsfunktion entfalte, so ist damit nichts gewonnen, denn der Ausdruck „selbständige Regelungsmaterie" ist allein wenig aussagekräftig[45] und aus einer „Ordnungsfunktion" folgt nicht ohne weiteres das Recht, zwingende gesetzliche Ansprüche zu vernichten[46]. Es handelt sich eben nicht bloß um eine „Schwächung" und eine „Randbeeinträchtigung"[47] der Ansprüche durch die Ausschlußfrist, sondern um ihre Vernichtung.

Zwingende gesetzliche Ansprüche können also nicht durch tarifliche Ausschlußfristen betroffen werden. Die Erstreckung tariflicher Ausschlußklauseln auf außer- oder übertarifliche Ansprüche kann daher auch nicht mit dem Argument begründet werden, daß sogar unabdingbare gesetzliche Ansprüche darunter fallen könnten. Soweit der Tarifvertrag gesetzliche Ansprüche erfaßt (d. h. aufnimmt), die nicht unabdingbar sind, werden diese (tarif-) unabdingbar und können (nur) diese Eigenschaft durch die Ausschlußfrist wieder verlieren[48]. Nur insofern ist also bedeutsam, ob die Ausschlußfrist einen gesetzlichen Anspruch erfassen soll, der auf zwingender oder nicht zwingender gesetzlicher Grundlage beruht.

---

[43] *Thiele*, Anm. zu BAG, AP Nr. 9 zu § 5 BUrlG.
[44] *Richardi*, Kollektivgewalt S. 426.
[45] So *Wiedemann / Stumpf*, TVG § 4 Rdnr. 379 a. E.
[46] s. o. S. 44/45.
[47] So aber *Thiele*, Anm. zu BAG, AP Nr. 9 zu § 5 BUrlG.
[48] s. o. S. 41.

4. Weitere gesetzliche Ansprüche

Nach Ansicht des BAG sollen z. B. noch folgende (zwingende) gesetzliche Ansprüche einer tariflichen Ausschlußfrist unterworfen werden können.

a) Anspruch auf Krankengeldzuschuß

In seiner Entscheidung vom 30. 3. 1962 hat das BAG[49] festgestellt, daß auch für den Anspruch auf den Krankengeldzuschuß nach § 6 Arbeiterkrankheitsgesetz durch Tarifvertrag eine Ausschlußfrist bestimmt werden könne[50]. Unter Berufung auf die Übereinstimmung mit dem überwiegenden Schrifttum lehnt das BAG in dieser Entscheidung die von *Schelp / Trieschmann*[51] geäußerte gegenteilige Ansicht ab und wirft ihr vor, sie verkenne, daß die gesetzlich vorgeschriebene Unabdingbarkeit (dieses Anspruchs) als solche den Anspruch nur seiner Art und seinem Umfang nach sichern, nicht aber eine der Rechtsklarheit und Rechtssicherheit dienende zeitliche Beschränkung seiner Geltendmachung verhindern wolle.

b) Anspruch auf Hausarbeitstag

Unter Hinweis auf seine Rechtsprechung zum Urlaubsrecht hielt das BAG[52] in seiner Entscheidung vom 23. 6. 1961 ausdrücklich an seiner Rechtsauffassung fest, daß von tariflichen Ausschlußfristen auch die durch Gesetz gestalteten Ansprüche ergriffen würden, also auch der durch Landesgesetz geregelte Anspruch auf einen Hausarbeitstag.

c) Anspruch auf Mehrarbeitsvergütung

Nach Ansicht des BAG[53] greift die tarifliche Ausschlußfrist gegenüber Ansprüchen auf Mehrarbeitsvergütung durch, auch wenn diese auf zwingender gesetzlicher Vorschrift beruhen. Unter ausführlicher Darstellung der gleichlautenden Ansichten in Rechtsprechung und Schrifttum (zur generellen Problematik) begründet das BAG auch hier die Anwendbarkeit der Ausschlußfrist damit, daß sich diese „aber nicht auf das Recht als solches, sondern auf seine Geltendmachung“ beziehe. Das zur Entstehung gelangende und zunächst bestehende Recht solle erst

---

[49] BAG, AP Nr. 28 zu § 4 TVG Ausschlußfristen m. krit. Anm. *Schelp;* s. a. BAG, AP Nr. 17 zu § 670 BGB m. krit. Anm. *Isele.*

[50] Unentschieden insoweit noch BAG, AP Nr. 24 zu § 1 ArbKrankhG (Ziff. IV); AP Nr. 6 zu § 4 TVG Ausschlußfristen (Ziff. II 4 b ee).

[51] *Schelp / Trieschmann,* Arbeitsverhältnis S. 100, 101.

[52] BAG, AP Nr. 27 zu § 4 TVG Ausschlußfristen m. zust. Anm. *A. Hueck.*

[53] BAG, AP Nr. 6 zu § 4 TVG Ausschlußfristen m. zust. Anm. *A. Hueck;* dazu s. aber die abl. Anm. *Herschel,* JZ 1961, 237 f., auf die bereits (o. S. 22) ausführlich hingewiesen worden ist.

nach Ablauf der Frist erlöschen. Das Recht werde also in seiner Dauer begrenzt. Eine solche Beschränkung verstoße ihrem Wesen nach jedenfalls nicht grundsätzlich gegen zwingendes Gesetzesrecht, da es den gesetzlichen Anspruch stets für die Dauer der Ausschlußfrist unberührt bestehen lasse.

d) Anspruch auf Feiertagslohn

Erstmals in seiner Entscheidung vom 12. 3. 1971 hat das BAG[54] Unsicherheit in seiner Begründung erkennen lassen. Zwar meint es nach wie vor, daß tarifliche Ausschlußfristen auch für unabdingbare Ansprüche aus Arbeitsschutzgesetzen gelten und damit auch gegenüber solchen aus dem Feiertagslohnzahlungsgesetz (für Berlin). Nach Anführung von zahlreichen Zitaten seiner eigenen Rechtsprechung und von zwei Lehrbüchern des Arbeitsrechts bemerkt es dann, daß dies „im allgemeinen (!) mit der Erwägung gerechtfertigt" werde, „daß das Unabdingbarkeitsprinzip lediglich die Entstehung und Durchführung der Ansprüche, nicht aber die mögliche Dauer ihrer Geltendmachung" sichere. „Überzeugender" sei „die Überlegung, daß tarifliche Ausschlußfristen eine Ordnungsfunktion innerhalb unseres Arbeitsrechts" erfüllten. Doch ist auch diese Begründung nicht stichhaltig, wie bereits ausgeführt wurde[55]. Eine „Ordnungsfunktion" erfüllen und dem Rechtsfrieden und der Rechtsklarheit dienen ja auch die Verjährungsvorschriften. Es muß schon mehr angeführt werden als das Schlagwort „Ordnungsfunktion", um die unabdingbaren Ansprüche aus Arbeitsschutzgesetzen durch tarifliche Ausschlußklauseln für vernichtbar ansehen zu können.

e) Anspruch auf Lohnfortzahlung

Tarifliche Ausschlußfristen gelten auch für den unabdingbaren[56] Lohnfortzahlungsanspruch[57]. Dieser hat nach Auffassung des BAG[58] keinen selbständigen Vergütungscharakter; er ist nichts anderes als der aufrechterhaltene Lohnanspruch und teilt in jeder Hinsicht dessen rechtliches Schicksal. Schon das könnte es — dem BAG[59] zufolge — „möglicherweise (?) rechtfertigen, den Lohnfortzahlungsanspruch immer dann als tariflichen Anspruch anzusehen, wenn der Lohnanspruch tariflich geregelt ist". Im vorliegenden Fall[59] wich der Manteltarifvertrag nicht nur in der Berechnung des fortzuzahlenden Lohnes vom Gesetz ab, sondern gab dem Lohnfortzahlungsanspruch einen über das Gesetz hinaus-

[54] BAG, AP Nr. 9 zu § 1 FeiertagslohnzahlungsG Berlin.
[55] s. o. S. 44/45, 47.
[56] Dazu s. *Schaub*, Handbuch § 98 I 5 Anm. 7.
[57] BAG, AP Nr. 52, 53 zu § 4 TVG Ausschlußfristen.
[58] BAG, AP Nr. 1 zu § 6 LohnFG.
[59] BAG, AP Nr. 53 zu § 4 TVG Ausschlußfristen m. Anm. *Hessel*.

gehenden Inhalt. Anders als § 2 Abs. 1 Satz 1 LohnFG bezog die tarifvertragliche Regelung das gesamte — nicht nur das in der regelmäßigen Arbeitszeit — erzielte Arbeitsentgelt in die Fortzahlungspflicht mit ein. Damit erweiterte sich die Berechnungsgrundlage um sämtliche Überstunden. Sie faßte nach Ansicht des BAG[59] „weiter tarifliche und übertarifliche Lohnbestandteile derart zusammen, daß im praktischen Ergebnis (?) auch übertariflicher Lohn unter die Ausschlußklausel des ... MTV fällt".

Damit wird aber vom BAG die bereits geschilderte[60] Bedeutung der „tariflichen Rechte" in § 4 Abs. 4 TVG verkannt. Wohl kann der Manteltarifvertrag gem. § 2 Abs. 3 LohnFG von der tarifdispositiven Regelung in § 2 Abs. 1 und 2 LohnFG abweichen; er kann dies aber einmal — wie sich aus diesen Absätzen ergibt — nur zugunsten der Arbeitnehmer tun. Die gesetzliche Unabdingbarkeit des Lohnfortzahlungsanspruches gemäß §§ 1, 2 I und II LohnFG bedeutet daher (wie beim gesetzlichen Urlaubsanspruch) einen Mindestanspruch, der auch durch Tarifvertrag nicht unterschritten, wohl aber erhöht werden darf. Dies ist im vorliegenden Fall auch geschehen. Zum anderen kann der Tarifvertrag nur mit den bereits dargestellten Wirkungen[61] vom tarifdispositiven Recht abweichen. Das bedeutet hier, daß der gesetzlich unabdingbare (Mindest-) Lohnfortzahlungsanspruch einer tariflichen Ausschlußfrist überhaupt nicht unterworfen werden kann; daß aber der tarifvertraglich (gemäß § 2 III LohnFG) erhöhte (Teil-) Lohnfortzahlungsanspruch der Ausschlußfrist unterfällt; und schließlich, daß übertarifliche Lohnbestandteile der Ausschlußfrist ebenfalls nicht unterliegen. Damit erweist sich die Aussage des BAG[62] als unrichtig, daß „im praktischen Ergebnis" auch übertariflicher Lohn unter die Ausschlußfrist fällt.

Unbefriedigend soll das Ergebnis des BAG aber noch unter einem anderen Gesichtspunkt sein, worauf *Hessel*[62] hingewiesen hat. Während der Tariflohn des arbeitenden Arbeitnehmers immer von einer entsprechenden tariflichen Ausschlußklausel erfaßt wird, gelte dies für den kranken Arbeitnehmer nur dann, wenn auch sein Lohnfortzahlungsanspruch tariflich geregelt sei. Beruht der Lohnfortzahlungsanspruch dagegen ausschließlich auf dem Gesetz, komme eine tarifliche Ausschlußklausel nicht zum Zuge.

Diese unterschiedliche Behandlung von arbeitendem und krankem Arbeitnehmer wäre in der Tat unbefriedigend. Allerdings verkennt *Hessel*[62] die volle Tragweite der unrichtigen Auslegung der Worte „tarifliche Rechte" in § 4 Abs. 4 TVG. Zwar lehnt er zu Recht die „mögliche"

---

[60] s. o. S. 40 ff.

[61] s. o. S. 41 f.

[62] BAG, AP Nr. 53 zu § 4 TVG Ausschlußfristen m. Anm. *Hessel*.

Ansicht des BAG ab, daß ein tariflicher Lohnanspruch den Schluß zulasse, daß deshalb auch der Lohnfortzahlungsanspruch im Krankheitsfalle ein tariflicher Anspruch sei. Aber auch er geht davon aus, daß ein gemäß § 2 Abs. 3 LohnFG in der Höhe des fortzuzahlenden Arbeitsentgelts abweichend vom Gesetz im Tarifvertrag geregelter Rechtsanspruch „ein tariflicher Anspruch mit allen Konsequenzen" sei, der „von einer tariflichen Ausschlußfrist erfaßt" werde. Gesetzlich unabdingbare (Mindest-) Ansprüche werden aber durch Aufnahme in einen Tarifvertrag, wie bereits gesagt[63], nicht zu „tariflichen Rechten" (da sie unabhängig vom Tarifvertrag in jedem Einzelarbeitsverhältnis gelten), auf die die Ausschlußfrist Anwendung finden könnte.

Daher besteht die von *Hessel*[62] bedauerte unterschiedliche Behandlung wirklich; „sie läßt sich aber angesichts der dargelegten Rechtslage nicht vermeiden" (*Hessel*[62]). Allerdings ist die von ihm dargelegte Rechtslage unrichtig gesehen worden. Tarifliche Lohnansprüche *können* tariflichen Ausschlußfristen unterliegen, gesetzliche Lohnfortzahlungsansprüche dagegen selbst dann nicht, wenn sie in einem Tarifvertrag „geregelt" worden sind. Vielmehr können nur die Teile des Lohnfortzahlungsanspruchs von der Ausschlußfrist erfaßt werden, die über die gesetzliche Mindesthöhe gemäß § 2 Abs. 3 LohnFG durch Tarifvertrag entstanden sind. Eine solche (meist nur geringe) Erhöhung des gesetzlichen (Mindest-) Lohnfortzahlungsanspruches im Tarifvertrag macht aber nicht den gesamten Lohnfortzahlungsanspruch (konkret: nicht auch seinen gesetzlichen Teil) zu einem tarifvertraglichen Anspruch, auf den insgesamt die Ausschlußklausel anzuwenden wäre[64].

5. Eigene Ansicht

Die Rechtslage, wie sie sich heute wirklich darstellt, zwingt vielmehr zu dem Schluß, daß entgegen der in Rechtsprechung und Schrifttum herrschenden Meinung zwingende gesetzliche (Mindest-) Ansprüche durch tarifliche Ausschlußfristen nicht erfaßt werden können, sondern nur die darüber hinausgehenden tariflich begründeten Anspruchs-(bestand-)teile. Gesetzlich zwingend geregelte Mindestansprüche stellen in keinem Fall tarifdispositives Recht dar. Auch die nicht zwingend geregelten gesetzlichen Ansprüche werden nicht dadurch zu „tariflichen" Rechten i. S. des § 4 Abs. 4 TVG, daß sie im Tarifvertrag aufgeführt werden. Sie erlangen dadurch nur die (tarifliche) Unabdingbarkeit i. S. des § 4 Abs. 3 TVG. Nur diese wird ihnen mit Ablauf der Ausschlußfrist wieder genommen. Unter „tariflichen Rechten" i. S. des § 4 Abs. 4 Satz 3 TVG sind daher nur die durch Tarifvertrag *entstandenen* und die durch

[63] s. o. S. 45 ff., 47.

[64] A. A. *Herschel*, Anm. zu AP Nr. 34 zu § 4 TVG Ausschlußfristen (Ziff. 2 a).

Tarifvertrag *erstarkten* Rechte bzw. Ansprüche zu verstehen. Durch Tarifvertrag entstanden sind alle Rechte, die ohne den Tarifvertrag nicht bestehen würden, die durch ihn also begründet wurden. Daher gehören zu diesen Rechten alle jene nicht, die durch andere Rechtsquellen Geltung erlangt haben. Nicht hierzu zählen somit insbesondere die durch Gesetz, Betriebsvereinbarung oder Einzelvertrag entstandenen Ansprüche und Berechtigungen. Sind solche Rechte aber in einem Tarifvertrag aufgenommen worden, so werden sie insofern „tarifliche Rechte“ als sie die (tarifliche) Unabdingbarkeit erlangen. Sie sind insoweit durch den Tarifvertrag erstarkt, also mit einer stärkeren Wirkung ausgestattet worden als sie zuvor hatten. Dadurch erfahren auch solche gesetzlichen Rechte eine Stärkung, die dispositiver Natur sind. Unberührt von der Aufnahme in einen Tarifvertrag bleiben jedoch die unabdingbaren gesetzlichen (Mindest-) Rechte.

Ausschlußfristen können daher nach geltendem Recht rechtsvernichtend nur „tariflich entstandene“ Rechte erfassen. Diese können völlig neue Ansprüche betreffen, aber auch nur in der Verbesserung (Erhöhung) gesetzlicher, arbeitsvertraglicher etc. Rechte bestehen. Dann unterliegt als „tarifliches Recht“ nur diese Verbesserung der tariflichen Ausschlußfrist. Erhöht etwa der Tarifvertrag den gesetzlichen Mindesturlaub um 2 Tage und stehen dem Arbeitnehmer nach Ablauf der tariflichen Ausschlußfrist noch 5 Tage Urlaub zu, so sind nur die zwei durch Tarifvertrag begründeten Urlaubstage verfallen. Die drei durch das BUrlG begründeten Urlaubstage stehen dem Arbeitnehmer weiterhin zu (§ 7 Abs. 3 BUrlG). Eine Aufspaltung der Ansprüche kann aber beispielsweise[65] auch dadurch erfolgen, daß übertarifliche Rechte in einer Betriebsvereinbarung begründet und darin gleichzeitig einer Ausschlußfrist (gem. § 77 Abs. 4 Satz 4 BetrVG 1972) unterworfen werden. Dann wird der tarifliche Teil des Rechts von der tariflichen Ausschlußfrist erfaßt und der übertarifliche von der betrieblichen[65]. Unberührt davon bliebe schließlich noch ein unabdingbarer gesetzlicher und auch ein (über- oder außertariflicher) einzelvertraglicher Teil des Rechtes (für den noch eine eigene Ausschlußfrist einzelvertraglich vereinbart sein kann!). Diese Aufspaltung der Ansprüche[66] ist naturgemäß unerfreulich und sollte vermieden werden. Dies kann jedoch nicht dadurch geschehen[67], daß die tarifliche Ausschlußfrist sich auf „alle“ Ansprüche aus dem Arbeitsverhältnis erstreckt. Denn die Tarifvertragsparteien haben, wie gesagt[68], keine derart weitgehende Regelungskompetenz. Es muß vielmehr eine andere Lösung für dieses Problem gefunden werden[69].

---

65 *Leser*, Ausschlußfristen E II 4, V 4.

66 Dazu s. auch *Beer*, AuR 1964, 174 f.

67 So aber *Leser*, Ausschlußfristen E II 4 b, 5 d, IV 3 d, 4 c.

68 s. o. S. 43 ff.

Soweit der Tarifvertrag „tariflich erstarkte" Rechte enthält, hat die tarifliche Ausschlußfrist nur die Wirkung, nach ihrem Ablauf diesen Rechten die erlangte tarifliche Unabdingbarkeit zu nehmen. Dies ist aber eine atypische, nicht in der Rechtsnatur der Ausschlußfrist liegende Wirkung, die sich allein aus der Rechtsnatur des Tarifvertrages ergibt. Eine der Rechtsnatur der Ausschlußfrist entsprechende Regelung muß dies berücksichtigen.

---

[69] Dazu s. u. S. 119 f.

VII. Erweiterung des sachlichen Geltungsbereichs durch Auslegung

Obwohl gemäß § 4 Abs. 4 Satz 3 TVG nur „tarifliche Rechte“ Gegenstand einer tariflichen Ausschlußfrist sein können, hat die Rechtsprechung den sachlichen Geltungsbereich dieser Verfallklauseln erheblich dadurch erweitert, daß sie ihre Anwendung auch auf „alle“ Ansprüche aus dem „Arbeitsverhältnis“ zuließ. Damit wurde zunächst einmal die Unterscheidung zwischen „tariflichen Rechten“ einerseits und allen nicht tariflich begründeten vertraglichen Rechten andererseits außer Acht gelassen. Doch ist durch die Rechtsprechung der Anwendungsbereich der tariflichen Ausschlußfristen außerdem noch dadurch erweitert worden, daß unter den „Ansprüchen aus dem Arbeitsverhältnis“ nach und nach alle nur irgendwie mit dem Arbeitsverhältnis in Zusammenhang stehenden Ansprüche der Arbeitsvertragsparteien verstanden wurden. Diese erstaunliche und in sich häufig widersprüchliche Rechtsprechung des Bundesarbeitsgerichts ist daher im Folgenden zu analysieren.

1. Arbeitsvertrag und Arbeitsverhältnis

Tarifliche Ausschlußfristen erfassen meist[1] Ansprüche aus dem „Arbeitsvertrag“ oder dem „Arbeitsverhältnis“[2]. Das hat das BAG verleitet, einen Unterschied zwischen beiden Begriffen zu konstruieren, der dogmatisch nicht haltbar ist. In seiner Entscheidung vom 7. 7. 1960[3] hatte der 2. Senat des BAG eine Klausel zu beurteilen, die „alle ... Ansprüche aus dem Arbeitsverhältnis“ betraf. Das BAG stellte sich auf den Standpunkt, damit seien nicht nur die einzelvertraglich vereinbarten und somit nicht aus einem Gesetz fließenden Ansprüche gemeint. Der Begriff „Arbeitsverhältnis“ gehe über den Begriff „Arbeitsvertrag“ hinaus, denn andernfalls wären ja sogar tarifvertraglich und auf Betriebsvereinbarung beruhende Ansprüche nicht erfaßt, weil normative Kollektivnormen nicht in den Vertrag eingingen. Mit einer solchen Auslegung

---

[1] Vgl. dazu die schon bei *Hansjörg Weber*, SAE 1980, 125, aufgeführten Verfallklauseln.

[2] In neueren Tarifverträgen wird mitunter auch vom „Beschäftigungsverhältnis“ gesprochen; s. Anhang Nr. 3, 10, 13, 14, 21, 22, 27, 35, 73, 74, 76.

[3] BAG, AP Nr. 24 zu § 1 ArbKrankhG.

würde man der Klausel aber jede praktische Bedeutung nehmen. Auch der Anspruch auf Krankengeldzuschuß fließe, selbst wenn er durch zwingendes Gesetz normiert sei, aus dem „Arbeitsverhältnis" im Sinne dieser Ausschlußklausel.

Der 2. Senat des BAG bekräftigte seine Ansicht in der Entscheidung vom 30. 3. 1962[4]. Weil auch in diesem Fall die tarifliche Ausschlußklausel die Ansprüche aus dem „Arbeitsverhältnis" und nicht nur (!) aus dem „Arbeitsvertrag" verfallen ließ, erfaßt sie nach Meinung des BAG nicht nur einzelvertraglich vereinbarte, sondern auch gesetzliche und tarifliche Ansprüche. Denn der Begriff „Arbeitsverhältnis" gehe weiter als der Begriff „Arbeitsvertrag". Gerade die weite Fassung der Tarifvorschrift zeige, daß sie alle nur denkbaren Ansprüche erfassen wolle, auch wenn sie noch so entfernt mit dem Arbeitsverhältnis zusammenhingen. Obwohl das BAG hier weitreichende Folgerungen aus der Unterscheidung zwischen Ansprüchen aus „Arbeitsvertrag" und „Arbeitsverhältnis" zieht, hat es keine Begründung für seine Ansicht gegeben, der Begriff „Arbeitsverhältnis" gehe weiter als der Begriff „Arbeitsvertrag".

Diese Auffassung ist dogmatisch auch verfehlt, da die Begriffe nicht einen engeren oder weiteren Gegenstand zum Inhalt haben, sondern jeweils einen anderen[5]. Nach der h. M. wird unter „Arbeitsvertrag" der Vertrag verstanden, durch den sich der Arbeitnehmer zur Leistung von Arbeit im Dienste des Arbeitgebers verpflichtet[6] und der Arbeitnehmer zur Gewährung der vereinbarten Vergütung[7]. Von dieser Willenseinigung wird das Arbeitsverhältnis unterschieden, das durch den Arbeitsvertrag begründet und gestaltet wird[8]. Im Gegensatz zu der überholten Eingliederungstheorie geht die herrschende Vertragstheorie in Übereinstimmung mit der modernen Schuldrechtsdogmatik davon aus, daß das Arbeitsverhältnis als Rechtsverhältnis durch den Abschluß des Arbeitsvertrages begründet wird[9]. Der Abschluß des Arbeitsvertrages läßt mit anderen Worten das Arbeitsverhältnis entstehen, aus dem sich dann die einzelnen Rechte und Pflichten der Vertragsparteien ergeben. Somit sind die Begriffe „Arbeitsvertrag" und „Arbeitsverhältnis" zwar deutlich unterschieden, aber in einem ganz anderen Sinn als der 2. Senat des BAG dies glaubte feststellen zu können. Allerdings wirkte dessen Fehlvorstellung, daß unter den Begriff „Arbeitsverhältnis" „alle nur denk-

---

[4] BAG, AP Nr. 28 zu § 4 TVG Ausschlußfristen.

[5] Ausführlich hierzu (und wie folgt) *Hansjörg Weber*, Anm. zu BAG, AP Nr. 7 zu § 70 BAT (Ziff. II 1).

[6] So — unvollständig —: *Hueck / Nipperdey*, ArbR I § 21 I 2; *Zöllner*, ArbR § 4 III.

[7] *Nikisch*, ArbR I § 19 I 3; s. a. *Söllner*, ArbR §§ 29 I, 31 I.

[8] *Hueck / Nipperdey*, ArbR I § 21 I 2; *Söllner*, ArbR § 28 III.

[9] Statt vieler: *E. Wolf*, Arbeitsverhältnis S. 89; *ders.* SchuldR II § 15 A II, SchuldR I § 2 D I; *Hueck / Nipperdey*, ArbR I § 21 II.

baren (gesetzlichen) Ansprüche" gezogen werden könnten, in der weiteren Rechtsprechung fort[10].

Ohne die Ansicht des 2. Senats auch nur zu erwähnen, vertrat der 3. Senat im Urteil vom 10. 8. 1967[11] die Auffassung, aus der Verwendung des Wortes „Arbeitsvertrag" in einer tariflichen Verfallklausel anstelle des in solchen Klauseln sonst vielfach üblichen Wortes „Arbeitsverhältnis" lasse sich nichts gewinnen. Diese beiden Begriffe würden selbst in der Sprache der Arbeitsrechtler derart unterschiedlich verwendet und auch bei an sich möglicher Abgrenzung voneinander immer wieder (selbst vom Gesetzgeber) verwechselt. Es mache daher für die Auslegung einer tariflichen Ausschlußfrist keinen Unterschied, ob der eine oder andere Begriff zugrunde gelegt werde; denn es könne keinesfalls festgestellt werden, von welchem Begriff die Parteien des Tarifvertrages ausgegangen seien; es könne insbesondere nicht angenommen werden, daß etwa nur Ansprüche gemeint seien, die in einem (rechtswirksamen) Einzelarbeitsvertrag selbst geregelt seien, während die auf Gesetz und Tarifvertrag beruhenden Ansprüche ausgenommen sein sollten. Vielmehr sei im Grundsatz davon auszugehen, daß jeder Anspruch erfaßt werde, den die Arbeitsvertragsparteien aufgrund ihrer durch den Arbeitsvertrag begründeten Rechtsstellung gegeneinander hätten. Sollten die Parteien des konkreten Tarifvertrages etwas anderes gewollt und sollten sie insbesondere im Falle der Anspruchskonkurrenz zwischen vertraglichen und deliktischen Schadensersatzansprüchen die letzteren nicht gemeint haben, dann hätte das zum Ausdruck kommen müssen[12]. Aus dem Wort „Arbeitsvertrag" ergebe sich das nicht.

Damit hatte es der 3. Senat umgangen, den „engeren Begriff" „Arbeitsvertrag" näher zu erklären und gegen den angeblich „weitergehenden" Begriff „Arbeitsverhältnis" abzugrenzen und konnte ungehindert die Anwendbarkeit der tariflichen Ausschlußfrist auch auf die mit vertraglichen Ansprüchen konkurrierenden Ansprüche aus unerlaubter Handlung behaupten[13].

Die Vorstellung des 3. Senats, daß die Begriffe „Arbeitsvertrag" und „Arbeitsverhältnis" in Verfallklauseln gleichbedeutend sind, hat sich in der Rechtsprechung durchgesetzt[14]. Ihr ist zuzustimmen[15], denn die Be-

---

[10] Dazu s. u. S. 61 ff.; ferner s. a. *Hansjörg Weber*, Anm. zu BAG, AP Nr. 7 zu § 70 BAT (Ziff. II 1 b).

[11] BAG, AP Nr. 37 zu § 4 TVG Ausschlußfristen m. zust. Anm. *Herschel*.

[12] Z. B. durch Ausnahmen für „Ansprüche aus mit Strafe bedrohten Handlungen"; vgl. BAG, AP Nr. 34 (Ziff. II), 37 (Ziff. II 4 a) zu § 4 TVG Ausschlußfristen; s. a. Anhang Nr. 16, 47, 61, 86, 99.

[13] Dazu sogleich u. S. 61 ff.

[14] BAG, AP Nr. 20 zu § 670 BGB; AP Nr. 7 zu § 70 BAT, in dieser Entscheidung meint der 4. Senat sogar, der Begriff „Arbeitsvertrag" werde in tarif-

griffe werden in der Tat häufig nicht nur in Arbeitsverträgen und Tarifverträgen, sondern auch in Gesetzen synonym gebraucht (vgl. z. B. § 3 II BBiG[16]). Mit der inhaltlichen Gleichsetzung des Begriffes „Arbeitsvertrag" mit dem Begriff „Arbeitsverhältnis" in diesem Zusammenhang ist aber noch nicht viel gewonnen, wenn man daraus nicht die Konsequenz zieht, daß von derartigen Verfallklauseln auch wirklich nur Ansprüche aus dem Arbeitsverhältnis erfaßt werden sollen und können. Gerade diese Konsequenz hat das BAG, wie eben bereits deutlich wurde, nicht gezogen, es hat vielmehr nach und nach unter den Begriff „Arbeitsverhältnis" eine Reihe von gesetzlichen Ansprüchen gezogen, die nicht im Arbeitsverhältnis entstanden sind, sondern kraft eines gesetzlichen Schuldverhältnisses.

Um Unklarheiten zu vermeiden, soll, bevor die Rechtsprechung zu den einzelnen gesetzlichen Ansprüchen behandelt wird, nochmals[17] deutlich gemacht werden, welche dogmatische Auffassung vom Schuldverhältnis hier für richtig gehalten wird. Schuldverhältnisse entstehen danach aus Gesetz oder aus Vertrag. Als vertragliche Ansprüche gelten die vereinbarten vertraglichen Rechte, aber auch die für dieses vertragliche Schuldverhältnis gesetzlich (zwingend) vorgeschriebenen vertraglichen Rechte. Als gesetzlich vorgeschriebenes Recht ist etwa das Kündigungsrecht anzusehen, das auch dann kraft Gesetzes (z. B. § 626 BGB) als vertragliches Recht besteht, wenn es im Einzel-Arbeitsvertrag nicht vereinbart worden ist. Zu Recht geht daher z. B. der 3. Senat des BAG[18] davon aus, daß auch die das Arbeitsverhältnis gestaltenden gesetzlichen Ansprüche als Ansprüche „aus dem Arbeitsverhältnis" anzusehen sind und einer entsprechenden Verfallklausel unterliegen.

Als gesetzliches Schuldverhältnis wird dagegen jenes angesehen, das nicht auf einer Willenseinigung der Parteien beruht, sondern das kraft gesetzlicher Bestimmung beim Vorliegen bestimmter Handlungen, Zustände oder Ereignisse entsteht.

Unter Zugrundelegung dieser dogmatischen Selbstverständlichkeiten soll nun untersucht werden, welche Ansprüche aus Vertrag, aber auch aus gesetzlichen Schuldverhältnissen die Rechtsprechung des BAG dem „Arbeitsverhältnis" zugeordnet und damit unter tarifliche Ausschlußfristen hat fallen lassen. Dabei wird sich zeigen, daß in der Rechtsprechung des BAG der dogmatische Unterschied zwischen gesetzlich nor-

---

lichen Verfallklauseln „üblicherweise" gleichbedeutend mit dem Begriff „Arbeitsverhältnis" verwandt.

15 *Hansjörg Weber*, Anm. zu BAG, AP Nr. 7 zu § 70 BAT (Ziff. II 1 a).

16 Zur ausführlichen Interpretation des Wortes „Arbeitsvertrag" in dieser Vorschrift s. *Hansjörg Weber*, Anm. zu BAG, AP Nr. 3 zu § 3 BAT (Ziff. V).

17 Dazu s. o. S. 55. Ausf. dazu *Hansjörg Weber*, RdA 1980, 294 (Ziff. III).

18 BAG, AP Nr. 20 zu § 670 BGB m. zust. Anm. *Wiedemann* (Ziff. 3 a).

mierten vertraglichen Rechten und Rechten aus gesetzlichen Schuldverhältnissen nicht beachtet worden ist. Das hat dazu geführt, daß als „Ansprüche aus dem Arbeitsverhältnis" vom BAG nicht nur (zu Recht) gesetzlich vorgeschriebene vertragliche Rechte verstanden werden, sondern (zu Unrecht) auch Rechte aus gesetzlichen Schuldverhältnissen.

2. Ansprüche aus Vertrag

a) Wenn eine tarifliche Ausschlußfrist für „Ansprüche aus dem Arbeitsverhältnis" gilt[19], sind damit nicht nur die Erfüllungsansprüche, insbesondere die Lohn- und Gehaltsansprüche umfaßt, sondern auch alle aus einer Vertragsverletzung entstehenden Ansprüche. Hierzu zählen vor allem Schadensersatzansprüche des Arbeitgebers wegen der Verletzung arbeitsvertraglicher Pflichten durch den Arbeitnehmer. Daher ist nicht zweifelhaft, daß nach Wortlaut und Sinn dieser Verfallklausel auch ein Anspruch aus schuldhafter Vertragsverletzung, also ein arbeitsvertraglicher Anspruch, erfaßt wird[20].

b) Ebenso unterfallen dieser Ausschlußfrist auch vertragliche Erstattungsansprüche, die z. B. der Arbeitgeber gegen den Arbeitnehmer hat. Dieser Fall wird etwa bei Lohnsteuererstattungsansprüchen aktuell. In einer längeren Reihe von Entscheidungen hat das BAG[21] festgestellt, daß der Arbeitgeber, der vom Finanzamt wegen nicht einbehaltener Lohnsteuer seines Arbeitnehmers in Anspruch genommen wird, vom Arbeitnehmer volle Erstattung der für diesen bezahlten Steuern verlangen kann. Allerdings hat das BAG den Steuerrückerstattungsanspruch nicht von Anfang an als „Anspruch aus dem Arbeitsverhältnis" angesehen. Der 2. Senat hatte dies in vier Urteilen vom 27. 3. 1958[22] mit der Begründung verneint, es handele sich um ein auftragsähnliches Legalschuldverhältnis, das von dem Arbeitsverhältnis zu unterscheiden sei. Es genüge für die Anwendung der Verfallklausel „Ansprüche aus dem Arbeitsverhältnis" nicht, daß derartige besondere Erstattungsansprüche eines Arbeitgebers regelmäßig in einem inneren Zusammenhang mit dem Arbeitsverhältnis ständen, ohne aber selbst in ihm den rechtlichen Grund zu finden.

Dagegen meinte der 4. Senat des BAG nur wenig später in seiner Entscheidung vom 24. 10. 1958[23], auch unabhängig von den vom 2. Senat

---

[19] Anhang Nr. 4—6, 8, 11, 13—17, 19, 20, 23—34, 36, 38, 40—43, 48, 50, 53, 54, 56, 57, 60, 61, 63—73, 75, 77—93, 95, 97—99.

[20] So zu Recht BAG, AP Nr. 37 zu § 4 TVG Ausschlußfristen; *Etzel*, RdA 1968, 179.

[21] BAG, AP Nr. 1, 2, 4, 5, 7, 8, 9, 17, 20 zu § 670 BGB.

[22] BAG, AP Nr. 1, 2, 4, 5 zu § 670 BGB.

[23] BAG, AP Nr. 7 zu § 670 BGB.

angestellten Überlegungen wurzele der Anspruch des Arbeitgebers gegen den Arbeitnehmer auf Erstattung der gezahlten Steuern und Abgaben *auch* in dem bestehenden Arbeitsverhältnis. Denn wenn der Arbeitgeber dem Arbeitnehmer — wie regelmäßig — eine sogenannte Bruttovergütung schulde, bedeute das, daß der Arbeitnehmer im Innenverhältnis verpflichtet sei, gegenüber seinem Arbeitgeber die auf die jeweiligen Vergütungen entfallenden Steuern und Abgaben allein zu tragen.

Soweit gegen diese Ansichten Einzelkritik geübt worden ist, hat der 5. Senat sie in seinem Urteil vom 17. 3. 1960[24] zurückgewiesen. Auch der 3. Senat hat sich dieser Rechtsprechung angeschlossen. Seiner Entscheidung vom 1. 12. 1967[25] lag allerdings eine Verfallklausel zugrunde, die „alle beiderseitigen Ansprüche aus dem Arbeitsverhältnis und solche, die mit dem Arbeitsverhältnis in Verbindung stehen", erfaßte. Der Senat hatte daher keine Schwierigkeit festzustellen, daß der Lohnsteuererstattungsanspruch unter diese tarifliche Ausschlußfrist fiel. Das ergab sich für ihn „aus der weiten Fassung der Tarifbestimmung, für deren Anwendung es genügt, daß der Anspruch irgendwie mit den arbeitsvertraglichen Beziehungen der Parteien zusammenhängt". Es diene der Rechtssicherheit, wenn durch eine solche Klausel verhindert werde, daß nach längerer Zeit Parteien, die inzwischen nicht mehr miteinander verbunden seien, noch um Fragen des richtigen Lohnsteuerabzugs stritten.

Erst in seiner Entscheidung vom 14. 6. 1974[26] hat dann der 3. Senat des BAG Steuererstattungsansprüche auch unter eine Verfallklausel ziehen können, die nur „Ansprüche aus Arbeitsverträgen" erfaßte. Dazu mußte er jedoch die vom 2. Senat begründete Vorstellung vom auftragsähnlichen Legalschuldverhältnis aufgeben und durch die Einordnung der Erstattungsansprüche als vertragliche Ansprüche in das Arbeitsverhältnis ersetzen. Der 3. Senat tat dies mit der Überlegung, die Rechtsbeziehungen zwischen dem Arbeitgeber und dem Arbeitnehmer aus Anlaß des Lohnsteuerabzugsverfahrens ließen sich „in der Tat zwanglos und lebensnah" nur als Teil des Arbeitsverhältnisses verstehen[27], nicht aber als selbständiges Rechtsverhältnis, das neben dem Arbeitsverhältnis bestehe. Wie die Pflichten des Arbeitgebers in diesem Zusammenhang von Anfang an der arbeitsvertraglichen Fürsorgepflicht zugerechnet worden

---

[24] BAG, AP Nr. 8 zu § 670 BGB.

[25] BAG, AP Nr. 17 zu § 670 BGB.

[26] BAG, AP Nr. 20 zu § 670 BGB.

[27] U. a. aus diesen Formulierungen hat später der 5. Senat (BAG, AP Nr. 64 zu § 4 TVG Ausschlußfristen, Ziff. I 3, 4) geschlossen, daß „die enge Verknüpfung eines Lebensvorgangs mit dem Arbeitsverhältnis als entscheidendes Kriterium für die Einbeziehung eines Anspruchs in die tarifliche Ausschlußklausel" zu bewerten sei; ausf. dazu u. S. 69.

wären, so seien auch die Arbeitnehmerpflichten, vor allem der Steuerrückerstattungsanspruch im Falle zu geringer Steuerabzüge, als Teil der Redlichkeitspflicht des Arbeitnehmers anzusehen. Die beiderseitigen Pflichten würden zwar durch die Vorschriften des Auftragsrechts konkretisiert, so daß von auftragsähnlichen Beziehungen gesprochen werden könne, das rechtfertige jedoch nicht die Annahme eines besonderen Schuldverhältnisses, dessen Eigenart darin bestände, daß es nur in Verbindung mit einem Arbeitsverhältnis entstehen könnte[27].

Im Ergebnis ist das zwar richtig, nicht aber in der Begründung. Ohne hier auf die Regelungen im Einkommensteuerrecht näher eingehen zu müssen[28], ist Folgendes zugrunde zu legen. Gemäß § 38 Abs. 2 Satz 1 EStG 1975 ist der Arbeitnehmer Schuldner der Lohnsteuer; gemäß § 42 Abs. 1 Nr. 1 EStG 1975 haftet aber der Arbeitgeber für die Einbehaltung und Abführung der Lohnsteuer. Soweit diese Haftung des Arbeitgebers reicht (vgl. § 42 d Abs. 2 EStG 1975), ordnet § 42 d Abs. 3 Satz 1 EStG 1975 eine Gesamtschuldnerschaft zwischen Arbeitgeber und Arbeitnehmer ausdrücklich an. Das Finanzamt kann gemäß § 42 Abs. 3 Satz 2 EStG 1975 die Steuerschuld oder Haftungsschuld nach pflichtgemäßem Ermessen gegenüber jedem Gesamtschuldner geltend machen. Da aber der Arbeitgeber nur Steuerentrichtungspflichtiger und alleiniger Steuerschuldner der Arbeitnehmer ist, ergibt sich aus dieser Anlage des Einkommen- und Lohnsteuerrechts ein (Befreiungs- bzw.) Erstattungsanspruch des Arbeitgebers gegen den Arbeitnehmer[29]. Dieser Erstattungsanspruch ist ein „Anspruch aus dem Arbeitsverhältnis", weil die öffentlich-rechtlichen Pflichten, Lohnsteuer zu zahlen (Arbeitnehmer) und Lohnsteuer abzuführen (Arbeitgeber), zugleich (gesetzliche) vertragliche Nebenpflichten im Arbeitsverhältnis sind[30]. Der Arbeitgeber hat die Lohnsteuer u. a. richtig zu berechnen und vollständig und rechtzeitig abzuführen. Diese Pflicht besteht als öffentlich-rechtliche dem Finanzamt gegenüber und als vertraglich geschuldete (gesetzliche) Pflicht dem Arbeitnehmer gegenüber. Von „arbeitsvertraglicher Fürsorgepflicht" kann daher nicht die Rede sein[31].

Entsprechend verhält es sich mit der Lohnsteuer-(zahlungs-)pflicht des Arbeitnehmers, der sich u. a. in ausreichendem Maße selbst darum zu kümmern hat, ob der Steuerabzug vom Arbeitgeber richtig vorgenommen wird[32], und der bei der Zurverfügungstellung und Belegsicherung sowie an der Abwehr von Nachversteuerungsansinnen des Finanzfiskus

---

28 Vgl. dazu im Einzelnen sowie zum Folgenden *Wiedemann*, Anm. zu BAG, AP Nr. 20 zu § 670 BGB (Ziff. 1).

29 *Wiedemann*, Anm. zu BAG, AP Nr. 20 zu § 670 BGB (Ziff. 2).

30 Im Einzelnen dazu *Hansjörg Weber*, RdA 1980, 294 ff. (Ziff. III 2 a).

31 So aber z. B. BAG, AP Nr. 1, 2, 4, 5, 7, 8, 9, 20 zu § 670 BGB.

32 BAG, AP Nr. 7 zu § 670 BGB.

mitwirken muß, weil er als der eigentliche Steuerschuldner auch insoweit das Steuerrisiko trägt[33]. Der Arbeitgeber, der vom Finanzamt wegen zu Unrecht nicht einbehaltener Lohnsteuer seines Arbeitnehmers in Anspruch genommen wird, erfüllt mit der Nachentrichtung zugleich auch seine vertragliche Nebenpflicht; er kann vom Arbeitnehmer volle Erstattung der für diesen gezahlten Steuern verlangen.

Dieser Anspruch beruht auf dem Arbeitsverhältnis, das hinsichtlich dieser Nebenpflicht des Arbeitgebers ohne jede „ideologische Überdehnung" Elemente eines Auftragsverhältnisses aufweist[34]. Infolgedessen handelt es sich bei dem Erstattungsanspruch um einen „Anspruch aus dem Arbeitsverhältnis", der einer entsprechenden Verfallklausel unterliegt[35].

3. Anspruch aus unerlaubter Handlung

a) In seiner Entscheidung vom 10. 8. 1967[36] hat der 3. Senat des BAG, wie schon angedeutet wurde[37], den Begriff „Arbeitsvertrag" in einer tariflichen Ausschlußfrist so ausgelegt, daß darunter auch ein (mit dem vertraglichen konkurrierender) Schadensersatzanspruch aus unerlaubter Handlung falle. Diese Auslegung fand der Senat bestätigt, wenn neben dem Wortlaut noch der Sinn und Zweck der Verfallklausel in Betracht gezogen werde. Mit Hilfe der Verfallklausel solle über die Ansprüche der Arbeitsvertragsparteien innerhalb eines Zeitraumes, in dem alles noch übersehbar und deshalb ohne besondere Schwierigkeiten zu bereinigen sei, Klarheit geschaffen werden. Es solle möglichst bald Gewißheit eintreten, mit welchen Ansprüchen die jeweilige Gegenseite noch zu rechnen habe. Diesem Ziel der Rechtsklarheit und der Rechtssicherheit entspreche es, wenn Ansprüche aus demselben Lebensvorgang, die sich rechtlich sowohl als arbeitsvertraglicher als auch als gesetzlicher (deliktischer) Anspruch begründen ließen, in ihrem rechtlichen Bestand, soweit es um das Eingreifen der Verfallklausel gehe, einheitlich behandelt würden. Es lasse sich kein vernünftiger Grund dafür finden, daß die

---

33 BAG, AP Nr. 8, 9 zu § 670 BGB.

34 So zu Recht *Wiedemann*, Anm. zu BAG, AP Nr. 20 zu § 670 BGB (Ziff. 2 a) gegen *Schwerdtner*.

35 Es kann hier offen bleiben, ob ein vertraglicher Ausgleichsanspruch aus dem Schuldverhältnis den gesetzlichen Ausgleichsanspruch nach § 426 Abs. 1 BGB verdrängt oder konkurrierend neben ihn tritt (dazu vgl. *H. Ehmann*, Die Gesamtschuld, 1972, S. 103, 108 ff.). Ebensowenig braucht hier der Frage nachgegangen zu werden, ob auch der auf den Arbeitgeber übergegangene öffentlich-rechtliche Anspruch der tariflichen Verfallklausel unterliegt (vgl. dazu *Wiedemann*, Anm. zu BAG, AP Nr. 20 zu § 670 BGB, Ziff. 3 b).

36 BAG, AP Nr. 37 zu § 4 TVG Ausschlußfristen = SAE 1968, 234 m. Anm. *Rittner*.

37 s. o. S. 56.

Parteien des (vorliegenden) Tarifvertrages Schadensersatzansprüchen der gegebenen Art, die sich aus einem für die heutigen Lebensverhältnisse geradezu typischen Sachverhalt ergäben[38], hinsichtlich des Erlöschens ein rechtlich verschiedenes Schicksal zugedacht haben sollten, je nachdem, welche rechtliche Begründung der forderungsberechtigte Arbeitgeber seinem Anspruch gebe. Wenn einem Arbeitnehmer, der gewöhnlich die praktische Bedeutung der tariflichen Ausschlußfristen kenne, nach Ablauf der Ausschlußfrist entgegengehalten werde, daß bei konkurrierenden Schadensersatzansprüchen aus Vertrag und Delikt nur der Anspruch aus Vertrag, nicht jedoch der Anspruch aus Delikt verfallen sei, so fühle sich der Laie vielfach von juristischen Konstruktionen hintergangen und irregeführt. Es könne nicht angenommen werden, daß die auf Rechtsfrieden und Rechtsklarheit bedachten Tarifpartner ein solches Ergebnis wollten.

Doch kann keines der vorgetragenen Argumente diese Auslegung stützen. Zunächst erstaunt, daß sich der 3. Senat auf den Wortlaut der Verfallklausel beruft. Denn der insoweit einhellig angenommene Inhalt des Begriffes „Arbeitsvertrag" (bzw. „Arbeitsverhältnis") umfaßt eben gerade nicht Ansprüche aus Gesetz (unerlaubter Handlung) als vertragliche. Zwar stimmt die vom BAG[39] gegebene Definition, wonach die Ansprüche, „die die Arbeitsvertragsparteien aufgrund ihrer durch den Arbeitsvertrag begründeten Rechtsstellung gegeneinander haben", vertragliche Ansprüche sind[40]. Unzutreffend ist aber die Ansicht des BAG[39], zu diesen vertraglichen Ansprüchen zählten auch die auf Gesetz (unerlaubte Handlung) beruhenden Ansprüche. Denn deliktische Ansprüche stehen weder Arbeitgeber noch Arbeitnehmer „aufgrund ihrer durch den Arbeitsvertrag begründeten Rechtsstellung" zu, sondern aufgrund der Verletzung von Verhaltenspflichten gemäß § 823 ff. BGB[41]. Der Wortlaut der Ausschlußklausel spricht daher eindeutig *gegen* die Einbeziehung von deliktischen Ansprüchen in „Ansprüche aus dem Arbeitsverhältnis"[41]. Daher verstößt die empfohlene „Ausstrahlung der Ausschlußfristen auf das Deliktsrecht auch dann, wenn der Wortlaut der betreffenden Tarifnorm nur die Ansprüche aus dem Arbeitsverhältnis erfaßt"[42], gegen die Auslegungsgrundsätze und damit gegen das Recht.

Selbst wenn man zugesteht, daß Zweck der Verfallklauseln die Herbeiführung von Rechtsklarheit und Rechtssicherheit ist, so folgt daraus

[38] Es handelte sich um Schadensersatzansprüche des Arbeitgebers aus einem Verkehrsunfall seines Arbeitnehmers (eines Kraftfahrers) während einer Dienstfahrt.

[39] BAG, AP Nr. 37 zu § 4 TVG Ausschlußfristen.

[40] Zustimmend *Etzel*, RdA 1968, 183, der aber verkennt, daß diese Definition des BAG einen weitergehenden Inhalt haben soll; s. o. nächster Satz.

[41] So zutreffend *Etzel*, RdA 1968, 183; *Krevet*, BB 1969, 185 f.

[42] So aber *Erdmann*, Betrieb 1968, 354.

nicht, daß der Begriff so auszulegen ist, wie es das BAG hier tut. Es mag zwar als wünschenswert erscheinen, auch den konkurrierenden Anspruch aus unerlaubter Handlung unter die Ausschlußfrist für vertragliche Ansprüche ziehen zu können. Doch kann dieses Ergebnis nicht durch Vergewaltigung des eindeutigen Wortlautes der Verfallklausel erzielt werden. Diskutabel ist diese Auslegung nur für die Verfallklausel, die auch alle Ansprüche erfaßt, „die im Zusammenhang mit dem Arbeitsverhältnis stehen“[43]. Derartige Klauseln sind zwar selten[44], sie bringen aber insoweit klar zum Ausdruck, daß die Tarifvertragsparteien auch andere als nur vertragliche Ansprüche (nämlich: auch gesetzliche) erfassen wollen[45]. Im Fall des BAG setzt jedoch der eindeutige Wortlaut der Verfallklausel („aus dem Arbeitsverhältnis“) der Auslegung klare Grenzen. Zu Recht weist deshalb *Etzel*[46] darauf hin, daß dafür, daß Arbeitnehmer sich hintergangen fühlten, die nach dem Ablauf der Ausschlußfrist (für vertragliche Ansprüche) noch auf Schadensersatz wegen unerlaubter Handlung in Anspruch genommen werden, nicht abwegige juristische Konstruktionen verantwortlich sind, sondern lückenhafte Tarifnormen.

Die Auslegung des BAG[39] läßt sich auch nicht mit dem Hinweis rechtfertigen, es lasse sich kein vernünftiger Grund dafür finden, daß die Tarifvertragsparteien dem Anspruch aus unerlaubter Handlung ein anderes rechtliches Schicksal zugedacht hätten als dem vertraglichen. Zum einen können die Vertragsparteien auch Unvernünftiges vereinbaren, soweit sie die rechtlichen (Inhalts-) Grenzen der Vertragsfreiheit respektieren; im übrigen sprechen aber gute Gründe dafür, einen Anspruch aus unerlaubter Handlung nicht einer — häufig recht kurzen (z. B. dreimonatigen) — Ausschlußfrist zu unterwerfen[47]. Zum anderen drängt die Nichterwähnung dieser Ansprüche in der Verfallklausel gerade den umgekehrten Schluß auf. Denn da einige Verfallklauseln die Ansprüche aus unerlaubter Handlung ausdrücklich einbeziehen oder ausschließen[48], hätte das BAG seine ergänzende Vertragsauslegung mit der Begründung des Vorliegens einer Regelungslücke beginnen müssen. Eine solche ist jedoch nach dem eindeutigen Wortlaut der Verfallklausel nicht gegeben. Die Tarifvertragsparteien wollten — vernünftig oder nicht — nur Ansprüche aus dem Arbeitsverhältnis einer Ausschlußfrist unterwerfen. Daß dadurch die Rechtsklarheit leidet, ist nicht ersichtlich. Die Auslegung des BAG ist insoweit fehlerhaft.

---

[43] Dazu s. *Hansjörg Weber*, SAE 1980, 125 (Ziff. II 1 g).

[44] Anhang Nr. 17, 31, 35, 53, 63, 68, 69, 86.

[45] Dazu s. auch *Gaul*, Ausschlußfristen S. 54.

[46] *Etzel*, RdA 1968, 184.

[47] Überzeugend dazu *Krevet*, BB 1969, 186 (Ziff. III 3).

[48] Anhang Nr. 16, 47, 61, 86, 99.

Gleichwohl hat der 1. Senat des BAG ihr bereits in seiner Entscheidung vom 19. 11. 1968[49] und ausführlicher und ausdrücklicher dann in seinem Urteil vom 6. 5. 1969[50] zugestimmt und dabei sogar auf sein Urteil vom 30. 11. 1962[51] verweisen können, in dem er schon dieselbe Ansicht vertreten hatte. Leider ist dieses Urteil[51] nicht mit seiner schriftlichen Begründung veröffentlicht worden, sondern nur in Form einer Pressemitteilung. Aus ihr geht nicht hervor, mit welchen Argumenten der 1. Senat seine Auffassung begründet hat, „daß die Ausschlußfristen auch gegenüber einem auf unerlaubter Handlung gestützten Anspruch durchgreifen, denn ein solcher Anspruch sei ebenfalls ein Anspruch aus dem Arbeitsverhältnis". Wenn in dem Pressebericht als Begründung lediglich mitgeteilt wird, „die Ausschlußfristen sollten bezwecken, daß Ansprüche der Arbeitnehmer und der Arbeitgeber alsbald abgewickelt würden", so gibt das nicht viel her. Jedenfalls rechtfertigt es nicht die Auslegung des Begriffes „Arbeitsverhältnis" dahin, darunter auch Ansprüche aus einem gesetzlichen Schuldverhältnis zu verstehen. In der Entscheidung vom 6. 5. 1969[50] bezieht sich der 1. Senat zwar auf seine „eingehende Begründung" der Entscheidung vom 30. 11. 1962[51], doch läßt sich diese — wie gezeigt — nicht nachprüfen. Nicht überzeugend sind schließlich auch die zustimmenden Äußerungen im Schrifttum, auf die sich der 1. Senat[50] bezieht.

b) Sie wiederholen nur[52] das Argument des BAG[50], daß mit Hilfe der Verfallklausel über (alle) Ansprüche der Arbeitsvertragsparteien innerhalb eines Zeitraumes Rechtsklarheit geschaffen werden solle, in dem alles noch übersehbar und daher ohne (Beweis-) Schwierigkeiten zu regeln sei. Um dieses Zieles willen müßten Ansprüche aus demselben tatsächlichen Vorgang, die rechtlich sowohl als vertragliche wie auch als gesetzliche (deliktische) begründet werden können, einheitlich behandelt werden.

Es ist bereits darauf hingewiesen worden, daß damit die grundlegende dogmatische Unterscheidung zwischen Schuldverhältnissen aus Vertrag und aus Gesetz aufgehoben wird, ohne daß dies durch den Wortlaut der Verfallklausel gerechtfertigt und sonst im Recht für erforderlich oder wenigstens wünschenswert gehalten wird. Beide Arten der Ansprüche könnten nur durch eine Klausel erfaßt werden, die auch die Ansprüche einschließt, die „im Zusammenhang mit dem Arbeitsverhältnis" entstanden sind. Wenig überzeugend ist es auch[53], wenn der Wortlaut eines

49 BAG, AP Nr. 40 zu § 4 TVG Ausschlußfristen.

50 BAG, AP Nr. 42 zu § 4 TVG Ausschlußfristen.

51 BAG, BB 1962, 1433.

52 *Rittner*, SAE 1968, 239; *Sieg*, Anm. zu BAG, AP Nr. 36 zu § 4 TVG Ausschlußfristen (Ziff. 1 b).

53 So aber *Rittner*, SAE 1968, 239 (Ziff. VI 1); ähnlich *Sieg*, Anm. zu BAG,

Tarifvertrages, der Ansprüche aus unerlaubter Handlung ausdrücklich der Ausschlußfrist entzieht[54], als „in der Tat nicht der übliche" abqualifiziert wird und den Tarifvertragsparteien trotz des eindeutigen Wortlautes ein abweichender — vom Sinn und Zweck der üblichen (!) Verfallklauseln[55] geprägter — Wille (durch ergänzende Vertragsauslegung) unterschoben wird; wobei das BAG[56] noch nicht einmal einen entsprechenden Willen der Vertragsparteien feststellt, sondern sich mit der Behauptung begnügt, „da ein entgegenstehender Wille der Tarifparteien nicht zu ermitteln sei", komme „für solche Ansprüche nur eine einheitliche Anwendung der Ausschlußfrist in Betracht".

Erstaunlich ist auch, wie bereitwillig „derselbe Lebensvorgang"[56] als Zauberwort aufgenommen wurde[57], um die materiell-rechtlichen Anspruchsgrundlagen einzuschmelzen. So führt *Sieg*[58] aus, es entspreche zwar der klassischen Auffassung von der Anspruchskonkurrenz, daß mehrere aus einem Sachverhalt resultierende Ansprüche in ihren Rechtswirkungen voneinander unabhängig seien. Eine „neuere Tendenz" gehe jedoch dahin, zumindest in gewissen Punkten einheitliche Rechtsfolgen anzunehmen, wenn sich derselbe Anspruch auf mehrere Rechtsgrundlagen stützen lasse, aber einem einheitlichen Lebenssachverhalt entspringe. Hier werde vorgeschlagen, nicht von Anspruchskonkurrenz zu sprechen, sondern von einer Mehrheit von Anspruchsgrundlagen, mit der Folge, unter anderem auch eine einheitliche Verjährungsfrist anzunehmen. Wenn die einzelnen Ansprüche unterschiedliche Verjährungsfristen haben, solle die kürzere auch für die übrigen Ansprüche zugrunde gelegt werden. Zeichneten sich somit bereits im allgemeinen bürgerlichen Recht Tendenzen ab, die Lehre von der Anspruchskonkurrenz einschränkend zu verstehen, so sei eine ganzheitliche Betrachtungsweise um so mehr am Platze, wenn es um den Bereich tariflicher Ausschlußfristen gehe. Der Sinn und Zweck dieser Vorschriften, etwaige Streitpunkte zwischen Arbeitnehmer und Arbeitgeber alsbald zu erledigen, werde nicht erreicht, wenn die Parteien in die Lage versetzt würden, nach Ablauf der Frist diesen Anspruch gleichwohl geltend zu machen, indem sie ihn lediglich auf eine außervertragliche Rechtsgrundlage stellten.

AP Nr. 36 zu § 4 TVG Ausschlußfristen (Ziff. 1 c); s. a. *Wiedemann / Stumpf*, TVG § 4 Rdnr. 423, 424.

[54] Vgl. z. B. LAG Hamm, Betrieb 1968, 379. Ganz zu Recht stellt *Etzel*, RdA 1968, 180 (Ziff. I), fest, daß in diesem Fall mit Ablauf der tariflichen Ausschlußfrist die vertraglichen Ansprüche erlöschen, nicht aber die aus unerlaubter Handlung.

[55] Hierzu s. auch *Hansjörg Weber*, SAE 1980, 125 (Ziff. II).

[56] BAG, AP Nr. 37 zu § 4 TVG Ausschlußfristen.

[57] Ausf. dazu u. S. 68 ff.

[58] *Sieg*, Anm. zu BAG, AP Nr. 36 zu § 4 TVG Ausschlußfristen (Ziff. 1 a).

Ohne hier auf die angeblichen oder wirklichen „Tendenzen“ eingehen zu müssen, darf festgestellt werden, daß nach wie vor aus guten Gründen von einer Anspruchskonkurrenz ausgegangen wird[59]. Dabei haben auch die unterschiedlich langen Verjährungsfristen ihren Sinn; wenngleich im Einzelfall durchaus zu prüfen bleibt, ob nicht die kürzere die längere konsumiert[60]. Allerdings verlieren diese Aspekte hier an Bedeutung, weil auch insoweit die eindeutige Wortwahl des Tarifvertrages („aus dem Arbeitsverhältnis“) nicht durch eine „ganzheitliche Betrachtungsweise“ in eine von den Parteien nicht zum Ausdruck gebrachte Bedeutung umgedreht werden darf.

Ebenso verfehlt ist auch die teleologische Interpretation der Verfallklausel „alle Ansprüche aus dem Arbeitsverhältnis“, die *Beer*[61] gibt. Er meint, mit dieser Formulierung wollten die Tarifvertragsparteien „bewirken, daß alle Ansprüche ohne Rücksicht auf ihre Rechtsgrundlage mit Ablauf der Ausschlußfristen verfallen“. Davon würden „nicht allein die tariflichen und die arbeitsvertraglichen, sondern auch die gesetzlichen und alle sonstigen Ansprüche betroffen“.

Schon *Beer* verkennt damit, daß unter den eindeutigen Begriff „Arbeitsverhältnis“ nur vertragliche Ansprüche gezogen werden können. Außerdem ist nicht ersichtlich, was er unter „allen sonstigen Ansprüchen“ versteht, da es nur vertragliche oder gesetzliche Ansprüche gibt. Möglicherweise meint er damit die Ansprüche, die mit dem Arbeitsverhältnis „in Zusammenhang stehen“. Doch würde auch diese Auslegung der Formulierung „aus dem Arbeitsverhältnis“ Gewalt antun. Sollte *Beer* „alle sonstigen Ansprüche“ gar ohne diesen Bezug zum Arbeitverhältnis verstanden wissen wollen, wäre seine Auffassung gänzlich abwegig, da sie dann z. B. auch Ansprüche aus GoA, Miete, Darlehen[62] o. ä. umfassen würde.

Auch eine teleologische Auslegung muß ihre Grenzen am eindeutig gefaßten und dogmatisch fundierten Begriff „Arbeitsverhältnis“ finden.

In seinem Urteil vom 10. 8. 1967[63] hat der 3. Senat des BAG daher die Klausel „Ansprüche aus dem Arbeitsverhältnis“ gegen den Wortlaut und den Willen der Vertragspartner und ohne überzeugende sachliche Begründung auf Ansprüche aus unerlaubter Handlung ausgedehnt[64]. Er

---

59 *E. Wolf*, Anm. zu BAG, AP Nr. 49 zu § 4 TVG Ausschlußfristen (Ziff. V); *Georgiades*, Die Anspruchskonkurrenz im Zivilrecht und Zivilprozeßrecht, 1968.

60 Dazu s. auch ausf. *Erdmann*, Betrieb, 1968, 352 ff.; *Leser*, BB 1968, 174; *Etzel*, RdA 1968, 182.

61 *Beer*, AuR 1964, 174 ff., 175.

62 Dazu s. aber u. S. 78.

63 BAG, AP Nr. 37 zu § 4 TVG Ausschlußfristen; bekräftigt im Urteil vom 5. 3. 1981, AP Nr. 9 zu § 70 BAT (Ziff. II 1).

hat damit nicht nur gültige allgemeine Auslegungsregeln verletzt, sondern auch den vom BAG aufgestellten Grundsatz[65], daß Ausschlußfristen[66] „eng" auszulegen sind[67].

c) Die Entscheidung vom 10. 8. 1967[63] erhielt eine besondere Bedeutung aber auch noch dadurch, daß sie von dem Urteil des 4. Senats vom 28. 6. 1967[68] abwich, ohne die Rechtsfrage dem Großen Senat gemäß § 45 II ArbGG vorzulegen. Dies ist von Einigen (als Organisationsmangel) beklagt worden[69], später aber von anderen Senaten damit erklärt worden, daß die abweichende Meinung des 4. Senats nicht zu den tragenden Gründen seiner Entscheidung vom 28. 6. 1967 gehört habe[70]. *Sieg*[71] dagegen warf dem 4. Senat vor, daß er bereits wegen der abweichenden Entscheidung des 1. Senats vom 30. 11. 1962[72] eine Entscheidung des Großen Senats gemäß § 45 II ArbGG hätte herbeiführen müssen.

Ganz in Übereinstimmung mit der „klassischen Auffassung von der Anspruchskonkurrenz"[73] hatte der 4. Senat in seinem genannten Urteil[68] ausgeführt, von der Verfallklausel „Ansprüche aus dem Arbeitsverhältnis" werde ein Anspruch aus unerlaubter Handlung nicht erfaßt. Denn ein Anspruch aus unerlaubter Handlung sei kein Anspruch „aus dem Arbeitsverhältnis", d. h. aus dem Rechtsverhältnis, das zwischen dem einzelnen Arbeitnehmer und seinem Arbeitgeber in dieser ihrer Eigenschaft bestehe. Ebenso richtig hatte der 4. Senat ausgeführt, daß auch deliktische Ansprüche von tariflichen Ausschlußklauseln erfaßt werden könnten, wenn nämlich nicht nur wie bei der hier genannten Klausel Ansprüche aus dem Arbeitsverhältnis einer Ausschlußfrist unterlägen, sondern auch solche (u. U. deliktische) Ansprüche, die mit dem Arbeitsverhältnis in Zusammenhang ständen.

Diese richtige Ansicht des 4. Senats hat sich jedoch nicht durchgesetzt; der 1. Senat hat sich — wie bereits gesagt[74] — unter Berufung auf seine

---

[64] Ebenso schon *Krevet*, BB 1969, 186.

[65] BAG, AP Nr. 17, 18, 19, 34, 39 zu § 4 TVG Ausschlußfristen; AP Nr. 5 zu § 670 BGB; AP Nr. 10 zu § 611 BGB Lohnanspruch; *Gaul*, Ausschlußfristen S. 48 Anm. 20 m. w. N.

[66] Da Fristen starr und nicht auslegungsfähig sind, ist unter „Ausschlußfrist" hier die Verfallklausel zu verstehen, die die Ausschlußfrist enthält; s. o. Ziff. I; vgl. *Leser*, BB 1968, 172 Anm. 9.

[67] Ablehnend *Hofmann*, SAE 1970, 60; *Söllner*, SAE 1970, 11; *Hansjörg Weber*, SAE 1980, 125 (Ziff. II 2).

[68] BAG, AP Nr. 36 zu § 4 TVG Ausschlußfristen.

[69] *Leser*, BB 1968, 174 (Ziff. VII); *Rittner*, SAE 1968, 239 (V); s. a. BAG, AP Nr. 37 zu § 4 TVG Ausschlußfristen (Ziff. II 4 d).

[70] BAG, AP Nr. 42 (1. Senat), 54 (5. Senat) zu § 4 TVG Ausschlußfristen.

[71] *Sieg*, Anm. zu BAG, AP Nr. 36 zu § 4 TVG Ausschlußfristen.

[72] BAG, BB 1962, 1433; dazu s. o. S. 64.

[73] *Sieg*, Anm. zu BAG, AP Nr. 36 zu § 4 TVG Ausschlußfristen (Ziff. 1 a).

[74] s. o. S. 64.

frühe Entscheidung[72] — der Auffassung des 3. Senats angeschlossen[75], ebenso der 5. Senat[76], so daß insoweit längst von einer ständigen Rechtsprechung ausgegangen wird[77]. Dies ist offenbar nicht ohne Eindruck auf den 4. Senat geblieben, der später — wie sogleich (Ziff. 4) zu zeigen sein wird — auch den Anspruch aus ungerechtfertigter Bereicherung als „Anspruch aus dem Arbeitsverhältnis" angesehen hat.

4. Anspruch aus ungerechtfertigter Bereicherung

In seinem Urteil vom 11. 6. 1980[78] hat der 4. Senat des BAG unter Hinweis auf zwei entsprechende Entscheidungen des 5. Senats aus den Jahren 1978[79] und 1979[80] die Ansicht vertreten, als „Ansprüche aus dem Arbeitsvertrag" hätten auch die Ansprüche des Arbeitgebers auf Rückzahlung überzahlter Vergütungen aus ungerechtfertigter Bereicherung zu gelten. Von einer derartigen Verfallklausel werde sowohl ein vertraglicher als auch ein im vorliegenden Streitfall in Betracht kommender Anspruch aus ungerechtfertigter Bereicherung erfaßt. Denn für die Frage, ob ein „Anspruch aus dem Arbeitsvertrag" vorliege, sei „nicht die materiell-rechtliche Anspruchsgrundlage entscheidend, sondern der Entstehungsbereich des Anspruchs". Hier seien die Überzahlungen vom Arbeitgeber nur „im Hinblick auf das Arbeitsverhältnis" geleistet worden, das in diesem Zeitpunkt nicht mehr bestand. Zwischen Arbeitsverhältnis und Überzahlung bestehe damit ein enger Sachzusammenhang. Bei diesen Leistungen sei also entscheidend, ob das (nicht mehr bestehende!) „Arbeitsverhältnis Anlaß und Sachgrund für die Leistung" sei. Werde dies bejaht, sei der Entstehungsbereich aller aus einer nachvertraglichen Leistung entspringenden Ansprüche dem Arbeitsverhältnis zuzuordnen; also auch der Anspruch aus ungerechtfertigter Bereicherung.

Die Anwendbarkeit der tariflichen Ausschlußfrist (des § 70 II BAT a. F.[81]) auf einen Anspruch aus ungerechtfertigter Bereicherung[82] wird

---

75 BAG, AP Nr. 40, 42, 49 zu § 4 TVG Ausschlußfristen; AP Nr. 2, 3 zu § 70 BAT.

76 BAG, AP Nr. 54 zu § 4 TVG Ausschlußfristen.

77 So z. B. zuletzt BAG (3. Senat, Urteil vom 26. 5. 1981), AP Nr. 71 zu § 4 TVG Ausschlußfristen (Ziff. I 1 b); dieser h. Rspr. zustimmend z. B. *Leser*, Ausschlußfristen F III 3.

78 BAG, AP Nr. 7 zu § 70 BAT m. abl. Anm. *Hansjörg Weber*.

79 BAG, AP Nr. 64 zu § 4 TVG Ausschlußfristen.

80 BAG, AP Nr. 6 zu § 70 BAT.

81 Zu der ab 1. 1. 1980 geltenden Neufassung des § 70 II BAT s. *Hansjörg Weber*, Anm. zu BAG, AP Nr. 7 zu § 70 BAT (Ziff. III 5).

82 Hier war ein Anspruch aus § 812 I 1 Fall 1 BGB (Leistungskondiktion) gegeben; s. dazu *Hansjörg Weber*, Anm. zu BAG, AP Nr. 7 zu § 70 BAT (Ziff.

vom 4. Senat[78] also mit dem Argument begründet, auch dieser Anspruch auf Rückzahlung überzahlter Vergütungen sei ein „Anspruch aus dem Arbeitsvertrag". Entscheidend dafür sei „nicht die materiell-rechtliche Anspruchsgrundlage, sondern der Entstehungsbereich des Anspruchs".

a) Während die „Anspruchsgrundlage" aber einen definierten juristischen Begriffsinhalt hat, wird der „Entstehungsbereich" eines Anspruchs vom BAG nicht definiert[83]. Unter Anspruchsgrundlage versteht man[84] „den gesetzlichen Tatbestand, denjenigen Rechtssatz, diejenige Rechtsnorm, die das sich aus dem Sachverhalt ergebende konkrete Begehren rechtlich zu stützen geeignet ist".

Was das BAG unter dem „Entstehungsbereich eines Anspruchs" verstanden wissen will, erhellt allenfalls aus den Formulierungen, das Arbeitsverhältnis sei „Anlaß und alleiniger Sachgrund der Überzahlung" und zwischen der Überzahlung und dem Arbeitsverhältnis bestehe ein „enger Zusammenhang", da die Überzahlung „nur im Hinblick auf das Arbeitsverhältnis" geleistet werde. Noch deutlicher ist das in den angeführten Urteilen des 5. Senats ausgesprochen[85], wonach die „enge Verknüpfung eines Lebensvorganges mit dem Arbeitsverhältnis als entscheidendes Kriterium für die Einbeziehung eines Anspruchs in die tarifliche Ausschlußfrist" bewertet wird. Danach haben „die Überzahlung eines Arbeitnehmers und die daraus folgende Rückforderung des Arbeitgebers ... ihren Ursprung im Arbeitsverhältnis".

Im Arbeitsverhältnis können jedoch nach den oben[86] dargelegten Regeln des Schuldrechts nur solche Rechte (und Pflichten) ihren Ursprung haben, die durch den Arbeitsvertrag begründet worden sind. Die „enge Verknüpfung eines Lebensvorganges" mit einem Rechtsverhältnis bezieht einen daraus (d. h. aus dem Lebensvorgang) — gesetzlich! — entstandenen Anspruch nicht als vertraglichen Anspruch in das Rechtsverhältnis ein.

Rettet etwa der Mieter aus dem brennenden Haus die wertvolle Briefmarkensammlung des abwesenden Vermieters, so steht dieser „Lebensvorgang" gewiß in „enger Verknüpfung" mit dem Mietverhältnis und dieses mag auch „Anlaß und alleiniger Sachgrund" der Rettungshandlung sein, die „nur im Hinblick auf das Mietverhältnis" vorgenommen wird. Doch erhält der Mieter deshalb keinen (miet-)vertraglichen

I 1); allgemein zur Leistungskondiktion: *Hansjörg Weber* in Beuthien / Weber, Ungerechtfertigte Bereicherung S. 11 ff.

[83] So und wie folgt *Hansjörg Weber*, Anm. zu BAG, AP Nr. 7 zu § 70 BAT.

[84] *Fabricius*, Rechtsfall S. 19 f.; *Diederichsen*, BGB-Klausur S. 37.

[85] BAG, AP Nr. 64 zu § 4 TVG Ausschlußfristen; AP Nr. 6 zu § 70 BAT.

[86] s. o. S. 57.

Ersatzanspruch für seine angebrannte Kleidung, sondern allein einen gesetzlichen Anspruch aus Geschäftsführung ohne Auftrag[87].

b) Die Worte „Entstehungsbereich“ oder „einheitlicher Lebensvorgang“ einerseits und „enge Verknüpfung“ oder „enger Zusammenhang“ andererseits stellen keine juristischen Begriffe dar. Ihr Vorhandensein oder Nichtvorhandensein kann logisch nicht überprüft werden. Eine nachvollziehbare Subsumtion ist nicht möglich. Ihre Annahme oder Ablehnung ist daher willkürlich.

Ohne juristischen Aussagewert ist auch die Behauptung des BAG, das Arbeitsverhältnis sei „Anlaß und alleiniger Sachgrund der Überzahlung“. Denn daß eine Leistung „aus Anlaß“ eines wirklich oder nur vermeintlich bestehenden Schuldverhältnisses erbracht wird, spielt für die Rechtsnatur des Rückgewähranspruchs keine Rolle. Entweder besteht ein vertraglicher Rückgewähranspruch (vgl. z. B. §§ 556, 604 BGB) oder ein gesetzlicher (z. B. §§ 985, 812 BGB). Es kann auch zu konkurrierenden vertraglichen und gesetzlichen Rückgewähransprüchen kommen (z. B. § 556 und § 985 BGB).

Die Verwendung der Worte „Anlaß“ und „Sachgrund“ ist im übrigen gerade bei dem hier gegebenen Anspruch aus ungerechtfertigter Bereicherung[88] besonders pikant und gewiß nicht zufällig. Suggerieren die Worte doch die Identität mit den im Bereicherungsrecht gebräuchlichen Begriffen *causa* (im subjektiven Sinne) und *Rechtsgrund* (also *causa* im objektiven Sinne)[89]. Es drängt sich die Vermutung auf, daß durch die dreimalige (!) Berufung im angeführten Urteil[90] darauf, das Arbeitsverhältnis sei „Anlaß und alleiniger Sachgrund für die Überzahlung“ vom 4. Senat der Eindruck erweckt werden soll, die Leistung sei nicht nur *causa solvendi* (*causa* im subjektiven Sinne) erfolgt („Anlaß“), sondern auch mit „Rechtsgrund“ (also *cum causa* im objektiven Sinne)! Denn um einen „Anspruch aus Vertrag“ bejahen zu können, braucht das BAG, wie es im vorliegenden Fall[90] ausführt, nur festzustellen, daß „das Arbeitsverhältnis Anlaß und Sachgrund für die Leistung ist“, denn dann „ist der Entstehungsbereich aller aus einer nachvertraglichen Leistung entspringenden Ansprüche dem Arbeitsverhältnis zuzuordnen“. Der flüchtige Leser des Urteils mag sich also damit beruhigen, daß ja im vorliegenden Fall das Arbeitsverhältnis „alleiniger Sachgrund“ für die Leistung war, Bereicherungsrecht also zwar „in Betracht“, aber offensichtlich nicht zur Anwendung kommt, sondern nur Vertragsrecht. Da-

---

87 Einzelheiten dazu bei *Beuthien* in Beuthien / Weber, Ungerechtfertigte Bereicherung S. 127 ff.; *Berg*, JuS 1975, 681 ff.

88 s. o. Anm. 82.

89 Einzelheiten dazu bei *Hansjörg Weber*, AcP 169, 237 ff., und in Beuthien / Weber, Ungerechtfertigte Bereicherung S. 41.

90 BAG, AP Nr. 7 zu § 70 BAT.

mit ist aber die Grenze zulässiger Wortinterpretation überschritten. Es darf der Begriff „Arbeitsverhältnis" nicht durch das Leerwort „Entstehungsbereich" oder „einheitlicher Lebensvorgang"[91] ersetzt werden. Einen solchen „Entstehungsbereich" eines Anspruches gibt es nicht; es gibt lediglich begrifflich definierte materiell-rechtliche Anspruchsgrundlagen. Deren Vorliegen ist anhand des Lebenssachverhaltes durch Subsumtion unter die einzelnen Tatbestandselemente zu prüfen. Nur so ist Gerechtigkeit und Rechtssicherheit zu garantieren.

c) Die Vorstellung des BAG[90], daß alle Leistungen, die „im Hinblick auf das Arbeitsverhältnis" erbracht werden und deshalb in einem „engeren Zusammenhang" mit ihm stehen, „dem Arbeitsverhältnis zugeordnet werden können" mit der Folge, daß auch bereicherungsrechtliche Rückgewähransprüche wegen dieser Leistungen vertragliche Ansprüche seien, ist falsch und dogmatisch nicht haltbar.

Das wird deutlich, wenn man die dogmatischen Vorstellungen des BAG im Zusammenhang liest.

Das BAG[90] führt aus: Der Entstehungsbereich des Anspruchs liege im Arbeitsverhältnis, da dieses Anlaß und alleiniger Sachgrund der Überzahlung durch den Arbeitgeber sei. Dies gelte auch dann, „wenn der Arbeitgeber nach Beendigung des Arbeitsverhältnisses Vergütung für Zeiträume zahlt, in denen zwischen den Parteien kein Arbeitsverhältnis mehr bestand, und diese Überzahlungen dann zurückverlangt. Denn auch hier leistet er die Überzahlung nur im Hinblick auf das Arbeitsverhältnis. Zwischen Arbeitsverhältnis und Überzahlung besteht damit ein enger Zusammenhang. Die Beendigung des Arbeitsverhältnisses führt nicht dazu, daß Leistungen des Arbeitgebers nunmehr nicht mehr dem Arbeitsverhältnis zugeordnet werden können. Es ist nicht unmöglich, daß die Parteien des Arbeitsvertrages nach Beendigung des Arbeitsverhältnisses noch vertragliche Ansprüche erfüllen. Wenn daher eine Partei des Arbeitsvertrages nach Beendigung des Arbeitsverhältnisses an den Vertragspartner Leistungen erbringt, kann daraus nicht gefolgert werden, daß die Leistungen mit dem Arbeitsverhältnis nicht im Zusammenhang stehen. Vielmehr ist auch bei solchen Leistungen entscheidend, ob das Arbeitsverhältnis Anlaß und Sachgrund für die Leistung ist. Ist das zu bejahen, ist der Entstehungsbereich aller aus einer nachvertraglichen Leistung entspringenden Ansprüche dem Arbeitsverhältnis zuzuordnen".

Die moderne Schuldrechtsdogmatik sieht das anders[92]. Danach wird ein Schuldverhältnis durch (Gesetz oder) Vertrag begründet. Die aus

---

[91] Dazu E. *Wolf*, Anm. zu BAG, AP Nr. 49 zu § 4 TVG Ausschlußfristen.

[92] Zur Struktur des Schuldverhältnisses und des Dauerschuldverhältnisses ausführlich: *Hansjörg Weber*, Fehlerhafte Gesellschaft S. 108 ff., 112 ff.

dem Schuldverhältnis entstehenden Ansprüche erlöschen in der Regel durch Erfüllung (§ 362 BGB). Erst wenn alle Ansprüche erfüllt (bzw. erloschen) sind, erlischt das Schuldverhältnis im Ganzen. Leistungen, die nach Beendigung des Arbeitsverhältnisses erbracht werden, können dem Arbeitsverhältnis nur dann „zugeordnet" werden, wenn noch ein arbeitsvertraglicher Anspruch auf sie bestand. Daß dies möglich ist, ergibt sich daraus, daß — wie bei allen Dauerschuldverhältnissen — auch beim Arbeitsverhältnis die „Beendigung"[93] vom „Erlöschen" zu unterscheiden ist[94]. Durch die Beendigung des Arbeitsverhältnisses (z. B. infolge Zeitablaufs oder Kündigung) wird nur der Dauerleistungsanspruch beider Vertragsparteien umfangmäßig bestimmt. Denn über den Beendigungstermin hinaus setzen sich die Hauptleistungspflichten nicht fort. Im Normalfall, in dem ordnungsgemäß geleistet wurde, fallen die Beendigung und das Erlöschen des Dauerleistungsanspruchs zusammen. Das „Dauer"-Schuldverhältnis hört damit zwar auf zu bestehen; es kann aber als vorübergehendes Schuldverhältnis weiterbestehen, wenn noch Einzelansprüche (z. B. auf Schadensersatz aus §§ 280, 325 BGB oder auf Zeugniserteilung, Herausgabe von Werkzeugen etc.) bestehen. Solange diese Ansprüche noch nicht erfüllt (und damit erloschen) sind, besteht das (beendete) Arbeitsverhältnis fort. Es ist erst (vollständig) erloschen, wenn die letzte dieser Pflichten erfüllt (oder anderweitig erloschen) ist. Irreführend wird insoweit von „nachwirkenden Vertragspflichten" gesprochen[95]. Hat ein solcher vertraglicher Anspruch nicht (mehr) bestanden, so ist die Leistung zwar „im Hinblick auf das Arbeitsverhältnis" erbracht worden *(solvendi causa)* und steht dann auch „mit dem Arbeitsverhältnis im Zusammenhang", aber der „Entstehungsbereich" des aus dieser Leistung resultierenden Anspruchs ist nicht dem Arbeitsverhältnis zuzuordnen, sondern dem Gesetz (§ 812 I 1 BGB).

Die abweichende Ansicht des BAG[90] führt dazu, die bereicherungsrechtlichen Ansprüche gemäß § 812 I 1 Fall 1, § 812 I 2 Fall 1 und 2 BGB zu vertraglichen Ansprüchen zu machen und damit ein vom Gesetzgeber wohl ausgewogenes Anspruchs- und Haftungssystem zu zerstören. Denn durch die Qualifikation als Anspruch aus dem Vertragsverhältnis entfällt z. B. für den redlichen (Bereicherungs-) Schuldner die Wohltat des § 818 III BGB. Die Abschöpfungsfunktion des Bereicherungsrechts würde durch die Kompensationsfunktion des Schadensersatzrechts[96] ersetzt, obwohl diese Regelungsmaterien verschiedene Voraussetzungen haben und zu unterschiedlichen Ergebnissen führen können.

---

[93] Dazu s. a. BAG, AP Nr. 45 zu § 4 TVG Ausschlußfristen.

[94] Einzelheiten dazu bei *Hansjörg Weber*, Fehlerhafte Gesellschaft S. 112 ff., 128 ff.

[95] Zuletzt dazu *v. Bar*, AcP 179, 452 ff.

[96] Dazu s. *Hansjörg Weber* in Beuthien / Weber, Ungerechtfertigte Bereicherung S. 54, 62.

Auch wenn das Arbeitsverhältnis „Anlaß" und „Sachgrund" für eine Leistung ist, kann der „Entstehungsbereich" aller aus einer nachvertraglichen Leistung entspringenden Ansprüche nicht „dem Arbeitsverhältnis zuzuordnen" sein, wie das BAG[90] meint. Kommt das BAG schon nicht umhin, neben der Leerformel „Entstehungsbereich" weiter von „Ansprüchen" zu reden, so bleibt es die genaue Einordnung „aller" aus „nachvertraglichen" Leistungen entspringenden Ansprüche in das Arbeitsverhältnis schuldig. Woraus ergibt sich denn im Arbeitsverhältnis der Rückzahlungsanspruch bei Überzahlung? Nach den weiteren Ausführungen will das BAG dem Arbeitnehmer die „Treuepflicht" auferlegen, dem Arbeitgeber die Überzahlung anzuzeigen. Dann soll es dem Arbeitgeber obliegen zu entscheiden, „ob, wann und wie er Rückzahlungsansprüche geltend machen will". Die Frage „woraus" stellt sich das BAG nicht.

Das BAG läßt offensichtlich die Funktion des Bereicherungsrechtes und die Bedeutung des Abstraktionsprinzips für das Verhältnis zwischen Schuldrecht und Sachenrecht außer Betracht. Ein Rückforderungsrecht aus dem Schuldverhältnis ist danach nur dann gegeben, wenn es vertraglich vereinbart worden ist (vgl. § 604 BGB). Wird dagegen eine Leistung zwar im „Hinblick" auf ein Vertragsverhältnis erbracht, ohne daß aber in Wirklichkeit ein solches Schuldverhältnis (im weiteren Sinne) und damit ein Schuldverhältnis im Sinne des § 362 BGB (also ein Anspruch auf die Leistung) besteht, so ergibt sich das Rückforderungsrecht aus ungerechtfertigter Bereicherung. Ein Rückgewähranspruch aus dem Vertragsverhältnis (das nicht besteht!) kann nicht vorliegen. Das gilt auch dann, wenn zwar ein Arbeitsverhältnis besteht, aber vom Arbeitgeber eine Entgeltüberzahlung vorgenommen wird, auf die der Arbeitnehmer keinen Anspruch hat. Denn dann ist auch die (Mehr-) Leistung erfolgt, ohne daß der Arbeitnehmer einen Anspruch darauf hatte. Nach der Gesetzessystematik des BGB erwirbt er zwar Eigentum an dem Geld, muß es aber nach Bereicherungsrecht wieder herausgeben, da er keinen Anspruch auf diese (Mehr-) Leistung hat[97]. Auch insoweit ist ein vertraglicher Rückgewähranspruch nicht vorgesehen, sondern nur der gesetzliche aus § 812 ff. BGB.

Die Konsequenz aus der Auffassung des BAG besteht darin, daß das Bereicherungsrecht auf die Eingriffskondiktion reduziert wird und die Leistungskondiktionen durch „vertragliche" Rückgewähransprüche ersetzt werden, auch wenn ein wirksamer Vertrag (bzw. ein Anspruch auf die erbrachte Leistung) nicht besteht. Der erkennende Senat hätte auf diese dogmatischen Fragen eingehen müssen.

---

97 Vgl. dazu *Palandt / Putzo*, BGB § 611, 6 g; *Palandt / Thomas*, Einf. v. BGB § 812, 6 c.

d) Überraschend ist auch, daß der 5. Senat des BAG, auf dessen Urteile[98] sich der 4. Senat in seiner Entscheidung[90] ausdrücklich beruft, sein eigenes früheres Urteil[99] in diesen beiden Erkenntnissen[98] nicht erwähnt. Der 5. Senat ging noch 1972 davon aus, daß bei einer versehentlichen Lohnüberzahlung dem Arbeitgeber ein Bereicherungsanspruch zusteht[99]. In dem Urteil vom 26. 4. 1978[100] hat der 5. Senat dann erstmals die Ansicht vertreten, daß die Überzahlung eines Arbeitnehmers und die daraus folgende Rückforderung wegen der „derartig engen, geradezu notwendigen Verknüpfung des Rückzahlungsanspruches mit dem Arbeitsverhältnis" (a. a. O. Ziff. I 4) ihren Ursprung im Arbeitsverhältnis hätten. Er stützte sich dabei auf die Rechtsprechung des BAG, daß unter eine tarifliche Ausschlußklausel auch Ansprüche aus unerlaubter Handlung fallen, die mit einem vertraglichen Anspruch konkurrieren. Der 5. Senat führte für diese Rechtsprechung des BAG drei Urteile an (a. a. O. Ziff. I 3); doch lagen zwei dieser Entscheidungen[101] bereits vor, als der 5. Senat (in seiner Entscheidung vom 20. 9. 1972[99]) noch von einem Bereicherungsanspruch bei Überzahlung ausging! Anstatt sich auf diese Rechtsprechung zu berufen, hätte man ein Eingehen des 5. Senats auf sein eigenes Urteil vom 20. 9. 1972[99] erwarten können. In der sich dann an das Urteil vom 26. 4. 1978[100] anschließenden Entscheidung vom 28. 2. 1979[102] hat der 5. Senat (zur Anwendbarkeit des § 70 II BAT a. F.) nur noch unter Anführung dieses Urteils vom 26. 4. 1978[100] wiederholt, daß es hierfür ohne Belang sei, daß sich die Rückforderung als Anspruch aus ungerechtfertigter Bereicherung darstelle. Wie der Senat bereits entschieden habe, komme es nicht auf die materiell-rechtliche Anspruchsgrundlage, sondern auf den Entstehungsbereich des Anspruchs an, der bei der Rückforderung überzahlter Vergütungen im Arbeitsverhältnis liege.

e) Der 4. Senat[103] wiederum hat sich die so begründeten Erkenntnisse des 5. Senats zu eigen gemacht, ohne auf sein eigenes früheres Urteil vom 28. 6. 1967[104] einzugehen. Das hätte deshalb nahegelegen, weil der 4. Senat in dieser Entscheidung erklärt hatte, ein Anspruch aus unerlaubter Handlung sei kein „Anspruch aus dem Arbeitsverhältnis"[105]. Wenn nun aber der 5. Senat sich in den genannten Entscheidungen[106]

[98] BAG, AP Nr. 64 zu § 4 TVG Ausschlußfristen; AP Nr. 6 zu § 70 BAT.

[99] BAG, AP Nr. 5 zu § 195 BGB (vom 20. 9. 1972).

[100] BAG, AP Nr. 64 zu § 4 TVG Ausschlußfristen.

[101] BAG, AP Nr. 37 (vom 10. 8. 1967) und Nr. 49 (vom 8. 2. 1972) zu § 4 TVG Ausschlußfristen.

[102] BAG, AP Nr. 6 zu § 70 BAT.

[103] BAG, AP Nr. 7 zu § 70 BAT.

[104] BAG, AP Nr. 36 zu § 4 TVG Ausschlußfristen; dazu s. o. S. 67.

[105] Dagegen zu Unrecht z. B. *Leser*, BB 1968, 171 ff.

[106] BAG, AP Nr. 64 zu § 4 TVG Ausschlußfristen (Ziff. I 3); AP Nr. 6 zu § 70 BAT.

gerade darauf beruft, daß „auch Ansprüche aus unerlaubter Handlung unter derartige tarifliche Ausschlußklauseln fallen können", dann hätte der 4. Senat wohl Anlaß gehabt, bei Übernahme dieser Ansicht seine gegenteilige frühere Entscheidung zu kommentieren. Davon entbindet ihn auch nicht die Ansicht des 5. Senats[107] und des 1. Senats[108], daß es sich insoweit nicht um die das Urteil des 4. Senats vom 28. 6. 1967[104] tragende Ansicht handele. Denn immerhin hat der 4. Senat in dem Urteil deutlich ausgesprochen, daß deliktische Ansprüche nur dann unter eine tarifliche Ausschlußfrist fallen können, wenn diese nicht nur (wie in § 70 II BAT) Ansprüche aus dem Arbeitsverhältnis umfaßt, sondern auch solche, „die mit dem Arbeitsverhältnis im Zusammenhang stehen".

Die Frage muß erlaubt sein, was den 4. Senat bewogen hat, seine frühere bessere Einsicht nicht mehr zu erwähnen, und was den 5. Senat veranlaßt hat, seine frühere richtige Beurteilung durch eine falsche zu ersetzen.

f) Erklärbar werden diese Widersprüche nur, wenn man die Grundeinstellung des BAG zur Ausschlußfrist betrachtet.

Nach Ansicht des BAG[109] soll die Ausschlußfrist dazu dienen, „Ansprüche der Arbeitsvertragsparteien schnell zu klären und zu bereinigen". Nicht nur im Interesse der Arbeitsvertragsparteien, sondern auch im Allgemeininteresse solle noch vor Ablauf der Verjährungsfristen Klarheit über vorhandene Ansprüche gewonnen werden[110]. Das Erreichen von Rechtssicherheit und Rechtsfrieden wird als vornehmlicher Zweck der Ausschlußfristen angesehen[111]. Dies ist aber nach Ansicht des BAG nur dann zu verwirklichen, wenn die Ausschlußfrist nicht nur alsbald Klarheit über das Bestehen von Ansprüchen aus dem Arbeitsverhältnis verschafft[112], sondern auch alle Ansprüche erfaßt, die mit dem Arbeitsverhältnis in Zusammenhang stehen. Es soll ein für allemal Schluß sein, wenn die Ausschlußfrist verstrichen ist.

Das hat zunächst — wie gesagt[113] — dazu geführt, daß unter „Ansprüchen aus dem Arbeitsverhältnis" auch die (mit vertraglichen Ansprüchen) konkurrierenden Ansprüche aus unerlaubter Handlung verstanden werden. Nur eine solche Auslegung soll nach Ansicht des BAG[114] dem Wesen tariflicher Ausschlußfristen gerecht werden: „Mit der Tarif-

107 BAG, AP Nr. 54 zu § 4 TVG Ausschlußfristen (Ziff. 3).

108 BAG, AP Nr. 42 zu § 4 TVG Ausschlußfristen.

109 Vgl. etwa BAG, AP Nr. 39 zu § 4 TVG Ausschlußfristen.

110 So auch *Wiedemann / Stumpf*, TVG § 4 Rdnr. 368.

111 *Wiedemann / Stumpf*, TVG § 4 Rdnr. 367.

112 So BAG, AP Nr. 46 zu § 4 TVG Ausschlußfristen.

113 s. o. S. 61.

114 BAG, AP Nr. 42 zu § 4 TVG Ausschlußfristen.

vorschrift soll endgültig Klarheit geschaffen werden; der TV will mit allen beiderseitigen Ansprüchen reinen Tisch machen. Deshalb (!) besteht kein Grund, den hier in Rede stehenden Anspruch ... (aus unerlaubter Handlung; der Verf.) nicht unter die tarifliche Ausschlußfrist fallen zu lassen."

Um wirklich umfassend „reinen Tisch machen" zu können, läßt dann das BAG auch alle Ansprüche unter die Verfallklausel fallen, die mit dem Arbeitsverhältnis „im Zusammenhang" stehen. Und dieser Zusammenhang liegt z. B. vor, wenn — wie bei der Überzahlung durch den Arbeitgeber — ein Rückgewähranspruch auf eine Leistung gestützt wird, deren „Anlaß" und „alleiniger Sachgrund" das Arbeitsverhältnis ist. Um die Anwendbarkeit der tariflichen Verfallklausel (des § 70 II BAT) „Anspruch aus dem Arbeitsverhältnis" auf einen Anspruch aus ungerechtfertigter Bereicherung bejahen zu können, muß dazu nur noch festgestellt werden[115], daß „zwischen Arbeitsverhältnis und Überzahlung ... ein enger Sachzusammenhang" besteht. Damit ist „reiner Tisch" gemacht und „alsbald Klarheit" über die beiderseitigen Ansprüche „aus dem Arbeitsverhältnis" (!!) geschaffen[116].

g) Als hilfreich könnte in diesem Zusammenhang noch ein Blick in das Prozeßrecht erscheinen. Denn gemäß § 2 I Ziff. 2 ArbGG sind die Arbeitsgerichte ausschließlich zuständig für bürgerlich-rechtliche Streitigkeiten zwischen Arbeitnehmern und Arbeitgebern *aus dem Arbeitsverhältnis.*

Der führende Prozeßkommentar von *Grunsky*[117] bejaht nun in der Tat die Zuständigkeit der Gerichte für Arbeitssachen, wenn „Bereicherungsansprüche bei gänzlich unwirksamem Arbeitsvertrag" geltend gemacht werden. Auch dies sei eine Rechtsstreitigkeit „aus dem Arbeitsverhältnis". Als Begründung wird jedoch nur ein Verweis auf *Pohle*[118] gegeben. Dieser hat zwar (a. a. O.) ausgeführt, „auch Klagen aus ungerechtfertigter Bereicherung auf Grund ... ohne Grund gezahlten Lohns, BGB § 812, gehören hierher". Statt einer Begründung zitiert er aber lediglich eine Entscheidung des LAG München. Für den insoweit entsprechenden § 2 Abs. 1 Ziff. 2 ArbGG vom 23. 12. 1926 hatte das LAG München[119] festgestellt, daß sowohl der Vergütungsanspruch (gemäß § 612 II BGB), als auch ein Bereicherungsanspruch wegen rechtsgrundlos erbrachter Arbeitsleistung Ansprüche aus dem Arbeitsverhältnis seien, „weil sie beide ihre Wurzel in einem Arbeitsverhältnis haben"[120]. Diese nicht weiter be-

---

115 So BAG, AP Nr. 7 zu § 70 BAT.

116 Vgl. BAG, AP Nr. 42 zu § 4 TVG Ausschlußfristen.

117 *Grunsky,* ArbGG (3. Aufl.) § 2 Rdnr. 87.

118 *Stein / Jonas / Schönke / Pohle,* ZPO (19. Aufl.) § 1 Bem. VIII A 2 b α.

119 LAG München, JW 1936, 1261; *Pohle* verweist fälschlich auf S. 1231.

120 LAG München, JW 1936, 1262.

gründete Behauptung widerspricht, wie bereits ausgeführt wurde, der Schuldrechtsdogmatik und steht nicht im Einklang mit dem Gesetz. Die nur scheinbar legitimierenden Zitatenreihe führt also ins Nichts. Zwar verweist *Grunsky*[121] auch in der 4. Auflage wieder auf den ZPO-Kommentar von *Stein / Jonas / Schönke / Pohle;* doch hat *Schumann*[121] als Bearbeiter der 20. Auflage dieses Werkes die Fehlverweisung auf das LAG München gestrichen. Er geht jetzt ohne Begründung davon aus, daß auch Ansprüche wegen rechtsgrundlos geleisteter Arbeit oder wegen rechtsgrundlos gezahlten Lohns zur Zuständigkeit der Arbeitsgerichte gehören.

Ebensowenig überzeugend zählen *Dersch / Volkmar*[122] zu den Rechtsstreitigkeiten „aus dem Arbeitsverhältnis" auch den „Streit aus ungerechtfertigter Bereicherung um Rückzahlungspflicht infolge irriger Einreihung in eine zu hohe Vergütungsgruppe". Denn auch hier wird statt einer eigenen sachlichen Begründung lediglich ein RAG-Urteil angeführt, das die aufgestellte Behauptung nicht zu stützen vermag. In der herangezogenen Entscheidung[123] lag nämlich gar kein Anspruch aus ungerechtfertigter Bereicherung vor. Vielmehr sah der zur Anwendung kommende Tarifvertrag für die Angestellten der Reichsanstalt für Arbeitsvermittlung und Arbeitslosenversicherung vom 29. 12. 1927 in § 18 Abs. 4 bei Überzahlungen durch die Reichsanstalt einen (tarifvertraglichen) Erstattungsanspruch vor, für den lediglich die gesetzlichen Vorschriften (auch) der §§ 812 ff. BGB als anwendbar erklärt wurden. Es handelte sich somit um einen vertraglichen Erstattungsanspruch, der inhaltlich (auch) durch die §§ 818 III und 819 BGB bestimmt wurde[124].

Das Heranziehen der Prozeßliteratur erweist sich somit nicht als fruchtbar.

h) Als Zwischenergebnis bleibt daher hier festzuhalten, daß die vom BAG gewünschte „alsbaldige Klarheit" unter Verstoß gegen den eindeutigen Wortlaut der Verfallklausel („Arbeitsvertrag" bzw. „Arbeitsverhältnis") und damit unter Verletzung der allgemein gültigen Auslegungsgrundsätze, sowie unter Mißachtung der gesetzlich verankerten (§ 812 BGB) Grundsätze der (Schuldrechts-) Dogmatik erzielt wird.

„Ansprüche aus dem Arbeitsvertrag" können keine Ansprüche aus einem gesetzlichen Schuldverhältnis (§ 812 BGB) erfassen[125]; ebensowenig aber auch Ansprüche aus einem *anderen* vertraglichen Schuld-

---

121 *Grunsky,* ArbGG (4. Aufl.) § 2 Rdnr. 87; *Stein / Jonas / Schönke / Pohle / Schumann,* ZPO (20. Aufl.) § 1 Rdnr. 168.

122 *Dersch / Volkmar,* ArbGG § 2 Rdnr. 15.

123 RAG, Bensheimer Sammlung 11, 495.

124 Vgl. RAG, Bensheimer Sammlung 11, 495.

125 *Hansjörg Weber,* Anm. zu BAG, AP Nr. 7 zu § 70 BAT.

verhältnis. Auch dies hat aber der 4. Senat des BAG jetzt für möglich gehalten (s. u. Ziff. 5).

5. Anspruch aus Darlehensvertrag

Im Urteil vom 18. Juni 1980[126] hat der 4. Senat zunächst unter Hinweis auf die Entscheidung des 5. Senats vom 26. 4. 1978[127] bekräftigt, daß auch ein Anspruch auf Rückzahlung eines Gehaltsvorschusses „unbedenklich" ein „sonstiger Anspruch aus dem Arbeitsverhältnis" sei. Dasselbe treffe aber auch für einen Darlehensanspruch des Arbeitgebers dann zu, wenn das Darlehen — wie vorliegend — im Hinblick auf ein zwischen Darlehensgeber und Darlehensnehmer bestehendes Arbeitsverhältnis für dessen Zwecke gewährt worden sei. Beides ist falsch.

Der Anspruch auf Rückzahlung eines Gehaltsvorschusses ergibt sich in Wirklichkeit aus der Leistungskondiktion gemäß § 812 I 1 Fall 1 BGB[128]. Der Darlehensrückzahlungsanspruch folgt aus der Zweckverfehlungskondiktion gemäß § 812 I 2 Fall 2 BGB[129] oder aus dem Darlehensvertrag selbst. Wenn auch das Arbeitgeberdarlehen mit dem Arbeitsverhältnis „im Zusammenhang steht", werden doch die Ansprüche aus dem Darlehensvertrag selbst dann nicht arbeitsvertragliche Ansprüche, wenn die Beendigung des Arbeitsverhältnisses das Fälligwerden der Darlehensrückzahlungsforderung bewirken bzw. bedingen soll. Der Anspruch auf Rückzahlung ergibt sich dann aus dem Darlehensvertrag. Sind für die Fälligkeit der Rückzahlung des Darlehens keine Abreden getroffen worden, die an die Beendigung des Arbeitsverhältnisses anknüpfen, so wird darüber gestritten, ob und inwieweit damit die Geschäftsgrundlage des Darlehens weggefallen ist[130]. Der Wegfall der Geschäftsgrundlage (§ 242 BGB) soll eine Anpassung der Darlehenskonditionen möglich machen, die auch die Berechtigung des Arbeitgebers umfaßt, das Darlehen ggf. fristlos zu kündigen[131]. Doch bedarf es derartiger Konstruktionen nicht, denn da der mit der (Darlehens-) Leistung verfolgte Zweck (dem *Arbeitnehmer* im Hinblick auf seine Tätigkeit einen bestimmten Betrag zur Verfügung zu stellen) hier nicht (mehr) erreicht werden kann, greift die Zweckverfehlungskondiktion ein.

---

126 BAG, AP Nr. 68 zu § 4 TVG Ausschlußfristen.

127 BAG, AP Nr. 64 zu § 4 TVG Ausschlußfristen; dazu s. o. S. 74.

128 Einzelheiten dazu bei *Hansjörg Weber* in Beuthien / Weber, Ungerechtfertigte Bereicherung S. 11 ff.

129 Einzelheiten dazu bei *Hansjörg Weber*, AcP 169, 237 ff., und in Beuthien / Weber, Ungerechtfertigte Bereicherung S. 39 ff.

130 Vgl. dazu *Bopp*, Kündigung S. 319 ff.

131 Vgl. LAG Baden-Württemberg, BB 1969, 1268.

Auch hier hat das BAG daher die Grenzen der Auslegung überschritten und zu Unrecht der Verfallklausel „Ansprüche aus dem Arbeitsverhältnis" auch Ansprüche zugeordnet, die sich entweder als gesetzliche Ansprüche (aus § 812 I 2 Fall 2 BGB) oder als Ansprüche aus einem anderen vertraglichen Schuldverhältnis, nämlich dem Darlehensverhältnis (§ 607 BGB), darstellen.

6. Zwischenergebnis

Das BAG hat daher in seiner Rechtsprechung die hier unter Nr. 3—5 behandelten Ansprüche zu Unrecht der Verfallklausel „Ansprüche aus dem Arbeitsvertrag" unterworfen. Sie hätten nur von einer Verfallklausel erfaßt werden können, die auch alle Ansprüche erfaßt, „die mit dem Arbeitsverhältnis in Zusammenhang stehen". Bei der Anwendung dieser weitergehenden Klausel hat das BAG jedoch ebenso zu Unrecht Ansprüche *nicht* unter diese Ausschlußfrist fallen lassen, die eindeutig davon erfaßt werden (s. u. Ziff. 7).

7. Ansprüche aus Betriebsratstätigkeit

Daß sich die Ausschlußfrist nicht auf gesetzliche Ansprüche erstreckt, die dem Arbeitnehmer aus seiner Tätigkeit als Betriebsratsmitglied zustehen, hat das BAG[132] in einem Fall angenommen, in dem sich die Ausschlußfrist auf alle Ansprüche aus dem Arbeitsverhältnis und auf solche bezog, die mit dem Arbeitsverhältnis in Verbindung stehen.

Der auf § 40 I BetrVG 1972 gestützte gesetzliche Anspruch eines Betriebsratsmitgliedes auf Aufwendungsersatz aus Betriebsratsmitgliedschaft gehört nach Ansicht des BAG[132] nicht zu den von der genannten tariflichen Ausschlußfrist erfaßten gesetzlichen Ansprüchen; denn dieser gesetzliche Aufwendungsersatzanspruch beruhe auf dem von dem Betriebsratsmitglied ausgeübten Amt. Der Entstehungsgrund[133] liege somit allein im Betriebsverfassungsgesetz und nicht in den zwischen Arbeitgeber und Arbeitnehmer bestehenden arbeitsvertraglichen Beziehungen. Daß es sich hier um andere als mit dem Arbeitsverhältnis in Zusammenhang stehende Ansprüche handele, folge auch daraus, daß betriebsverfassungsrechtliche Ansprüche wie der vorliegende im Beschluß- und nicht im Urteilsverfahren geltend zu machen seien.

Unzweifelhaft handelt es sich nicht um einen arbeitsvertraglichen Anspruch. Insoweit ist dem BAG[132] zuzustimmen. Arbeitsverhältnis und

[132] BAG, AP Nr. 3 zu § 40 BetrVG 1972 m. zust. Anm. *Buchner*.
[133] Zum „Entstehungsbereich" s. o. S. 68 ff.

Betriebsratsamt sind klar voneinander zu trennen[134]. Überraschen muß aber die Ansicht, daß der Anspruch des Betriebsratsmitgliedes auch nicht im Zusammenhang mit dem Arbeitsverhältnis stehen soll. Läßt man das formelle Argument der Prozeßart (Beschlußverfahren) außer Acht, das für die materiell-rechtliche Einordnung eines Anspruches allein gewiß nicht taugt, so kann ein *rechtlicher* Zusammenhang dieses Anspruches mit dem Arbeitsverhältnis nicht geleugnet werden. Denn das Betriebsratsamt ist in seinem Bestand rechtlich abhängig von dem Bestand des Arbeitsverhältnisses[135]. Das hat der hier zitierte 1. Senat des BAG[132] in einer früheren Entscheidung[136] auch eindeutig ausgesprochen und anerkannt. Im Zusammenhang mit einem Erstattungsanspruch aus § 39 BetrVG 1952 (der sich mit § 40 BetrVG 1972 inhaltlich deckt) hatte der 1. Senat ausgeführt, daß die Tätigkeit als Betriebsratsmitglied gedanklich[137] voraussetze, daß das Betriebsratsmitglied in einem Arbeitsverhältnis zu dem Arbeitgeber steht. Zu Betriebsratsmitgliedern könnten nur solche Personen gewählt werden, die in einem unbeendeten Arbeitsverhältnis zum Arbeitgeber ständen. Letztlich lasse sich der Erstattungsanspruch des einzelnen Betriebsratsmitgliedes gegen seinen Arbeitgeber auf das zwischen dem Betriebsratsmitglied und dem Arbeitgeber bestehende Arbeitsverhältnis zurückführen.

Es kann daher keinem Zweifel unterliegen, daß der Anspruch des Betriebsratsmitgliedes aus § 40 BetrVG 1972 in einem rechtlichen Zusammenhang mit dem Arbeitsverhältnis steht. Unverständlich ist daher zunächst einmal, daß der 1. Senat in seinem Beschluß vom 30. 1. 1973[132] auf seine frühere richtige Ansicht[136] mit keinem Wort eingeht. Zum anderen erstaunt, daß der 1. Senat hier[132] die sonst so vehement vertretene Ansicht des BAG unerwähnt und unberücksichtigt läßt, daß unter die Ausschlußklausel „alle Ansprüche aus dem Arbeitsverhältnis" und „solche, die im Zusammenhang damit stehen", „alle nur denkbaren (gesetzlichen) Ansprüche" fallen, die „noch so entfernt mit dem Arbeitsverhältnis zusammenhängen"[138].

Wenn der 1. Senat des BAG[132] hier den „Entstehungsgrund"[133] des Erstattungsanspruches nicht dem Arbeitsverhältnis zuordnet, steht er außerdem in Widerspruch zur Ansicht des 5. Senats[139] über den „Entstehungsbereich" eines Anspruches, wonach die „enge Verknüpfung

---

[134] Zur „Trennungstheorie" s. *Hansjörg Weber*, NJW 1973, 787 ff.; zustimmend z. B. *Peter*, BlStSozArbR 1977, 258 (Ziff. II und III).

[135] Einzelheiten bei *Hansjörg Weber*, NJW 1973, 791 (Ziff. IV).

[136] BAG, AP Nr. 1 zu § 39 BetrVG 1952.

[137] Der 1. Senat meint wohl „logisch"; treffender wäre „rechtlich".

[138] BAG, AP Nr. 24 zu § 1 ArbKrankhG; AP Nr. 28 zu § 4 TVG Ausschlußfristen.

[139] BAG, AP Nr. 64 zu § 4 TVG Ausschlußfristen; AP Nr. 6 zu § 70 BAT.

eines Lebensvorganges mit dem Arbeitsverhältnis als entscheidendes Kriterium für die Einbeziehung eines Anspruches in die tarifliche Ausschlußfrist" zu bewerten ist. Denn zwischen dem Betriebsratsamt und dem Arbeitsverhältnis liegt sicherlich eine engere (rechtliche) Verknüpfung vor, als sie vom BAG[140] z. B. für den Anspruch aus ungerechtfertigter Bereicherung und das Arbeitsverhältnis angenommen worden ist.

140 BAG, AP Nr. 7 zu § 70 BAT; dazu s. o. S. 68 ff.

VIII. Auslegungsgrundsätze

Wie alle Fristen sind auch die Ausschlußfristen starr und nicht auslegungsfähig[1]. Wenn daher davon gesprochen wird, Ausschlußfristen seien „eng“[2] und „nicht formal“[3] auszulegen, so sind damit in Wahrheit die Verfallklauseln gemeint, die diese Ausschlußfristen enthalten[4].

1. „Enge“ Auslegung

Nach ständiger Rechtsprechung des BAG[5] sind tarifliche Ausschlußfristen (also Verfallklauseln) wegen der „Schwere der mit der Versäumung einer Ausschlußfrist verbundenen Folge, die im völligen Verlust des Anspruchs besteht“[6], *eng* auszulegen; die überwiegende Ansicht im Schrifttum hat sich angeschlossen[7]. Dementsprechend sind danach umgekehrt die für die Wahrung solcher Fristen aufgestellten Bedingungen[8] ebenso wie die im Tarifvertrag enthaltenen Ausnahmeregelungen für Ausschlußfristen möglichst[8] weit auszulegen[9].

---

1 s. o. Ziff. VII Anm. 66.

2 So z. B. BAG, AP Nr. 4, 5 zu § 670 BGB (jeweils Leitsatz 3).

3 So z. B. *Wiedemann / Stumpf*, TVG § 4 Rdnr. 419.

4 s. o. S. 67 Anm. 66; s. auch *Leser*, Ausschlußfristen L I 1 a.

5 BAG, AP Nr. 1 zu § 14 TOB; AP Nr. 12 zu § 1 TVG Auslegung mit Anm. *Tophoven;* AP Nr. 4 zu § 670 BGB mit Anm. *Stiller;* AP Nr. 5 zu § 670 BGB mit Anm. *Schnorr v. Carolsfeld* = SAE 1959, 29 mit Anm. *Horst;* AP Nr. 10 zu § 611 BGB Lohnanspruch mit Anm. *Tophoven;* AP Nr. 34 zu § 4 TVG Ausschlußfristen mit Anm. *Herschel* = SAE 1967, 137 mit Anm. *Natzel;* AP Nr. 37 zu § 4 TVG Ausschlußfristen mit Anm. *Herschel* = SAE 1968, 234 mit Anm. *Rittner;* AP Nr. 39 zu § 4 TVG Ausschlußfristen mit Anm. *Sieg / Gärtner* = SAE 1970, 9 mit Anm. *Söllner;* AP Nr. 40 zu § 4 TVG Ausschlußfristen mit Anm. *Sieg / Gärtner* = SAE 1969, 212 mit Anm. *Neumann-Duesberg;* AP Nr. 41 zu § 4 TVG Ausschlußfristen mit Anm. *G. Hueck* = SAE 1970, 57 mit Anm. *Hofmann.* — Ferner s. LAG Hamm, AP 1951 Nr. 182 mit Anm. *Tophoven;* BB 1952, 718; LAG Düsseldorf, Betrieb 1971, 1310; LAG Kiel, AP Nr. 1 zu § 4 TVG Ausschlußfristen mit Anm. *Tophoven.*

6 So bereits RAG, ARS 28, 59.

7 *Wiedemann / Stumpf*, TVG § 4 Rdnr. 417 f.; *Hueck / Nipperdey*, ArbR II, 1 § 32 III 5 b; *Gaul*, Ausschlußfristen S. 48; *Leser*, Ausschlußfristen L I; *ders.*, Betrieb 1959, 1196; *ders.*, BB 1961, 1088; *ders.*, BB 1968, 171; *Waechter*, Betrieb 1966, 1808; *Krevet*, BB 1969, 185; *Etzel*, RdA 1968, 183; *Stahlhacke*, BB 1967, 1488; *Tophoven* (o. Anm. 5).

8 So RAG, ARS 28, 59.

9 *Wiedemann / Stumpf*, TVG § 4 Rdnr. 417; *Leser*, Ausschlußfristen L I 1 c.

Daß das BAG gegen diesen von ihm selbst für verbindlich angesehenen Auslegungsgrundsatz wiederholt verstoßen hat, ist bereits dargestellt worden[10]. Doch hat das BAG die Anwendung der Verfallklauseln nicht nur durch die fälschliche Auslegung des Begriffes der „Ansprüche aus dem Arbeitsverhältnis" unzulässig ausgedehnt, sondern z. B.[11] auch sonst trotz Verwendung der exakten juristischen Terminologie[12] durch die Tarifvertragsparteien den genannten Grundsatz zu Unrecht herangezogen.

a) In dem Tarifvertrag, der der Entscheidung des 1. Senats des BAG vom 19. 11. 1968[13] zugrundelag, wurde die Geltung der Ausschlußfristen ausgeschlossen „für Schadensersatzansprüche aus mit Strafe bedrohten Handlungen"[14]. Gegenstand des Rechtsstreits war ein Schadensersatzanspruch aus Verkehrsunfall. Nachdem das BAG in seinem Urteil (Ziff. II 1) zunächst den Sinn und Zweck tariflicher Ausschlußfristen dargelegt hat, macht es folgende Ausführungen über deren Auslegung.

Bei der Auslegung tariflicher Ausschlußfristen sei davon auszugehen, daß dem Gläubiger Ansprüche genommen werden. Sollen dem Gläubiger durch tarifliche Ausschlußfristen Ansprüche genommen werden, so müsse ein dahin gehender Wille der Tarifvertragsparteien in diesen tariflichen Vorschriften klar und unmißverständlich seinen Ausdruck finden. Deshalb seien Ausschlußfristen grundsätzlich eng auszulegen. Das bedeute aber, daß Ausnahmevorschriften (wie die oben genannte) weit auszulegen seien, wenn sie nicht eindeutig sind.

An der erforderlichen Eindeutigkeit und unmißverständlichen Klarheit fehle es in der genannten Bestimmung. Sie lasse jedenfalls mehrere Auslegungen zu. Es möchte sein, daß sie entsprechend der vom vorinstanzlichen LAG vertretenen Ansicht dahin ausgelegt werden könne, von ihr würden nur die unmittelbar gegen die andere Arbeitsvertragspartei gerichteten Straftaten wie Diebstahl, Unterschlagung, Untreue usw. erfaßt, die zivilrechtlich eine deliktische Haftung der anderen Partei gegenüber gem. § 823 Abs. 1 und 2 BGB auslösen. Ebenso möglich sei aber die Auslegung, daß von dieser tariflichen Vorschrift nicht nur die unmittelbar gegen den Arbeitgeber gerichteten Straftaten erfaßt werden, sondern alle von dem Arbeitnehmer begangenen strafbaren Handlungen, soweit durch sie dem Arbeitgeber ein Schaden zugefügt wird.

---

10 s. o. S. 67/68, 77, 79.

11 Weitere Beispiele bei *H. P. Westermann*, Anm. zu BAG, AP Nr. 1 zu § 340 BGB (Ziff. 2).

12 Dazu s. *Söllner*, SAE 1970, 11.

13 BAG, AP Nr. 39 zu § 4 TVG Ausschlußfristen mit Anm. *Sieg / Gärtner* = SAE 1970, 9 ff. mit Anm. *Söllner*.

14 Diese Klausel findet sich auch im Anhang Nr. 99.

Für diese Auslegung spricht nach Ansicht des BAG[15] der Wortlaut der Verfallklausel und die Tatsache, daß Schadensersatzansprüche der vorliegenden Art nach den Erfahrungen der arbeitsrechtlichen Praxis zu den typischen Sachverhalten des Arbeitslebens gehören. Wenn der auf einem schuldhaft verursachten Verkehrsunfall beruhende Schadensersatzanspruch von der genannten Verfallklausel nicht hätte erfaßt werden sollen, für ihn also die Ausschlußfristen gelten sollten, dann hätte schon aus Gründen der Rechtsklarheit und Rechtssicherheit ein dahin gehender Wille der Tarifvertragsparteien unmißverständlich zum Ausdruck gebracht werden müssen. Aus dem Wortlaut und dem Sinn dieser Verfallklausel lasse sich jedenfalls nicht eindeutig entnehmen, daß die Tarifvertragsparteien strafbare Verstöße gegen die StVO von den „mit Strafe bedrohten Handlungen" i. S. der Verfallklausel hätten ausnehmen wollen. Es müsse daher davon ausgegangen werden, daß die Ausschlußfristen des Tarifvertrages auf Fälle der vorliegenden Art nicht anzuwenden seien.

b) In Anmerkungen zu dieser Entscheidung[16] haben *Sieg / Gärtner* und *Söllner* sowohl die Auslegung im konkreten Fall als auch den vom BAG in ständiger Rechtsprechung entwickelten Grundsatz der „engen" Auslegung tariflicher Ausschlußfristen kritisiert.

Mit Recht macht *Söllner*[16] darauf aufmerksam, daß der Wortlaut der vorliegenden Verfallklausel, mit der Schadensersatzansprüche „aus mit Strafe bedrohten Handlungen" von der Ausschlußfrist ausgenommen werden, eindeutig ist. Er lasse eine Einschränkung auf solche strafbaren Handlungen, die sich unmittelbar gegen Person oder Vermögen des anderen Teils richten, nicht erkennen. Die exakte juristische Terminologie lasse auch nicht auf eine ungenaue Ausdrucksweise der Tarifvertragsparteien schließen. Ebensowenig gebe der Gesamtzusammenhang, in dem diese Vorschrift steht, über einen vom Wortlaut abweichenden Willen der Vertragspartner Aufschluß.

Sieg / Gärtner[16] meinen, es sei zwar formal richtig, daß einer engen Auslegung von Verfallklauseln eine weite Auslegung der Ausnahmetatbestände entsprechen müsse. Was das BAG hier jedoch der Sache nach tut, sei nicht eine weite Auslegung der Ausnahmeregelung („aus strafbaren Handlungen"), sondern der Verzicht auf eine Auslegung überhaupt. Auslegungen hätten immer zur Voraussetzung, daß keine der in Frage kommenden Lösungen eindeutig gegeben ist. Wenn man schon die fehlende Eindeutigkeit zum Anlaß nehme, nach einer formalen Maxime in einem bestimmten Sinne zu entscheiden, dann entziehe man

---

15 BAG, AP Nr. 39 zu § 4 TVG Ausschlußfristen (Ziff. II 1).

16 *Sieg / Gärtner*, Anm. zu BAG, AP Nr. 39 u. 40 zu § 4 TVG Ausschlußfristen (Ziff. 2); *Söllner*, SAE 1970, 11.

sich in Wirklichkeit der Auslegung. Die Grundsätze enger bzw. weiter Auslegung seien rechtsmethodisch ohnehin mit vielerlei Zweifeln und Schwierigkeiten behaftet; man nehme diesen Auslegungsgrundsätzen jedenfalls aber ihren Sinn als mögliche Auslegungshilfe, wenn man sie zum Anlaß nehme, an die Stelle konkreter Gesetzes- oder Vertragsauslegung von vornherein eine schematische Entscheidungsformel zu setzen.

Der Satz, daß Verfallklauseln „eng" auszulegen sind, erinnert *Söllner*[16] „fatal" an den Satz, daß Ausnahmevorschriften „eng" auszulegen sind. Diese Interpretationsmaxime, die auf das in der Pandektistik des 19. Jahrhunderts entwickelte Prinzip *„singularia non sunt extendenda"* zurückgeht, sei von Theorie und Praxis längst aufgegeben worden und auch das BAG[17] habe ihr die Gefolgschaft versagt. Es seien also alle anerkannten Kriterien der Auslegung heranzuziehen, um den Sinn und die Reichweite einer Ausnahmevorschrift zu ergründen. Mit Recht stellt *Söllner*[16] dann noch fest, daß auch bei der Auslegung von tariflichen Bestimmungen über Ausschlußfristen nicht anders zu verfahren ist[18].

Somit finden nach richtiger Ansicht auf die Verfallklauseln entgegen der ständigen Rechtsprechung und der h. M. die allgemeinen Interpretationsregeln Anwendung. Denn eine wirklich überzeugende Begründung für den angeblichen Grundsatz, daß Verfallklauseln eng auszulegen sind, wird ebenfalls zu Recht vermißt[19]. Der Gesichtspunkt, daß dem Gläubiger durch die Ausschlußfrist ein Anspruch genommen wird und daher eine zurückhaltende, enge, restriktive Auslegung geboten sei, überzeugt nicht. Allein der Hinweis auf die Rechtswirkung einer Ausschlußfrist kann keine Begründung dafür sein, eine enge Auslegung vorzunehmen. Schließlich erscheint der angebliche Grundsatz auch wenig überzeugend, wenn man an den mit Ausschlußfristen verfolgten Zweck denkt[19]. Wenn man berücksichtigt, daß durch die Ausschlußfristen möglichst kurzfristig eine umfassende Bereinigung der etwaigen Ansprüche und Gegenansprüche herbeigeführt werden soll, läge an sich der umgekehrte Grundsatz nahe, den Anwendungsbereich der Ausschlußfristen möglichst weit zu verstehen und Ausnahmeregeln einzuengen, um das angestrebte Ziel möglichst lückenlos zu erreichen.

c) Es ergibt sich also, daß der vom BAG aufgestellte Auslegungsgrundsatz gegen die allgemeinen Interpretationsregeln verstößt, keine überzeugende Begründung erfahren hat und in mehreren Entscheidungen vom BAG selbst gegen ihn verstoßen worden ist[20].

---

[17] BAGE 1, 329 = SAE 1955, 234 mit Anm. *Walter*.

[18] Ebenso *Sieg / Gärtner* (o. Anm. 16). — Vgl. dazu noch *Hofmann*, SAE 1970, 60; 1967, 60; *Mayer-Maly*, SAE 1966, 251.

[19] So und wie folgt *Sieg / Gärtner*, Anm. zu BAG, AP Nr. 39 u. 40 zu § 4 TVG Ausschlußfristen; zustimmend z. B. *Hofmann*, SAE 1970, 60.

[20] Dazu s. *H. P. Westermann*, Anm. zu BAG, AP Nr. 1 zu § 340 BGB (Ziff. 2).

2. Keine „formalistische" Auslegung

Aus einigen Urteilen des RAG[21] ist der Satz abgeleitet worden, daß Verfallklauseln nicht formalistisch auszulegen sind[22], sondern mit Hilfe des Grundsatzes von Treu und Glauben.

Eine Begründung hierfür wird nicht gegeben; besondere Berücksichtigung in der Rechtsprechung des BAG hat der Satz nicht erfahren. In dem einzigen von *Wiedemann / Stumpf*[22] hierfür angeführten BAG-Urteil[23] geht es gar nicht um die Auslegung, sondern um die Anwendung einer Ausschlußfrist, die unter dem Grundsatz von Treu und Glauben stehen soll[24].

Zurückzuführen ist dieser Satz darauf, daß die genannten RAG-Entscheidungen die Verfallsklauseln noch als „Verwirkungsklauseln" auffassen[25] und infolgedessen ohne besondere Schwierigkeit die Beziehung zum Grundsatz von Treu und Glauben herzustellen vermochten. Mit der hier vertretenen Auffassung von der Rechtsnatur der Verfallklausel und von den für sie geltenden Auslegungsregeln ist dieser Satz nicht in Einklang zu bringen.

---

21 RAG, ARS 27, 287; 28, 59; 29, 70.

22 *Leser*, Ausschlußfristen L VII 2, 3; *Wiedemann / Stumpf*, TVG § 4 Rdnr. 419; *Hueck / Nipperdey*, ArbR II, 1 § 32 III 5 b; *Nipperdey*, Anm. zu RAG, ARS 27, 288; *Volkmar*, Anm. zu RAG, ARS 29, 72.

23 BAG, AP Nr. 9 zu § 59 BetrVG 1952.

24 Dazu s. sogleich unter Ziff. IX.

25 Dazu s. o. S. 14.

IX. Treu und Glauben

In einer langen Reihe von Entscheidungen hat das BAG zum Ausdruck gebracht, daß eine tarifliche Ausschlußklausel in Ausnahmefällen wegen des Verstoßes gegen Treu und Glauben (§ 242 BGB) unanwendbar sein kann[1]. Dies hat im Schrifttum einhellige Zustimmung gefunden[2]. Unter Heranziehung des „Rechtsinstituts der unzulässigen Rechtsausübung“[3], des „Rechtsprinzips des § 162 BGB“[4] oder der „mißbräuchlichen Ausnutzung einer Rechtsposition“[5] wird somit nach einer „Einzelfallkontrolle“[6] die Anwendung der tariflichen Ausschlußfrist ggf. verneint. Häufig ist dann davon die Rede, daß die „Berufung“[7] auf die Ausschlußfrist unzulässig sei[8]. Das Recht wird danach also an sich als verfallen angesehen, der Berufung hierauf wird jedoch eine Einwendung entgegengesetzt, die zu der Fiktion führt, daß der Fall so zu behandeln ist, wie wenn die Frist nicht abgelaufen wäre[9]. Doch wird gelegentlich als Rechtsfolge des Verstoßes gegen Treu und Glauben auch angenommen, daß trotz des Fristendes der Verfall nicht eintritt, das Erlöschen des Rechtes also nicht erfolgt, sondern das Recht über die Einwendung aus § 242 BGB als noch bestehend fingiert wird.[10]

---

[1] Vgl. z. B. BAG, AP Nr. 9 zu § 59 BetrVG 1952; AP Nr. 2 zu § 4 BAT; AP Nr. 77 zu §§ 22, 23 BAT; AP Nr. 1, 2, 3, 6, 7 zu § 70 BAT; AP Nr. 2, 5, 6, 27, 28, 30, 34, 37, 40, 41, 42, 46, 68 zu § 4 TVG Ausschlußfristen; AP Nr. 1 zu § 1 TVG Bezugnahme auf Tarifvertrag; AP Nr. 11 zu § 4 TVG; AP Nr. 1 zu § 6 a RegelungsG Berlin.

[2] Vgl. z. B. *Gaul,* Ausschlußfristen S. 68 ff.; *Hueck / Nipperdey,* ArbR II, 1 § 32 III 5 h mit Anm. 42; *Nikisch,* ArbR II § 85 II 3; *Wiedemann / Stumpf,* TVG § 4 Rdnr. 404 ff.; *Leser,* Ausschlußfristen K II.

[3] So etwa *Hueck / Nipperdey,* ArbR II, 1 § 32 III 5 h; BAG, AP Nr. 9 zu § 59 BetrVG 1952.

[4] So LAG Düsseldorf, BB 1965, 456.

[5] So z. B. *Gaul,* Ausschlußfristen S. 68 und Anm. zu BAG, AP Nr. 2 zu § 70 BAT (Ziff. 4).

[6] *Wiedemann / Stumpf,* TVG § 4 Rdnr. 404; BAGE 7, 164 = AP Nr. 4 zu § 611 BGB Urlaubskarten; AP Nr. 1 zu § 1 TVG Bezugnahme auf Tarifvertrag (Ziff. 5).

[7] Dazu s. o. S. 24 ff.

[8] Vgl. z. B. *Wiedemann / Stumpf,* TVG § 4 Ziff. V vor Rdnr. 404, Rdnr. 406, 408, 409; *Gaul,* Ausschlußfristen S. 68; BAG, AP Nr. 6, 7 zu § 70 BAT; AP Nr. 9 zu § 59 BetrVG 1952.

[9] So *Leser,* Ausschlußfristen K II 2 a. Dazu s. BAG, AP Nr. 5 zu § 4 TVG Ausschlußfristen.

[10] *Leser,* Ausschlußfristen K II 2 b.

Wenn daher die Ausschlußfrist ihre Wirkung nicht entfaltet, weil auch auf sie die die gesamte Rechtsordnung beherrschenden Grundsätze von Treu und Glauben Anwendung finden[11], sollen diese Grundsätze den Verfall doch nur in besonders krassen Fällen[12] oder bei besonders gewichtigen Gründen verhindern[13]. An die Ausnahmen[14] vom Verfall sollen strenge Anforderungen gestellt werden[15].

Dieser Grundsatz von Treu und Glauben findet Anwendung insbesondere bei der „Berufung" auf den Ablauf der Ausschlußfrist (s. u. 1), bei der „Berufung" auf die Nichtwahrung der für die Geltendmachung des Rechtes vorgeschriebenen Form (2) oder bei persönlichen Ausnahmesituationen auf der Gläubigerseite (3). Schließlich wird er auch zur Inhaltskontrolle der Verfallklauseln herangezogen, um also die Frage zu klären, ob eine Ausschlußfrist wegen ihrer extremen Kürze unwirksam ist (4).

1. Nichtwahrung der Ausschlußfrist

a) Nach Ansicht des BAG steht der Anwendung der Ausschlußfrist dann der Grundsatz von Treu und Glauben entgegen, wenn der Schuldner selbst durch sein Verhalten, sei es auch unabsichtlich, die Ursache dafür gesetzt hat, daß der Gläubiger den Anspruch nicht innerhalb der Ausschlußfrist geltend gemacht hat[16]. Das gelte insbesondere, wenn der Gläubiger aufgrund von Zusicherungen des Schuldners darauf vertrauen durfte, dieser werde den Anspruch auch ohne fristgerechte Geltendmachung erfüllen[17], oder wenn der Schuldner die bekräftigte Zusicherung abgibt, daß er bestimmte Ansprüche anerkenne[18]. Hat der Schuldner dagegen nichts getan, was den Gläubiger hätte veranlassen können, mit der Geltendmachung seines vermeintlichen Anspruchs zu warten, greife § 242 BGB nicht ein[19]; ebensowenig, wenn die Rechtslage zweifelhaft ist und der Gläubiger deshalb unsicher war, ob ihm der fragliche Anspruch zusteht[20].

---

11 BAG, AP Nr. 9 zu § 59 BetrVG 1952; AP Nr. 1 zu § 70 BAT; AP Nr. 41, 42, 46, 68 zu § 4 TVG Ausschlußfristen; AP Nr. 2 zu § 4 BAT.

12 BAG, AP Nr. 6, 40 zu § 4 TVG Ausschlußfristen (Ziff. 4).

13 BAG, AP Nr. 2 zu § 4 BAT.

14 Den Ausnahmecharakter betont z. B. noch neuestens BAG, AP Nr. 68 zu § 4 TVG Ausschlußfristen.

15 *Leser*, Ausschlußfristen K III 1.

16 So BAGE 14, 140 = AP Nr. 9 zu § 59 BetrVG 1952.

17 BAGE 10, 7 = AP Nr. 6 zu § 4 TVG Ausschlußfristen; AP Nr. 2 zu § 4 BAT; AP Nr. 1 zu § 70 BAT; s. auch LAG Düsseldorf, Betrieb 1953, 847.

18 BAG, AP Nr. 6, 28 zu § 4 TVG Ausschlußfristen.

19 BAG, AP Nr. 2 zu § 70 BAT (Ziff. 3 d) mit zust. Anm. *Gaul*.

20 BAG, AP Nr. 34 zu § 4 TVG Ausschlußfristen.

Doch muß bezweifelt werden, ob auch in den Fällen der Zusicherung oder Anerkennung ein Rückgriff auf „Treu und Glauben" überhaupt erforderlich ist. Denn die „Zusicherung" bzw. das „Anerkenntnis", leisten zu wollen, sind als Verzicht auf die form- und fristgerechte Geltendmachung anzusehen.

b) Die Anwendung der Ausschlußfrist soll gem. § 242 BGB ferner dann ausgeschlossen sein, wenn der Arbeitnehmer seinen Anspruch erst spezifiziert geltend machen kann, wenn der Arbeitgeber zuvor seine (tarifliche) Abrechnungspflicht erfüllt hat[21].

Aber auch hier erscheint der Rückgriff auf „Treu und Glauben" überflüssig, wenn man unter der Fälligkeit das Forderndürfen (Geltendmachen) in dem Sinne versteht, daß dafür nicht die genaue Anspruchshöhe, wohl aber der Anspruchsgrund genannt werden muß[22]. Denn dann ist es durchaus vertretbar, die Geltendmachung der Ansprüche innerhalb der Ausschlußfrist zu verlangen.

c) Die Anwendung der Ausschlußfrist soll ferner unzulässig sein, wenn der Gläubiger vom Schuldner eine falsche Darstellung (des Unfallgeschehens) erhält und deshalb zunächst keinen Anlaß hatte, wegen seines Schadens an den Schuldner heranzutreten; denn auch hier habe der Schuldner durch sein Verhalten bewirkt, daß der Gläubiger seine Anspruchsberechtigung nicht hat erkennen (und deshalb nicht rechtzeitig hat geltend machen) können[23]. Doch wird der Einwand der Arglist gegen die Anwendung der Ausschlußfrist nicht schon dann gewährt, wenn der Schuldner behauptet, das Schadensereignis (Brand) sei nicht durch ein von ihm zu vertretendes fahrlässiges Verhalten entstanden, sondern auf andere Ursachen zurückzuführen[24]. In dem Bestreiten eines Anspruches und in dem Leugnen, für eine Tat verantwortlich zu sein, liegt nach Ansicht des BAG[24] noch kein arglistiges Verhalten. Davon könne nur gesprochen werden, wenn der Schuldner eine bewußt wahrheitswidrige Darstellung der Ursache des Brandes gegeben oder durch falsche Hinweise den Verdacht auf andere gelenkt hätte, um den Gläubiger zu veranlassen, die gegen ihn bestehenden Ansprüche nicht innerhalb der Ausschlußfrist geltend zu machen[24].

Diese Voraussetzungen sah das BAG[25] in einem Fall erfüllt, in dem ein Arbeitnehmer seinen Arbeitgeber durch einen Diebstahl geschädigt

[21] BAGE 9, 296 = AP Nr. 5 zu § 4 TVG Ausschlußfristen = SAE 1961, 11 m. Anm. *Janssen*. Ferner s. BAG, AP Nr. 41 zu § 4 TVG Ausschlußfristen (Ziff. 4 c) mit zust. Anm. *G. Hueck*.

[22] Dazu s. u. S. 98 ff., 103 f.

[23] BAG, AP Nr. 27, 37 (Ziff. III 1) zu § 4 TVG Ausschlußfristen.

[24] BAG, AP Nr. 40 zu § 4 TVG Ausschlußfristen (Ziff. 4).

[25] BAG, AP Nr. 42 zu § 4 TVG Ausschlußfristen mit zust. Anm. *Rittner*.

hatte. Solange der Arbeitgeber von dem Diebstahl nichts wisse, könne sich der diebische Arbeitnehmer nicht auf eine tarifliche Ausschlußfrist berufen; eine solche Berufung wäre arglistig. Wer Ansprüche, die der andere Arbeitsvertragspartner hat, verschweigt, und diesem dadurch die Möglichkeit nimmt, eine Ausschlußfrist einzuhalten, könne sich jedenfalls im Falle einer vorsätzlichen strafbaren Handlung auf den Ablauf der Ausschlußfrist nicht berufen, solange er seinen Arbeitsvertragspartner durch sein Verhalten gehindert hat, den Anspruch geltend zu machen[25].

In diesen Fällen beruht der Anspruch auf einer unerlaubten Handlung, ist also nicht als Anspruch aus dem Arbeitsverhältnis anzusehen, so daß schon aus diesem Grunde die Anwendung der tariflichen Ausschlußfrist entfällt. Auch insoweit ist daher der Rückgriff auf Treu und Glauben unangebracht.

d) Schließlich muß der Schuldner nach Ansicht des BAG[26] den Anspruch auch dann noch nach Ablauf der Ausschlußfrist erfüllen, wenn nach seinem vorhergehenden Verhalten eine Weigerung, den Anspruch unter Berufung auf den Ablauf der Ausschlußfrist zu erfüllen, rechtsmißbräuchlich wäre.

Dies ist z. B. der Fall[26], wenn auf Wunsch des Schuldners (Lehrer) seine Wochenstunden vom Gläubiger (Land) von 24 auf 21 herabgesetzt werden, sich der Schuldner dann aber weigert, irrtümliche Mehrvergütungen (für 24 statt für 21 Wochenstunden) zurückzuzahlen. Denn beide Arbeitsvertragsparteien seien davon ausgegangen, daß mit der Änderung des Arbeitsvertrages auch eine Verminderung der Vergütung verbunden sei. Unter diesen Umständen verstoße es gegen Treu und Glauben, wenn der Schuldner aus dieser auf seinen Wunsch erfolgten Änderung des Arbeitsvertrages nur die Vorteile, nämlich die verminderte Stundenzahl, für sich in Anspruch nimmt, ohne jedoch die damit verbundene Verminderung der Vergütung gegen sich gelten zu lassen. Treu und Glauben geböten es somit, die Geltendmachung des Rückforderungsanspruches unabhängig vom Ablauf der Ausschlußfrist noch zuzulassen.

Zu Unrecht hat aber das BAG[26] hier die Anwendung der Ausschlußfrist des § 70 II a. F.[27] geprüft und bejaht. Denn da diese Verfallklausel nur „Ansprüche aus dem Arbeitsvertrag" erfaßte, konnte der bereicherungsrechtliche Rückgewähranspruch wegen unberechtigt empfangener Vergütungen nicht hierunter fallen, wie bereits oben[28] ausgeführt wor-

---

[26] BAG, AP Nr. 6 zu § 70 BAT (Ziff. II) mit Anm. *Clemens;* ferner s. BAG, AP Nr. 1 zu § 6 a RegelungsG Berlin.

[27] Zur Neufassung mit Wirkung vom 1. 1. 1980 s. *Hansjörg Weber*, Anm. zu BAG, AP Nr. 7 zu § 70 BAT (Ziff. III 5).

[28] s. o. S. 68 ff.

den ist. Mit dem Rückgriff auf § 242 BGB wurde daher „zufällig" das vom Gesetz (§ 812 I 1 BGB) vorgegebene richtige Ergebnis erzielt.

Daß dieses richtige Ergebnis durch Anwendung des Grundsatzes von „Treu und Glauben" in der Tat „zufällig" erzielt wurde, ergibt sich aus einer weiteren Entscheidung des BAG[29], die ebenfalls einen (bereicherungsrechtlichen) Rückzahlungsanspruch wegen überzahlter Vergütungen zum Gegenstand hatte, auf den daher die Ausschlußfrist des § 70 II a. F. BAT ebensowenig hätte Anwendung finden dürfen. In diesem Fall war ein Lehrer im Angestelltenverhältnis von einem Bundesland lediglich vom 9. Sept. bis zum 31. Okt. 1974 beschäftigt worden. Nach Beendigung des Arbeitsverhältnisses erhielt er aber noch „Vergütungen" für November und Dezember 1974, sowie eine Weihnachtszuwendung, insgesamt 11 601,76 DM netto. Ob die Weigerung des Schuldners (Lehrers), den (Rückzahlungs-) Anspruch des Gläubigers (Land) unter Berufung auf den Ablauf der Ausschlußfrist zu erfüllen, aufgrund seines vorhergehenden Verhaltens rechtsmißbräuchlich ist, hat das BAG nicht eindeutig beantwortet. Wie wenig Rechtssicherheit gerade hier die Anwendung des Grundsatzes von „Treu und Glauben" verspricht, wird deutlich, wenn man die Ansicht des vorinstanzlichen LAG Niedersachsen dazu liest[30]. Es meint, die „Berufung" des Schuldners auf den Ablauf der tariflichen Ausschlußfrist sei nicht treuwidrig, da er es nicht pflichtwidrig unterlassen habe, den Gläubiger (Land) auf die Überzahlung aufmerksam zu machen oder von sich aus die Rückzahlung in die Wege zu leiten. Die nachwirkende Treuepflicht gehe nicht so weit, daß jeder Vertragspartner eines Arbeitsverhältnisses immer dann, wenn er erkennen müsse, daß sein Vertragspartner oder sein ehemaliger Vertragspartner ihm Leistungen gewähre, die ihm nicht zustehen, verpflichtet sei, dies entweder anzuzeigen oder die Rückzahlung in die Wege zu leiten. Das gelte auch dann, wenn es sich um eine Überzahlung nicht unerheblicher Summen handele und berücksichtigt werde, daß der Schuldner den Irrtum des Gläubigers im Dezember 1974 erkannt habe. Auch von einem erfahrenen Arbeitnehmer könne in einem solchen Fall nicht verlangt werden, seinen Arbeitgeber auf diesen Fehler hinzuweisen.

Läßt man einmal die Problematik der „Treuepflicht"[31] und ihrer „Nachwirkung"[32] beiseite, so bleibt festzuhalten, daß das LAG Niedersachsen hier meint, der Schuldner, der nur knapp zwei Monate als Lehrer beschäftigt worden ist, könne den (in der Tat nicht unerheblichen) Betrag von 11 601,76 DM netto behalten, und seine „Berufung" auf die Ausschlußfrist sei nicht „treuwidrig".

[29] BAG, AP Nr. 7 zu § 70 BAT m. Anm. *Hansjörg Weber*.
[30] BAG, AP Nr. 7 zu § 70 BAT m. Anm. *Hansjörg Weber* (Ziff. III 4).
[31] Dazu s. zuletzt *Kempff*, Betrieb 1979, 790 ff.; o. S. 60.
[32] Dazu s. zuletzt *v. Bar*, AcP 179, 452 ff.; o. S. 72.

Das BAG[30] will dagegen nicht ausschließen, daß das LAG damit den Rechtsbegriff „Treu und Glauben“ bei der Subsumtion verlassen hat. Das LAG gehe zwar zutreffend davon aus, daß die Berufung auf die tarifliche Ausschlußfrist nicht nur dann treuwidrig sein könne, wenn eine Vertragspartei den Vertragspartner durch aktives Handeln von der Einhaltung der Ausschlußfrist abhält, sondern auch dann, wenn sie es pflichtwidrig unterläßt, dem Vertragspartner Umstände mitzuteilen, die diesen zur Einhaltung der Ausschlußfrist veranlassen könnten. Entgegen der Auffassung des LAG könne aber bei Überzahlungen nicht unerheblicher Beträge nicht generell eine Verpflichtung des Arbeitnehmers verneint werden, die Überzahlung dem Arbeitgeber anzuzeigen. Die aus dem Grundsatz von „Treu und Glauben“ herzuleitende „Treuepflicht“ gebiete nämlich dem Arbeitnehmer grundsätzlich, dem Arbeitgeber einen drohenden Schaden anzuzeigen, der mit dem Arbeitsverhältnis im Zusammenhang steht. Deshalb müsse eine als irrtümlich erkannte erhebliche Überzahlung dem Arbeitgeber angezeigt werden. Eine Anzeigepflicht entfalle allerdings dann, wenn diejenige Stelle, die über die Geltendmachung der Rückzahlungsansprüche zu entscheiden hat, vor Ablauf der tariflichen Ausschlußfrist Kenntnis von der Überzahlung erhalte. Um dies aufklären zu lassen, verwies das BAG den Rechtsstreit zurück an das LAG.

An dieser Konkretisierung der „Treuepflicht“ durch das BAG stört zunächst die Beschränkung auf „erhebliche“ Überzahlungen, die nicht klar faßbar ist. Aber noch schwieriger scheint es, im vorliegenden Fall von einem „drohenden Schaden“ sprechen zu können. Denn der Arbeitgeber hat den Schaden ja bereits erlitten, als er die Überzahlungen vornahm. Der „Schaden“, der ihm nun noch droht und auf den ihn der Arbeitnehmer nur aufmerksam machen kann, ist der Verlust des Anspruchs, der auf „Ersatz“ des „entstandenen Schadens“ (in Wahrheit auf Herausgabe der ungerechtfertigten Bereicherung) gerichtet ist. Der „drohende Schaden“, von dem das BAG hier spricht, besteht also allenfalls darin, daß dem Arbeitgeber durch die Ausschlußfrist der Verlust des ihm wegen der Überzahlung zustehenden Anspruchs „droht“. Das würde wiederum bedeuten, daß hier ausnahmsweise der Schuldner den Gläubiger auf die Ausschlußfrist hinweisen müßte, die an sich nach Ansicht des BAG[33] ohne Rücksicht auf die Kenntnis des Gläubigers läuft.

Betrachtet man die Schwierigkeiten, die das BAG hier bei der Anwendung des Grundsatzes von „Treu und Glauben“ auf tarifliche Ausschlußfristen hat, muß man sich fragen, warum es den „an sich“ gegebenen Bereicherungsanspruch so beharrlich ignoriert. Es müßte das BAG doch nachdenklich stimmen, wenn der Hauptzweck der Ausschlußfristen,

---

[33] Dazu s. o. S. 26. Vgl. z. B. BAG, AP Nr. 30 zu § 4 TVG Ausschlußfristen; AP Nr. 1 zu § 8 TVG 1969.

Klarheit über mögliche Ansprüche zu gewinnen, hier zu rigoros erfüllt scheint und mit unklaren Billigkeitserwägungen beiseite geschoben werden muß, um ein „tragbares" Ergebnis erzielen zu können. Auch der weitere Zweck der Ausschlußfristen, entstehende Beweisschwierigkeiten zu vermeiden, wurde im vorliegenden Fall nicht erreicht. Denn zur weiteren Sachaufklärung hat das BAG den Rechtsstreit an das LAG zurückverwiesen.

e) Der Einwand der unzulässigen Rechtsausübung ist vom BAG[34] zurückgewiesen worden, wenn der die Ausschlußfrist enthaltende Tarifvertrag entgegen § 8 TVG (§ 7 TVG a. F.) vom Arbeitgeber nicht ausgelegt worden ist. Die Nichtauslage eines Tarifvertrages stellte für sich allein noch keine Treuewidrigkeit dar, die gegenüber der Versäumung einer Ausschlußfrist den Einwand der unzulässigen Rechtsausübung rechtfertigen könnte. Ein treuwidriges Verhalten käme nur dann in Betracht, wenn der Arbeitgeber den Arbeitnehmer offensichtlich böswillig von der rechtzeitigen Geltendmachung seiner Ansprüche abgehalten oder die Geltendmachung seiner Ansprüche unmöglich gemacht oder zumindest wesentlich erschwert hätte[35]. Ein Treueverstoß könne ggf. auch dann vorliegen, wenn der Arbeitnehmer die Auslage oder Bekanntgabe des Tarifvertrages ausdrücklich verlangt und der Arbeitgeber diesem Begehren nicht entsprochen hätte[34]. Das entspricht der allgemeinen Formulierung des BAG[36], daß vom Arbeitnehmer zumutbarerweise nicht verlangt werden könne, daß er innerhalb der tariflichen Ausschlußfrist seinen Anspruch geltend macht, wenn er von dessen Vorhandensein infolge des Verhaltens des Arbeitgebers keine Kenntnis haben konnte.

Sieht man jedoch in § 8 TVG entgegen der h. M.[37] nicht nur eine Ordnungsvorschrift, sondern gleichzeitig eine (gesetzlich normierte) arbeitsvertragliche Nebenpflicht gegenüber dem Arbeitnehmer[38], so stellt ihre schuldhafte Verletzung eine positive Forderungsverletzung dar. Der Schadensersatzanspruch des Arbeitnehmers geht dann gem. § 249 BGB dahin, so gestellt zu werden, wie wenn er Kenntnis von der tariflichen Ausschlußfrist gehabt und diese gewahrt hätte. Ein Rückgriff auf die *exceptio doli praeteriti* oder *praesentis*[39] ist daher auch insoweit nicht erforderlich, ebensowenig das Heranziehen der Fürsorgepflicht[40].

---

34 BAG, AP Nr. 1 zu § 1 TVG Bezugnahme auf Tarifvertrag (Ziff. 5) mit zust. Anm. *Herschel;* AP Nr. 1 zu § 8 TVG 1969 (Ziff. 3) mit zust. Anm. *Herschel.*

35 Vgl. BAGE 7, 165 = AP Nr. 4 zu § 611 BGB Urlaubskarten; BAGE 10, 1 = AP Nr. 6 zu § 4 TVG Ausschlußfristen.

36 BAG, AP Nr. 27 zu § 4 TVG Ausschlußfristen m. zust. Anm. *A. Hueck.*

37 Umf. Nachw. bei *Wiedemann / Stumpf,* TVG § 8 Rdnr. 2.

38 Dazu s. *Hansjörg Weber,* RdA 1980, 294 ff. und o. S. 57.

39 Dazu s. *Herschel,* Anmerkungen zu BAG, AP Nr. 3 zu § 197 BGB (a. E.) und AP Nr. 1 zu § 8 TVG 1969 (Ziff. I 2).

Erwähnenswert ist, daß bereits einige Tarifverträge die Anwendbarkeit der Ausschlußfristen vom Auslegen bzw. Aushängen des Tarifvertrages abhängig machen[41].

2. Nichtwahrung der Form

Wie noch näher zu erörtern sein wird[42], schreiben viele Tarifverträge für die Geltendmachung der Ansprüche die Schriftform oder auch die Erhebung der Klage vor. Nach Ansicht des BAG[43] soll die Schriftform der Rechtsklarheit dienen. Der Schuldner soll sich darauf einstellen können, daß er nicht mehr in Anspruch genommen werden kann, wenn sich der Gläubiger nicht innerhalb der Ausschlußfrist schriftlich an ihn gewandt hat[44]. In einem Betrieb gehe die mündliche Geltendmachung erfahrungsgemäß leicht unter.

Das BAG[43] führt weiter aus, daß der Gläubiger der tariflichen Ausschlußfrist auch dann nicht mit dem Einwand der Arglist begegnen kann, wenn ihn der Schuldner nicht auf das Erfordernis der Schriftlichkeit hingewiesen habe. Habe der Gläubiger den Inhalt der Verfallklausel nicht gekannt, so gehe diese Unkenntnis zu seinen Lasten. Tarifliche Bestimmungen müßten bei den Tarifunterworfenen grundsätzlich als bekannt vorausgesetzt werden; es sei ihre Sache, sich hierüber zu informieren.

Nur dann, wenn der Schuldner durch sein Verhalten in dem Gläubiger die Ansicht hervorgerufen oder bestärkt hat, es komme ihm auf eine rechtzeitige schriftliche Geltendmachung der Ansprüche nicht an, können es „Treu und Glauben" nach Auffassung des BAG[45] verbieten, die Ausschlußfrist anzuwenden[46]. Mit diesen sehr strengen Anforderungen befindet sich das BAG in Übereinstimmung mit der allgemeinen Ansicht[47] zu dieser Frage.

---

[40] So aber *Herschel*, Anm. zu BAG, AP Nr. 1 zu § 1 TVG Bezugnahme auf Tarifvertrag (Ziff. 2 b).

[41] Anhang Nr. 19, 20, 98.

[42] s. u. S. 104 ff.

[43] BAG, AP Nr. 28 zu § 4 TVG Ausschlußfristen (Ziff. III) m. Anm. *Schelp*.

[44] Ebenso z. B. BAG, AP Nr. 5 zu § 4 TVG Ausschlußfristen; AP Nr. 9 zu § 59 BetrVG; AP Nr. 1 zu § 70 BAT.

[45] BAG, AP Nr. 1 zu § 70 BAT m. Anm. *Göller;* AP Nr. 2 zu § 4 BAT; AP Nr. 11 zu § 4 TVG m. Anm. *Kraft;* AP Nr. 77 zu §§ 22, 23 BAT m. Anm. *Göller*.

[46] Beispiel: BAG, AP Nr. 46 zu § 4 TVG Ausschlußfristen m. Anm. *Schnorr von Carolsfeld*.

[47] Vgl. dazu die Angaben in BAG, AP Nr. 11 zu § 4 TVG; AP Nr. 2 zu § 4 BAT.

3. Persönliche Ausnahmesituation

Auch eine persönliche Ausnahmesituation auf der Gläubigerseite soll nach Auffassung des BAG[48] und des Schrifttums[49] den Nichteintritt der Rechtsfolgen einer Ausschlußfrist gem. § 242 BGB rechtfertigen. Hier wird insbesondere an den Fall gedacht, daß der Gläubiger (Arbeitnehmer) unter einem besonderen (Kündigungs-) Druck[50] gestanden und den Anspruch daher erst nach Fristablauf geltend gemacht hat. Allerdings spricht man von „seltenen Ausnahmefällen“[51], da Arbeitnehmer häufig unter einem gewissen Kündigungsdruck stehen. Es soll daher nur dann zur Anwendung des § 242 BGB kommen, wenn z. B. der Arbeitgeber mit Kündigung droht, falls der Anspruch eingeklagt werde[52]. Praktische Bedeutung hat dieser Gesichtspunkt nicht erlangt.

4. Inhaltskontrolle

Nach Ansicht des BAG[53] kann eine extrem kurze Ausschlußfrist einen Verstoß gegen das Verbot der Sittenwidrigkeit oder gegen das Gebot von Treu und Glauben darstellen. Nur in diesen Fällen kann das Gericht die Rechtswidrigkeit (bzw. Nichtigkeit) der Ausschlußfrist feststellen. Dagegen ist es nicht befugt, über die Frage zu befinden, ob die Anwendung der Ausschlußfrist unzweckmäßig oder unbillig ist. Denn dabei handele es sich um rechtspolitische Erwägungen. Die Überprüfung der Zweckmäßigkeit tarifvertraglicher Bestimmungen einschließlich der Länge von Ausschlußfristen sei den Gerichten aber versagt; sie würde zu einem Eingriff in die Tarifautonomie führen. Denn es obliege den besonders sachkundigen Tarifpartnern, im Rahmen der ihnen zustehenden Tarifautonomie die tariflichen Regelungen zu treffen. Die Tarifpartner dürften zwar in ihren Tarifnormen nicht gegen zwingende gesetzliche Regelungen und gegen zwingende allgemeine Rechtsgrundsätze verstoßen; sie hätten aber im übrigen einen Ermessensspielraum hinsichtlich der von ihnen zu treffenden Regelungen.

Diese Rechtsauffassung wird von der h. M.[54] geteilt. Allerdings hat das BAG bislang einen derartigen Verstoß noch nicht festgestellt[53]. Zu bean-

---

[48] BAG, AP Nr. 68 zu § 4 TVG Ausschlußfristen.

[49] *Wiedemann / Stumpf*, TVG § 4 Rdnr. 414; *Leser*, Ausschlußfristen K III 10.

[50] Vgl. dazu BAG, AP Nr. 2 zu § 4 TVG Ausschlußfristen.

[51] *Leser*, Ausschlußfristen K III 10.

[52] LAG Bremen, AuR 1953, 32.

[53] BAG, AP Nr. 30 zu § 4 TVG Ausschlußfristen; AP Nr. 3 zu § 70 BAT; s. auch BAG, AP Nr. 2 zu § 4 TVG Ausschlußfristen.

[54] *Hueck / Nipperdey*, ArbR II, 1 § 32 III 5 a mit w. Nachw. in Anm. 33; *Nikisch*, ArbR I § 29 VIII 3 b; *Gaul*, Ausschlußfristen S. 55; *Hueck / Nipper-*

standen bleibt jedoch, daß hier § 242 BGB zur Inhaltskontrolle neben § 138 BGB und § 134 BGB herangezogen wird. Es ist bereits in anderem Zusammenhang dargelegt worden[55], daß § 242 BGB eine derartige Rechtsfolge nicht enthält. Ebensowenig ist das aus Art. 20, 28 GG hergeleitete Sozialstaatsprinzip als Maßstab für die Inhaltskontrolle geeignet[56].

5. Ergebnis

Die allgemeine Feststellung des BAG, daß auch auf die Verfallklauseln die Grundsätze von „Treu und Glauben" anzuwenden sind, ist wenig ergiebig, solange nicht im Einzelfall ein konkreter Rechtssatz für relevant angesehen wird. Wie stets, so ist auch im Bereich der Verfallklauseln die Anwendung des § 242 BGB nur dann gerechtfertigt, wenn ein genau bestimmter Rechtsgrundsatz (z. B. Arglisteinwand bei dolosem Verhalten des Schuldners) angeführt werden kann. Zur Inhaltskontrolle darf § 242 BGB nicht herangezogen werden.

---

dey / Stahlhacke, TVG § 4 Rdnr. 145; *G. Hueck*, Anm. zu BAG, AP Nr. 30 zu § 4 TVG Ausschlußfristen.

55 *Hansjörg Weber*, Inhaltsgrenzen S. 46 ff.

56 Dafür aber *Hueck / Nipperdey*, ArbR II, 1 § 32 III 5 a; *Gaul*, Ausschlußfristen S. 55. Vgl. auch *Wiedemann / Stumpf*, TVG § 4 Rdnr. 400. — Kritisch zu diesem Grundsatz bereits *Hansjörg Weber*, Inhaltsgrenzen S. 35 ff.

X. Geltendmachung der Ansprüche

Aufgrund einer Verfallklausel erlöschen Forderungen und sonstige Rechte, wenn sie nicht innerhalb der Ausschlußfrist geltend gemacht werden. Der Begriff der Geltendmachung hat daher eine besondere Bedeutung für das Recht der Ausschlußfristen erlangt. Man[1] versteht darunter, daß der Gläubiger dem Schuldner erkennbar macht, daß er etwas von ihm fordert. Er muß ihm also seine Anspruchsberechtigung mitteilen und ihn zur Erfüllung auffordern[2]. Die Leistungsanforderung muß bestimmt erfolgen. Allgemeine Unmutsäußerungen[3] oder die Bemerkung, man behalte sich Ansprüche vor, genügen nicht[4]. Ebensowenig reicht aus, daß sich der Berechtigte nur nach Ansprüchen erkundigt oder den Schuldner benachrichtigt, er werde Schadensersatz verlangen[5]. Denn die Geltendmachung soll den Schuldner in die Lage versetzen, sich darüber schlüssig zu werden, wie er auf die Forderung des Gläubigers nach Leistung reagieren, ob er sie ablehnen oder ihr stattgeben soll[5].

Die Geltendmachung kann formlos, also mündlich, aber auch förmlich (schriftlich) vorgesehen sein. Meist wird schriftliche Geltendmachung verlangt. Doch kommt auch eine zweistufige Geltendmachung in der Tarifpraxis vor[6]. Dabei ist zunächst schriftliche Geltendmachung der Ansprüche innerhalb der Ausschlußfrist vorgeschrieben. Ist der Anspruch rechtzeitig geltend gemacht, die Erfüllung vom Schuldner aber abgelehnt worden, muß der Anspruch innerhalb einer weiteren (Ausschluß-) Frist (z. B. von einem Monat) nach der Ablehnung des Anspruches gerichtlich geltend gemacht werden. Eine spätere Geltendmachung ist ausgeschlossen.

Die Probleme des Geltendmachens liegen daher in seinem Inhalt (s. u. 2) und seiner Form (3), nicht dagegen in der Frage nach dem Adressaten der Geltendmachung (1).

---

1 *Leser*, Ausschlußfristen H I.

2 Ausf. dazu *E. Wolf*, Anm. zu BAG, AP Nr. 49 zu § 4 TVG Ausschlußfristen (Ziff. VI).

3 Vgl. aber RAG, ARS 27, 284, 287.

4 *Wiedemann / Stumpf*, TVG § 4 Rdnr. 439 m. w. N.; *Leser*, Ausschlußfristen H I 2.

5 BAG, AP Nr. 33 zu § 4 TVG Ausschlußfristen.

6 Vgl. z. B. BAG, AP Nr. 5 zu § 4 TVG Ausschlußfristen; Einzelheiten s. u. S. 104 ff.

1. Adressat und Berechtigter

Unproblematisch ist der Adressat der Geltendmachung, denn das ist stets der Arbeitsvertragspartner[7]. Nur auf der Arbeitgeberseite können Legitimationsfragen auftauchen. Doch werden zu Recht keine strengen Anforderungen gestellt; vielmehr gelten gesetzliche oder rechtsgeschäftliche Vertreter des Arbeitgebers als richtiger Adressat, z. B. also der Prokurist, aber u. U. auch der Werkmeister (Bauführer[8]) oder Lohnbuchhalter, nicht aber der Vorarbeiter. Auch der Betriebsrat[9] und die Polizei, bei der eine Anzeige erstattet wird[10], sind nicht der richtige Adressat. In Tarifverträgen werden neben dem Arbeitgeber ausdrücklich als Adressaten benannt: die Geschäftsleitung oder deren Beauftragte[11], wie z. B. das Lohnbüro[12], die Betriebsbuchhaltung[13] oder die Personalabteilung[14], aber auch schlicht der zuständige Vorgesetzte[15].

Außerdem sehen einige Tarifverträge vor, daß die Geltendmachung der Ansprüche auch durch bzw. über den Betriebsrat[16] oder die zuständige Tarifpartei[17] erfolgen kann.

2. Inhalt der Geltendmachung

Der Schuldner kann sich nur dann darüber schlüssig werden, ob er die Forderung des Gläubigers erfüllen oder ablehnen soll, wenn er genau weiß, worum es konkret geht. Das setzt eigentlich voraus, daß der Anspruch nach Grund (a) und Höhe (b) bezeichnet ist. Die Stellungnahme des BAG zu diesen Fragen ist uneinheitlich.

a) Der Entscheidung des 1. Senats des BAG vom 24. 6. 1960[18] lag der RTV-Bau zugrunde. Dieser verlangte in § 9 die genaue Spezifizierung der Forderung. Deshalb hatte das BAG[18] (in Anlehnung an die von den Tarifvertragsparteien kommentierte Ausgabe des RTV-Bau) gefolgert, es müßten Grund und Höhe des Anspruchs dargetan werden.

---

7 Hierzu s. *Leser*, Ausschlußfristen H II.

8 LAG Kiel, AP Nr. 1 zu § 4 TVG Ausschlußfristen.

9 BAG, AP Nr. 20 zu § 670 BGB.

10 BAG, AP Nr. 54 zu § 4 TVG Ausschlußfristen.

11 Anhang Nr. 7, 35, 66, 75.

12 Anhang Nr. 39, 45.

13 Anhang Nr. 94.

14 Anhang Nr. 35, 86, 94.

15 Anhang Nr. 66.

16 Anhang Nr. 1, 2, 3, 7, 8, 13, 61, 92, 93.

17 Anhang Nr. 5.

18 BAG, AP Nr. 5 zu § 4 TVG Ausschlußfristen; ebenso LAG Düsseldorf, Betrieb 1961, 140; ArbG Essen, BB 1959, 597. Vgl. dazu Anhang Nr. 53.

Dies ist kritisiert worden[19]; es müsse keine genaue rechtliche Begründung gegeben werden, der Anspruch müsse aber dem Grunde nach individualisiert werden, so daß der Vertragspartner erkennen könne, welche Forderungen erhoben würden. Der Gläubiger komme dem regelmäßig durch Beschreibung oder Angabe des tatsächlichen Vorgangs nach, aus dem sich der Anspruch ergeben solle (z. B. Nachzahlung von Urlaubsgeld, Bezahlung von Überstunden etc.).

In einer der Ansicht des 1. Senats gänzlich entgegenstehenden Weise hat auch der 5. Senat am 9. 9. 1965[20] den § 9 RTV-Bau aufgefaßt. Er meinte, zur Geltendmachung genüge die „Anmeldung" einer bezifferten Forderung[21]. Dabei komme es auf den Betrag der Forderung an, nicht aber auf die rechtliche Begründung. Diese könne vielmehr nachgebracht und nach Ablauf der Ausschlußfrist noch geändert werden[22]. Fordere die eine Vertragspartei von der anderen noch einen bestimmten Betrag, so sei die Ausschlußfrist in Höhe dieses Betrages eingehalten. Hiergegen hat schon *G. Hueck*[20] eingewandt, daß zwar von dem regelmäßig nicht rechtskundigen Arbeitnehmer keine präzise Begründung für seinen Anspruch gefordert werden dürfe; andererseits könne man ihm aber auch nicht zugestehen, den Anspruchsgrund ganz nach seinem Belieben später zu ändern oder ihn sogar überhaupt nicht zu benennen. Die Folge wäre nämlich eine weitgehende Entwertung der Ausschlußfrist, denn sie könnte dann durch einfaches Erheben eines zwar bezifferten, aber nicht näher bezeichneten Anspruchs umgangen werden, der vielleicht nur vorsorglich geltendgemacht, später dann aber auf jeden beliebigen, erst nachträglich festgestellten Rechtsgrund gestützt werden könne. Auch *G. Hueck*[20] plädiert dafür, daß der Anspruch durch Angabe eines Grundes soweit individualisiert werden müsse, wie das zu seiner Identifikation und Abgrenzung gegenüber anderen Ansprüchen erforderlich sei.

Später hat sich dann auch der 4. Senat dieser Auffassung angeschlossen und verlangt, daß der Anspruch dem Grunde nach hinreichend deutlich[23] bzw. so zu bezeichnen sei, daß der Arbeitgeber erkennen könne, inwieweit noch Forderungen erhoben würden[24]. Die Pflicht des Gläubi-

[19] *Wiedemann / Stumpf*, TVG § 4 Rdnr. 437; *Leser*, Ausschlußfristen H III 3 b.

[20] BAG, AP Nr. 3 zu § 611 BGB Akkordkolonne m. Anm. *G. Hueck*.

[21] Hiergegen später ausdrücklich der 3. Senat, AP Nr. 55 zu § 4 TVG Ausschlußfristen (Ziff. 2 a); s. aber auch *E. Wolf*, Anm. zu BAG, AP Nr. 49 zu § 4 TVG Ausschlußfristen (Ziff. VI) und u. S. 103.

[22] Ablehnend z. B. *Stahlhacke*, BB 1967, 1487 f.

[23] BAG, AP Nr. 4 zu § 70 BAT (vom 13. 2. 1974); AP Nr. 12 zu § 23 a BAT (vom 10. 9. 1975).

[24] BAG, AP Nr. 23 zu § 615 BGB (vom 10. 4. 1963); AP Nr. 36 zu § 4 TVG Ausschlußfristen (vom 28. 6. 1967).

gers, den Anspruch zu spezifizieren, wird heute „unabhängig von z. T. bedenklichen Entscheidungen des BAG“[25] allgemein angenommen[26].

b) Uneinheitlich hat das BAG auch die Frage entschieden, ob der Gläubiger bei der Geltendmachung den Anspruch der Höhe nach genau beziffern muß.

Diese Feststellung kann man treffen, auch wenn man die Bedenken von *Dütz*[27] kennt. Er meint, das Erfordernis einer Anspruchsbezifferung sei von der Rechtsprechung des BAG nur für Bestimmungen entwickelt worden, die wie § 9 RTV-Bau auf die Fälligkeit und nicht wie andere Tarifnormen auf die Anspruchsentstehung abstellen[28]. Deswegen sei es auch sehr problematisch, die Frage der Bezifferung allgemein ohne Bezugnahme auf eine konkrete Verfallklausel zu erörtern oder die Rechtsprechung des BAG insoweit ohne nähere Auseinandersetzung mit dem Inhalt der jeweiligen Tarifnorm für uneinheitlich zu halten. Doch wird man den Vorwurf der Uneinheitlichkeit dann gegen die Rechtsprechung erheben dürfen, wenn dies die nachfolgende Analyse ergibt und sich dabei erweist, daß allen einschlägigen Urteilen entweder der § 9 RTV-Bau[29] oder eine tarifliche Ausschlußklausel zugrunde lag, die ebenfalls auf die Fälligkeit[30] der Forderung abstellt.

Wie bereits erwähnt[31], hatte der 1. Senat des BAG[32] für die Geltendmachung eines Anspruches verlangt, daß Grund und *Höhe* des Anspruches dargetan würden, und der 5. Senat[33] meinte, ein bestimmter Betrag müsse gefordert werden. Doch wird die genaue Bezifferung der Höhe des Anspruchs[34] als zu strenges Erfordernis abgelehnt[35]. Aber auch die entgegengesetzte Ansicht des 4. Senats in seinem Urteil vom 28. 6. 1967[36] wird abgelehnt[37], daß zur Geltendmachung die genaue Angabe der Höhe

---

25 So *Leser*, Ausschlußfristen H III 3 f.

26 Außer *Leser* (o. Anm. 25) s. etwa *Wiedemann / Stumpf*, TVG § 4 Rdnr. 437, die verlangen, der Anspruch müsse *sachlich* konkretisiert werden.

27 *Dütz*, Anm. zu BAG, AP Nr. 50 zu § 4 TVG Ausschlußfristen (Ziff. II).

28 So schon *G. Hueck*, Anm. zu BAG, AP Nr. 33 zu § 4 TVG Ausschlußfristen.

29 BAG, AP Nr. 5, 33, 43, 48, 50 zu § 4 TVG Ausschlußfristen; AP Nr. 3 zu § 611 BGB Akkordkolonne.

30 BAG, AP Nr. 36, 49 zu § 4 TVG Ausschlußfristen; AP Nr. 23 zu § 615 BGB; unklar BAG, AP Nr. 76 zu § 611 BGB Haftung des Arbeitnehmers.

31 s. o. S. 98.

32 BAG, AP Nr. 5 zu § 4 TVG Ausschlußfristen.

33 BAG, AP Nr. 3 zu § 611 BGB Akkordkolonne.

34 Dafür aber z. B. auch ArbG Essen, BB 1959, 597; LAG Düsseldorf, Betrieb 1961, 140.

35 *Wiedemann / Stumpf*, TVG § 4 Rdnr. 438; *Leser*, Ausschlußfristen H III 4 a.

36 BAG, AP Nr. 36 zu § 4 TVG Ausschlußfristen m. insoweit zust. Anm. *Sieg* (Ziff. 3).

37 *Leser*, Ausschlußfristen H III 4 a; s. dazu auch *Wiedemann / Stumpf*, TVG § 4 Rdnr. 438.

des eingetretenen Schadens nicht notwendig sei. Der 4. Senat meinte, auch wenn die Schadenssumme nicht genannt worden sei, so sei doch der Anspruch (dem Grunde nach: Unfallschaden) so substantiiert worden, daß beim Schuldner kein Zweifel darüber habe bestehen können, inwieweit er demnächst in Anspruch genommen werde. Die Verfallfristen liefen von der Fälligkeit des Schadensersatzanspruches oder von der Beendigung des Arbeitsverhältnisses an, also ohne Rücksicht darauf, ob die Höhe des Schadens bereits im einzelnen feststehe. Dann genüge es aber zur Geltendmachung, wenn dem Schuldner hinreichend deutlich erkennbar gemacht worden sei, inwieweit noch Forderungen erhoben würden. Dabei berief sich der 4. Senat auf sein früheres Urteil vom 10. 4. 1963[38], in dem er ausgeführt hatte, daß es für die Wirksamkeit der Geltendmachung ohne Bedeutung sei, daß der Gläubiger seine Forderung zur Wahrung der Ausschlußfrist möglicherweise der Höhe nach nicht richtig angemeldet habe.

Darauf, daß die erhobenen Forderungen „wenigstens annähernd der Höhe nach beziffert werden, damit sich die Gegenseite über ihr weiteres Verhalten schlüssig werden kann", haben in späteren Entscheidungen dann auch der 1. Senat[39] und der 5. Senat[40] abgestellt. Insbesondere der 1. Senat hat diese Ansicht des öfteren wiederholt[41] und u. a. ausgeführt[42], für die Geltendmachung reiche es deshalb jedenfalls nicht aus, daß dem Schuldner irgendein Betrag mitgeteilt oder bekannt werde, der erheblich unter dem Betrag bleibe, den der Gläubiger von ihm verlangen will. Außerdem hat der 1. Senat diese Ansicht noch dahingehend ergänzt[43], daß eine Angabe zur Höhe der Forderung bei der Geltendmachung dann entbehrlich ist, wenn dem Schuldner die Höhe der geltend zu machenden Forderung ohnehin bekannt sei[44] oder der Schuldner durch eigenes Verhalten bewirkt habe, daß der Gläubiger von seinen Ansprüchen nicht rechtzeitig Kenntnis erhält[45]. Ferner hat der 1. Senat[46] ausgeführt, die Bezifferung müsse sich, wenn sich die Forderung des Gläubigers aus mehreren Ansprüchen zusammensetze, auch wenn sie auf einem einheitlichen Anspruchsgrund beruhe, auf jeden einzelnen Anspruch beziehen.

---

[38] BAG, AP Nr. 23 zu § 615 BGB.

[39] BAG, AP Nr. 33 zu § 4 TVG Ausschlußfristen (vom 16. 3. 1966) unter unzutreffender Berufung auf sein eigenes früheres Urteil (AP Nr. 5 zu § 4 TVG Ausschlußfristen) und das des 5. Senats (AP Nr. 3 zu § 611 BGB Akkordkolonne).

[40] BAG, AP Nr. 43 zu § 4 TVG Ausschlußfristen (vom 8. 1. 1970).

[41] BAG, AP Nr. 48, 49, 50 zu § 4 TVG Ausschlußfristen.

[42] BAG, AP Nr. 49 zu § 4 TVG Ausschlußfristen (Ziff. II 2 c) m. abl. Anm. *E. Wolf* (Ziff. VII a. E.).

[43] BAG, AP Nr. 49 zu § 4 TVG Ausschlußfristen.

[44] BAG, AP Nr. 48, 49 zu § 4 TVG Ausschlußfristen.

[45] Unter Hinweis auf BAG, AP Nr. 5, 27, 37, 44 zu § 4 TVG Ausschlußfristen.

[46] BAG, AP Nr. 50 zu § 4 TVG Ausschlußfristen (Ziff. II 1).

Das folge aus Sinn und Zweck der tariflichen Vorschrift über die Geltendmachung. Diese solle den Schuldner in die Lage versetzen zu prüfen, ob er der Forderung entsprechen will. Sein Entschluß könne hinsichtlich eines jeden einzelnen Anspruchs unterschiedlich sein, je nach dem, ob er den einzelnen Anspruch nach Grund und Höhe für berechtigt hält. Deshalb habe er ein berechtigtes Interesse daran zu erfahren, wie hoch der Betrag eines jeden einzelnen Anspruches ist, den der Gläubiger gegen ihn geltend machen will.

Auch der 3. Senat des BAG[47] hat sich der Überlegung angeschlossen, daß die Geltendmachung des Anspruches wenigstens seine annähernde Bezifferung erfordert. Doch setzt er in zweifacher Weise falsche Akzente. Zunächst geht er zwar richtig davon aus, daß die Fälligkeit des Anspruches und seine Geltendmachung insoweit von einander abhängen, als Fälligkeit nicht eintritt, bevor nicht ein Anspruch geltend gemacht werden kann und daß an den Inhalt der Geltendmachung die gleichen Maßstäbe anzulegen sind wie an die Festlegung der Fälligkeit[48]. Zum einen behauptet er aber[49], das BAG habe „immer betont, daß eine ganz überschlägige Bezifferung genügt und daß die Fälligkeit i. S. der tariflichen Ausschlußklauseln schon dann anzunehmen ist, wenn sich der Gläubiger ohne schuldhaftes Zögern den erforderlichen groben Überblick hätte verschaffen können". Doch findet sich dafür in der Rechtsprechung kein Beleg[50]. Zum anderen meint der 3. Senat[51], tarifliche Ausschlußfristen seien noch nie (!) so verstanden worden, daß eine genaue Bezifferung gefordert werden müßte. Dabei übersieht er die älteren Urteile des 1. und 3. Senats[52]. Da nur er selbst davon gesprochen hat, ist es schließlich auch irreführend, wenn der 3. Senat[51] behauptet, der Lauf der Ausschlußfrist beginne nach ständiger Rechtsprechung (!)[53],

---

[47] BAG, AP Nr. 76 zu § 611 BGB Haftung des Arbeitnehmers (vom 25. 4. 1974) Ziff. 3 b; AP Nr. 55 zu § 4 TVG Ausschlußfristen (vom 17. 10. 1974); AP Nr. 9 zu § 70 BAT (vom 5. 3. 1981) Ziff. II 2 a.

[48] So *Leser*, Ausschlußfristen H III 4 d.

[49] BAG, AP Nr. 76 zu § 611 BGB Haftung des Arbeitnehmers (Ziff. 3 b).

[50] Auch nicht in der vom 3. Senat angeführten („vgl.") Entscheidung des 1. Senats, AP Nr. 33 zu § 4 TVG Ausschlußfristen.

[51] BAG, AP Nr. 55 zu § 4 TVG Ausschlußfristen (Ziff. 3 b); s. ferner AP Nr. 9 zu § 70 BAT (Ziff. II 2 b).

[52] BAG, AP Nr. 5 zu § 4 TVG Ausschlußfristen; AP Nr. 3 zu § 611 BGB Akkordkolonne.

[53] Der 3. Senat verweist dazu nur auf sein Urteil, AP Nr. 76 zu § 611 BGB Haftung des Arbeitnehmers, und auf das dort fälschlich (s. o. Anm. 50) angeführte Urteil des 1. Senats, AP Nr. 33 zu § 4 TVG Ausschlußfristen. In seiner Entscheidung vom 5. 3. 1981 (AP Nr. 9 zu § 70 BAT, Ziff. II 2 b) zieht der 3. Senat ebenso zu Unrecht die Entscheidungen des 1. Senats vom 16. 12. 1971 und vom 8. 2. 1972 heran (AP Nr. 48 und 49 zu § 4 TVG Ausschlußfristen). Denn in dem erstgenannten Urteil (Ziff. 2 a) ist nur von „annähernder" Bezifferung die Rede und auch das zweite gibt für die aufgestellte Behauptung nichts her (Ziff. II 2).

sobald sich der Gläubiger den erforderlichen groben Überblick ohne schuldhaftes Zögern habe verschaffen können. Im übrigen werden seine Abgrenzungen („großer“ oder „grober Überblick“ bzw. „ganz überschlägige Bezifferung“) wegen ihrer zu großen Unbestimmtheit abgelehnt[54].

Nach genauer Auslegung des (in § 20 Ziff. 1 und 2 MTV vom 25. 4. 1967 für gewerbliche Arbeitnehmer des Speditions-, Transport- und Fuhrgewerbes in Bayern gebrauchten) Ausdruckes „Geltendmachung“ hat *E. Wolf*[55] zwei mögliche Bedeutungen ermittelt. Entweder bedeute er „Ausüben des Anspruches durch Verlangen der Leistung“; dann sei entgegen der vom BAG vertretenen Ansicht einerseits nicht erforderlich, „dem Schuldner wenigstens annähernd“ mitzuteilen, in welcher Höhe („inwieweit“) Forderungen gegen ihn erhoben werden, also eine Bezifferung nicht erforderlich, andererseits sei eine „wenigstens annähernde“ Bestimmung der Höhe nicht genügend. Dann sei vielmehr eine klare Bestimmung des „geltend gemachten“ Schadens notwendig, die jedoch nicht in der Angabe einer Ziffer bestehen müsse, wie sich auch aus § 287 ZPO für die gerichtliche Geltendmachung ergebe. Oder der Ausdruck „Geltendmachen“ bedeute die „Ankündigung, der Anspruch werde ausgeübt werden“. Diese Bedeutung sei für Ansprüche anzunehmen, über deren endgültige Höhe (wie bei einem Schadensersatzanspruch aus Krankenhausaufenthalt oder bei Ansprüchen gegen eine Versicherung) u. U. erst nach Jahren Klarheit bestehe, oder für solche Ansprüche (wie bei Ansprüchen aus Mehr-, Nacht-, Schicht-, Sonn-, Fest- und Feiertagsarbeit), die regelmäßig nur vom Lohnbüro des Betriebes errechnet werden können, das allein die dazu erforderlichen Unterlagen und Kenntnisse habe. Dann könne die „Geltendmachung“ nicht bedeuten, daß der Gläubiger eine Leistung in bestimmter Höhe verlangen müsse.

Ob eine derartige Differenzierung der tariflichen Ausschlußklauseln jedoch von dem Vertragspartner gewünscht wird und ob sie der „Rechtsklarheit“ und der „Rechtssicherheit“ dienlich ist, darf bezweifelt werden. Insoweit bedarf also die (Tarif-) Praxis gewiß einer Änderung. Da es in den weitaus meisten Fällen um Ansprüche der Arbeitnehmer gegen den Arbeitgeber geht, deren Höhe nicht ohne weiteres für den Arbeitnehmer zu ermitteln ist, dürfte eine sachgerechte Lösung allein darin liegen, unter „Geltendmachung“ die Erklärung (nicht bloß die „Anmeldung“)[56] zu verstehen, der Anspruch werde ausgeübt. Notwendig ist dazu nur die Angabe des Grundes (aus Verkehrsunfall, aus Mehr-

---

[54] *Leser*, Ausschlußfristen H III 4 e.

[55] *E. Wolf*, Anm. zu BAG, AP Nr. 49 zu § 4 TVG Ausschlußfristen (Ziff. VI).

[56] Bei einer „Anmeldung“ der Forderung, die das BAG (AP Nr. 3 zu § 611 BGB Akkordkolonne) für genügend hält, ist unklar, ob darunter schon die Geltendmachung selbst oder erst ihre Ankündigung zu verstehen ist; so *Leser*, Ausschlußfristen H III 3 c.

arbeit etc.), nicht aber die („annähernde") Bezifferung der Höhe des Anspruchs[57].

3. Form der Geltendmachung

In den meisten Verfallklauseln ist für die Geltendmachung der unter die Ausschlußfristen fallenden (Forderungs-) Rechte keine Form vorgeschrieben. Dann genügt die mündliche Einforderung der Leistung. Nur selten sehen Tarifverträge vor, daß die Ansprüche zunächst mündlich und erst bei Erfolglosigkeit schriftlich geltend zu machen sind[58].

a) Schriftform

Ist — wie häufig — für die Geltendmachung Schriftform vorgesehen[59], so ist eine ohne Beachtung dieser Form (also mündlich) erhobene Geltendmachung gemäß § 125 BGB nichtig. Denn die Form ist hier Wirksamkeitsvoraussetzung. Nach Ansicht des BAG[60] kann die (im Tarifvertrag bestimmte) Schriftform nur als Gegenstück zur mündlichen Geltendmachung verstanden werden und soll der Rechtssicherheit dienen. Der Schuldner soll sich darauf einrichten können, daß er nicht mehr in Anspruch genommen werden kann, wenn der Gläubiger sich nicht schriftlich innerhalb der Ausschlußfrist an ihn gewandt hat. In einem Betrieb gehe die mündliche Geltendmachung erfahrungsgemäß leicht unter[61].

Das BAG[61] hat ferner zu Recht festgestellt, daß die Berufung des Schuldners auf die Schriftform nicht gegen Treu und Glauben verstößt. Auch daß der Schuldner die Nichteinhaltung der Schriftform erst rügt, nachdem der Gläubiger zuvor mündlich eingefordert hat, kann den Einwand der Arglist nicht begründen[62]. In diesem Fall soll der Arbeitgeber als Schuldner nach Ansicht von *Beer*[63] jedoch aufgrund seiner Fürsorgepflicht gehalten sein, den Arbeitnehmer, der seinen Anspruch nur mündlich geltend macht, obwohl die Schriftform vorgeschrieben ist, auf diesen Formfehler umgehend hinzuweisen. Unterläßt er das, dann könne er sich nicht mehr auf den Formmangel der Geltendmachung berufen. Doch kann allein der Hinweis auf die sogenannte „Fürsorgepflicht"[64] es

---

57 Vgl. schon *Stahlhacke*, BB 1967, 1488.

58 Anhang Nr. 57, 97.

59 Anhang Nr. 1—3, 6—9, 17, 25, 30, 38, 42, 44, 48, 49, 53, 61, 63, 64, 68, 76, 77, 86—88, 90, 94—96, 98, 99.

60 BAG, AP Nr. 5 zu § 4 TVG Ausschlußfristen.

61 BAG, AP Nr. 28 zu § 4 TVG Ausschlußfristen.

62 Zustimmend *Leser*, Ausschlußfristen H IV 2.

63 *Beer*, AuR 1964, 177, unter Berufung auf *Tophoven*, Anm. zu BAG, AP Nr. 1 zu § 4 TVG Ausschlußfristen.

nicht rechtfertigen, dem Arbeitgeber die Pflicht aufzuerlegen, dafür zu sorgen, daß der Arbeitnehmer seine Rechte richtig (d. h. hier: formgerecht) wahrnimmt. Denn genauso gut könnte man ihm sonst abverlangen, den Gläubiger (Arbeitnehmer) auf den drohenden Ablauf der Ausschlußfrist hinzuweisen, damit er sein Recht auch rechtzeitig wahrnimmt. Auch hieran zeigt sich, wie zweifelhaft es ist, eine Rechtsfolge auf die „Fürsorgepflicht" zurückzuführen. Zutreffend hat daher das BAG[65] ausgeführt, der Einwand der Arglist greife gegenüber (tariflichen) Ausschlußfristen nur in besonders krassen Fällen durch, etwa wenn der Arbeitgeber dem Arbeitnehmer Zusicherungen gemacht habe, bestimmte Ansprüche anzuerkennen. Während *Beer* den Arbeitnehmer als unmündigen Bürger betrachtet, dem der Arbeitgeber als „Fürsorger" zur Seite stehen muß, hat das BAG[65] ihn hier dagegen auch noch in anderem Zusammenhang als mündigen Bürger behandelt, der sich um den Inhalt eines ihn betreffenden (Tarif-) Vertrages selbst zu kümmern hat. Denn es hat ausdrücklich festgestellt, daß dann, wenn der Arbeitnehmer den (eine Formvorschrift enthaltenden) Inhalt der Verfallklausel nicht gekannt haben sollte, diese Unkenntnis zu seinen Lasten geht.

Die Schriftform wird nach Ansicht des BAG[66] auch durch eine Klage gewahrt, da die Klageschrift eindeutig die Erfordernisse der Schriftform erfüllt (§ 126 BGB); die Klageschrift muß gemäß § 253 i. V. m. § 130 ZPO schriftlich abgefaßt und unterschrieben sein[67]. Bei zweistufigen Verfallklauseln, die zunächst schriftliche und innerhalb einer weiteren Frist gerichtliche Geltendmachung vorsehen, kann hiernach[67] unter Umgehung der ersten Stufe sofort geklagt werden. Ob es im Einzelfall zweckmäßig ist, ohne vorherige schriftliche Aufforderung sofort Klage zu erheben, kann nach Auffassung des BAG[67] nichts daran ändern, daß die Zustellung einer Klage sogar in besonders eindringlicher Weise die Erfordernisse der schriftlichen Geltendmachung erfüllt. Die zweistufige Verfallklausel lasse keinen Schluß darauf zu, daß die zunächst notwendige schriftliche Geltendmachung zwar durch jedes andere Schriftstück nicht aber durch eine Klageschrift erfolgen könne. Das Kostenrisiko, das der Gläubiger in einem solchen Falle (bei sofortigem Anerkenntnis des Schuldners) gemäß § 93 ZPO auf sich nimmt, müsse dabei außer Betracht bleiben.

---

64 Kritisch zur „Fürsorgepflicht" des Arbeitgebers, *Hansjörg Weber*, RdA 1980, 289 ff.

65 BAG, AP Nr. 6, 28 zu § 4 TVG Ausschlußfristen.

66 BAG, AP Nr. 4 zu § 611 BGB Akkordkolonne (Ziff. I 2).

67 BAG, AP Nr. 5 zu § 4 TVG Ausschlußfristen. Sieht der Tarifvertrag lediglich „schriftliche" Geltendmachung vor, ist eine zweistufige Verfallklausel nicht gegeben; BAG, AP Nr. 8 zu § 70 BAT.

Als ausreichende Wahrung der Schriftform wird neben der Klageschrift auch die Erklärung zu gerichtlichem Protokoll angesehen[68].

b) *Klageerhebung*

aa) Ist für die Geltendmachung der (Forderungs-) Rechte die Erhebung der Klage vorgesehen[69], so erfüllen sowohl die Leistungs- als auch die Feststellungsklage dieses Erfordernis. Allerdings muß für die Feststellungsklage gemäß § 256 ZPO ein besonderes Feststellungsinteresse gegeben sein. Außerdem genügt nach dem Urteil des 3. Senats vom 1. 3. 1979[70] zur gerichtlichen Geltendmachung von Vergütungs- oder Schadensersatzansprüchen innerhalb der tariflichen Ausschlußfrist die Erhebung einer solchen Feststellungsklage nicht, die lediglich eine Vorfrage zur Entscheidung stellt, wesentliche Streitpunkte dagegen außer Betracht läßt.

bb) Große Bedeutung hat die Frage erlangt, ob durch die Kündigungsschutzklage auch die Ausschlußfrist für die Vergütungsansprüche gewahrt wird, die dem Arbeitnehmer bei Unwirksamkeit der Kündigung gegen den Arbeitgeber infolge Annahmeverzuges gemäß § 615 BGB zustehen. Wenn der Arbeitnehmer mit seiner Kündigungsschutzklage obsiegt, wird dadurch festgestellt, daß das Arbeitsverhältnis durch die Kündigung nicht aufgelöst wurde, so daß der Arbeitgeber im Annahmeverzug ist (§ 615 BGB) und den Lohn für die Zeit nach der (unwirksamen) Kündigung schuldet. Da die Ausschlußfrist regelmäßig mit der Fälligkeit des Lohnanspruchs zu laufen beginnt, kann bei Erlaß des Urteils im Kündigungsschutzprozeß ein erheblicher Teil der Lohnforderung verfallen sein. Dies würde nicht eintreten, wenn durch die Erhebung der Kündigungsschutzklage gleichzeitig auch der einer tariflichen Ausschlußfrist unterliegende Lohnanspruch im Sinne der Verfallklausel als geltend gemacht anzusehen ist, damit die Ausschlußwirkung verhindert wird[71]. Die Rechtsprechung des BAG hierzu ist sehr wechselhaft.

In seinen Urteilen vom 1. 2. 1960 und 29. 5. 1961 hatte der 5. Senat des BAG[72] für die Frage der *Verjährung* entschieden, daß durch die Klage eines Arbeitnehmers auf Feststellung der Unwirksamkeit einer ihm gegenüber ausgesprochenen fristlosen Kündigung bzw. auf Feststellung

---

[68] *Wiedemann / Stumpf*, TVG § 4 Rdnr. 442; *Leser*, Ausschlußfristen H IV 7.

[69] Anhang Nr. 8, 25, 31, 34, 37—47, 49—54, 56, 60, 63, 68, 69, 76—83, 85—91, 94, 97.

[70] BAG, AP Nr. 66 zu § 4 TVG Ausschlußfristen mit krit. Anm. *Leipold*.

[71] Vgl. *Diekhoff*, BB 1962, 1039.

[72] BAG, AP Nr. 1 und 2 zu § 209 BGB; ebenso *Natzel*, Betrieb 1960, 176 ff.; s. hierzu ferner *Larenz*, SAE 1960, 80 f.; *Lüke*, NJW 1960, 1333 f.; *Güntner*, Betrieb 1962, 1044 ff.

des Fortbestehens seines Arbeitsverhältnisses die Verjährung seiner sich aus § 615 BGB ergebenden Vergütungsansprüche nicht unterbrochen wird. Nach Ansicht des 5. Senats umfaßt der Streitgegenstand des Kündigungsschutzprozesses nicht den Zahlungsanspruch. Im Kündigungsschutzprozeß sei Streitgegenstand lediglich die Frage, ob das zwischen den Parteien bestehende Arbeitsverhältnis aus Anlaß einer Kündigung beendet worden sei oder nicht. Damit werde überhaupt nicht über einen Anspruch i. S. des § 194 Abs. 1 BGB gestritten, wie das § 209 Abs. 1 BGB voraussetzt, sondern nur über das Bestehen oder Nichtbestehen eines Rechtsverhältnisses zwischen den Parteien. Ein Feststellungsstreit über das Bestehen oder Nichtbestehen eines Rechtsverhältnisses sei nur dann ein Streit über einen Anspruch im Sinne der §§ 194 Abs. 1, 209 Abs. 1 BGB, wenn der Feststellungsstreit gerade darum gehe, ob ein bestimmter Anspruch bestehe oder nicht. Verzichte eine Feststellungsklage darauf, Feststellungen des Bestehens eines bestimmten Anspruches zu begehren, und beschränke sie sich lediglich darauf, die Feststellung eines Rechtsverhältnisses ohne Anspruchsinhalt zu betreiben, so entfalle jede Möglichkeit abzugrenzen, welche Ansprüche aus dem so festgestellten Rechtsverhältnis festgestellt werden sollen oder festgestellt sind, und es beschränke sich die erstrebte Feststellung nur darauf auszusprechen, ob ein Rechtsverhältnis besteht oder nicht. Allerdings führte der 5. Senat weiter aus[73], daß derjenige, der mit einer Kündigungsschutzklage vorgehe, naturgemäß regelmäßig und nach aller Erfahrung sogar häufig und meistens damit bezwecke, sich die ihm nach § 615 BGB zustehenden Gehaltsansprüche aus dem Gesichtspunkt des Annahmeverzuges zu erhalten und als Folge seines Obsiegens im Kündigungsschutzprozeß zu sichern.

Sei das aber das Ziel einer Kündigungsschutzklage, so knüpfte der 4. Senat im Urteil vom 10. 4. 1963[74] an diese Passage[75] im Urteil des 5. Senats[73] an, dann enthalte sie auch den Ausdruck des Willens des Arbeitnehmers, im Falle einer ihm günstigen Entscheidung wegen seiner Forderungen den Arbeitgeber in Anspruch zu nehmen. Das sei dem Arbeitgeber als Gegner der Kündigungsschutzklage erkennbar. Denn es widerspräche jeder Lebenserfahrung anzunehmen, daß der Arbeitgeber der Auffassung sein könnte, der Arbeitnehmer wolle im Falle seines Obsiegens das Arbeitsverhältnis fortsetzen, ohne die Vergütung für die Zwischenzeit, auf die er angewiesen ist, zu verlangen. Daher genüge zur Geltendmachung dieser Ansprüche im Sinne der tariflichen Ausschlußklausel die Erhebung der Kündigungsschutzklage, sofern sich nicht aus

---

73 BAG, AP Nr. 1 zu § 209 BGB.

74 BAG, AP Nr. 23 zu § 615 BGB m. zust. Anm. *Herschel*.

75 *Natzel*, Betrieb 1962, 68/69, hält dies dagegen für eine „beiläufige Äußerung“ des BAG, der ein „entscheidender Wert nicht beigemessen werden“ könne.

den Umständen ein anderer Wille des Arbeitnehmers ergebe. Es könne nicht entscheidend sein, daß die Kündigungsschutzklage ihrem Streitgegenstand nach Zahlungsansprüche nicht betrifft. Auch bei einer Klage könne es, da jede Form der Inanspruchnahme ausreiche, nur darauf ankommen, ob in ihr mit hinreichender Deutlichkeit zum Ausdruck gebracht werde, daß und inwieweit der Arbeitnehmer noch Forderungen erheben will. Das sei für die Kündigungsschutzklage jedenfalls insoweit zu bejahen, als es sich um Ansprüche aus § 615 BGB handele. Der 4. Senat nahm daher im Gegensatz zum 5. Senat an, daß in der Erhebung der Kündigungsschutzklage auch die Geltendmachung der Vergütungsansprüche aus § 615 BGB zu sehen sei, die Ausschlußfrist mithin gewahrt blieb. Wegen ihrer „Lebensnähe" fand die Entscheidung Zustimmung[76], dogmatisch haltbar ist sie nicht.

Dies hat ausgerechnet der 4. Senat selbst in einem späteren Urteil (vom 9. 3. 1966[77]) festgestellt, ohne darin allerdings seine frühere Entscheidung[74] zu erwähnen. Er führt aus, daß eine gerichtliche Geltendmachung des Lohnanspruches aus § 615 BGB erst in der Erhebung der Zahlungsklage erblickt werden könne. Damit sei der Zahlungsanspruch rechtshängig geworden und zur Entscheidung des Gerichts gestellt. Diese Wirkung habe die Erhebung der Kündigungsschutzklage nicht. Soweit in einer Kündigungsschutzklage im Einzelfall zum Ausdruck komme, daß der Arbeitnehmer auch Lohnansprüche geltend machen will, und darin u. U. eine schriftliche Geltendmachung solcher Lohnansprüche liegen kann, erfülle das jedenfalls nicht das besondere Erfordernis der gerichtlichen Geltendmachung. In der Erhebung einer Feststellungsklage gegenüber einer Kündigung liegt damit nach Ansicht des 4. Senats[78] (Leitsatz 1) keine gerichtliche Geltendmachung des Lohnanspruches aus § 615 BGB für die Zeit nach dem Kündigungstermin[79].

Obwohl ihm diese Auffassung „außerordentlich unbefriedigend" erscheint[80], ist auch nach Ansicht von *Zöllner*[81] nicht daran zu rütteln, daß der Streitgegenstand der Feststellungsklage und derjenige der Lohnzahlungsklage verschieden sind — wie auch immer man den Streitgegenstandsbegriff des Kündigungsschutzprozesses fasse. Unbefriedigend ist nach seiner Meinung die Ansicht des 4. Senats, weil sie den Arbeitnehmer zur Erhebung einer Zahlungsklage zwingt, bevor er weiß, ob

[76] *Beer*, AuR 1964, 178; ebenso *Leser*, Ausschlußfristen H VI 2; *Trieschmann*, AuR 1964, 31.

[77] BAG, AP Nr. 31 zu § 4 TVG Ausschlußfristen m. Anm. *Zöllner*.

[78] Zustimmend *Schnorr*, SAE 1966, 237.

[79] Ebenso z. B. *Diekhoff*, BB 1962, 1039; *Hueck / Nipperdey / Stahlhacke*, TVG § 4 Rdnr. 142, 151.

[80] Insoweit zustimmend *Stahlhacke*, BB 1967, 1488; *Schnorr*, SAE 1966, 237 (Ziff. II 2) m. w. N.

[81] *Zöllner*, Anm. zu BAG, AP Nr. 31 zu § 4 TVG Ausschlußfristen.

seine Klage auf Feststellung der Unwirksamkeit der Kündigung Erfolg haben wird. Verliere er den Kündigungsschutzprozeß, müsse er auch in der Lohnklage unterliegen. Abgesehen von der prozeß-ökonomisch mißlichen Situation werde es der Arbeitnehmer kaum begreifen, daß er mit der Lohnfortzahlungsklage ausgeschlossen sein soll, wenn er sich rechtzeitig zwecks Klärung einer für den Lohnanspruch präjudiziellen Vorfrage an das Gericht gewandt habe. Als Lösung vertritt *Zöllner*[81] eine an Sinn und Zweck orientierte Auslegung der tariflichen Verfallklausel. Man könne den Tarifvertragsparteien unterstellen, daß sie mit der tariflichen Regelung über die gerichtliche Geltendmachung binnen einer Ausschlußfrist den Sonderfall der Geltendmachung während eines Kündigungsrechtsstreites nicht mit regeln wollten. Es stehe daher nichts im Wege, durch restriktive Auslegung der tariflichen Regelungen zu dem Ergebnis zu gelangen, daß diese Regelungen den Arbeitnehmer bei Erhebung einer Kündigungsschutzklage nicht zur Lohnzahlungsklage vor Abschluß des Kündigungsrechtsstreits zwingen, sondern für diesen Fall rechtzeitige schriftliche Geltendmachung der Lohnansprüche genügen lassen.

Zöllner hat sich damit bewußt über den eindeutigen Wortlaut derartiger Verfallklauseln hinweggesetzt. Infolgedessen wird sein Lösungsvorschlag zu Recht abgelehnt[82] und auch hier[83] auf den Grundsatz verwiesen, daß die Gerichte die Tarifverträge hinzunehmen haben und nicht dazu übergehen sollten, ein von ihnen als sachgerechter oder billiger angesehenes Ergebnis durch Auslegung an die Stelle der Lösung zu setzen, die die Tarifvertragsparteien gewählt haben[84].

Offensichtlich unter dem Eindruck dieser ablehnenden Meinungsäußerung[84] hat wiederum der 5. Senat am 8. 1. 1970[85] bekräftigt, daß die tarifvertraglich zur Vermeidung des Verfalls vorgeschriebene gerichtliche Geltendmachung auch von Lohnansprüchen aus § 615 BGB, deren Höhe zunächst völlig offen sei, nicht schon in der Erhebung einer Kündigungsschutzklage gesehen werden könne, da diese einen anderen Streitgegenstand habe. Der Arbeitnehmer sei somit durch die tarifliche Verfallklausel gezwungen, alsbald auch Lohnklage zu erheben, damit seine Ansprüche nicht verfallen. Das bringe allerdings ein erhebliches Kostenrisiko mit sich, das der Gesetzgeber für den Kündigungsschutzprozeß selbst durch die Sondervorschrift des § 12 Abs. 7 ArbGG gerade habe vermeiden wollen. Der Senat sehe sich aber nicht in der Lage, aus diesen Gründen von der Anwendung der tariflichen Verfallklausel aus

[82] Ablehnend auch die spätere Entscheidung des 5. Senats (vom 22. 2. 1978), AP Nr. 63 zu § 4 TVG Ausschlußfristen.

[83] s. o. S. 62 f.

[84] *Stahlhacke*, BB 1967, 1488.

[85] BAG, AP Nr. 43 zu § 4 TVG Ausschlußfristen m. Anm. *Lieb*.

Billigkeitsgründen abzusehen. Wenn Tarifvertragsparteien in Kenntnis der Probleme selbst lange Jahre an dem Wortlaut einer so strengen und eindeutigen Verfallklausel (wie der des § 9 RTV-Bau) unverändert festhielten, so seien die Gerichte nicht befugt, von ihrer Anwendung im Einzelfall wegen etwa fehlender Zweckmäßigkeit oder Billigkeit abzusehen[86].

Ganz auf dieser Linie lagen auch die wiederholten Appelle *Wiedemanns*[87] an die Parteien der Tarifverträge, den aufgezeigten Unsicherheiten über die Wirkung einer Kündigungsschutzklage auf die schlichte, schriftliche oder gerichtliche Geltendmachung von Vertragsansprüchen in Zukunft durch klarstellende Protokollnotiz zu begegnen.

Doch finden sich — soweit ersichtlich — nur in der Metallindustrie derartige klarstellende Protokollnotizen[88] und Tarifklauseln[89], wonach die Ausschlußfristen bei Lohnforderungen im Falle der Erhebung einer Kündigungsschutzklage erst von dem Zeitpunkt an laufen, in dem das Weiterbestehen des Arbeitsverhältnisses rechtskräftig festgestellt wurde.

Trotz der Kritik von *Lieb*[85] an dieser Entscheidung, der die Auffassung *Zöllners*[81] unterstützt, hat der 5. Senat auch in seinem Urteil vom 6. 7. 1972[90] unter Berufung auf die „mehrfach geäußerte Rechtsansicht des BAG (AP Nr. 31 und 43 zu § 4 TVG Ausschlußfristen)" bekräftigt, daß das Erheben der Kündigungsschutzklage nicht die Wirkung einer (gerichtlichen) Geltendmachung der Lohnforderung aus § 615 BGB hat.

cc) Eine überraschende Wende in seiner Rechtsprechung vollzog der 5. Senat dann aber im Urteil vom 16. 6. 1976[91] für den Fall, daß die Lohnforderung innerhalb der Ausschlußfrist (nur) *schriftlich* und *nicht gerichtlich* geltend zu machen ist. Eine sich streng an prozessuale Gesichtspunkte (Streitgegenstand der Kündigungsschutz- bzw. der Lohnzahlungsklage) haltende Betrachtung sei dann nicht geboten, wenn die Verfallklausel mildere Formen der Geltendmachung verlangt. Hier sei es zulässig, über den prozessualen Inhalt hinaus auf das Gesamtziel des Kündigungsschutzbegehrens zu achten. Dieses Ziel beschränke sich regelmäßig nicht auf die Erhaltung des Arbeitsplatzes, sondern sei auch auf die Sicherung der Ansprüche gerichtet, die durch den Verlust des

---

86 Diese Auffassung hat der 5. Senat im Urteil vom 22. 2. 1978 (AP Nr. 63 zu § 4 TVG Ausschlußfristen) erneut vertreten.

87 *Wiedemann*, Anm. zu BAG, AP Nr. 56—59 und 60 zu § 4 TVG Ausschlußfristen (jeweils a. E.).

88 Anhang Nr. 76, 77.

89 Dazu s. BAG, AP Nr. 69 zu § 4 TVG Ausschlußfristen; Anhang Nr. 78, 79, 86; eine Sonderregelung enthält Anhang Nr. 96; s. ferner u. bei Fußn. 99.

90 BAG, AP Nr. 1 zu § 8 TVG 1969 m. Anm. *Herschel*.

91 BAG, AP Nr. 56 zu § 4 TVG Ausschlußfristen m. Anm. *Wiedemann*.

Arbeitsplatzes möglicherweise verloren gingen. Im allgemeinen sei dieses Ziel dem Arbeitgeber auch klar erkennbar. Damit sei er aber gehörig von dem Willen des Arbeitnehmers unterrichtet, die von der Kündigung bedrohten Einzelansprüche aus dem Arbeitsverhältnis aufrechtzuerhalten. Deshalb genüge zur *schriftlichen* Geltendmachung dieser Ansprüche die Erhebung und Durchführung der Kündigungsschutzklage, sofern sich nicht aus den Umständen ein anderer Wille des Arbeitnehmers ergebe. Ausdrücklich schließt sich deshalb der 5. Senat dem Urteil des 4. Senats vom 10. 4. 1963[92] an, ohne aber dessen abweichende Entscheidung vom 9. 3. 1966[93] zu erwähnen. Soweit er selbst früher einen abweichenden Standpunkt eingenommen habe, gibt der 5. Senat ihn jetzt[91] ausdrücklich auf.

Ebenfalls am 16. 6. 1976 hat auch der 3. Senat[94] die Auffassung vertreten, daß die Kündigungsschutzklage als *schriftliche* Geltendmachung ausreiche und damit die Gehaltsansprüche vor dem Verfall bewahre, wenn nach den gesamten Umständen der Arbeitgeber die Kündigungsschutzklage dahin verstehen mußte, damit würden auch Gehaltsansprüche geltend gemacht. Eine generalisierende Auffassung zu dieser Frage für alle erdenklichen tariflichen Ausschlußklauseln hielt der 3. Senat jedoch nicht für vertretbar (Leitsatz 5).

Ungeachtet dieser — allerdings geringen — Diskrepanz zu seiner Auffassung, die er auf die Anwendung des § 70 Abs. 1 BAT und damit auf die Berücksichtigung der besonderen Verhältnisse im öffentlichen Dienst durch den 3. Senat[94] zurückführte, hielt der 5. Senat im Urteil vom 26. 3. 1977[95] jedenfalls für den Bereich der privaten Wirtschaft daran fest, daß die Fristen tariflicher Ausschlußklauseln, die die *schriftliche* Geltendmachung der Ansprüche aus dem Arbeitsverhältnis verlangen, für solche Ansprüche, die vom Ausgang des Kündigungsprozesses abhängen, auch durch Erhebung und Durchführung der Kündigungsschutzklage gewahrt werden können (Leitsatz). Bereits im Urteil vom 4. 5. 1977[96] spricht der 5. Senat dann insoweit von einer „ständigen Rechtsprechung" — eine angesichts der dargestellten Entwicklung der Rechtsprechung gewiß erstaunliche Aussage. Allerdings hat der 5. Senat mit Urteil vom 21. 6. 1978[97] dann bekräftigt, daß auch im öffentlichen Dienst in der Kündigungsschutzklage die nach § 70 Abs. 1 BAT notwendige schriftliche Geltendmachung von Gehaltsansprüchen liegen könne,

---

[92] BAG, AP Nr. 23 zu § 615 BGB; s. dazu o. S. 107.

[93] BAG, AP Nr. 31 zu § 4 TVG Ausschlußfristen; dazu s. o. bei Anm. 77.

[94] BAG, AP Nr. 57 zu § 4 TVG Ausschlußfristen m. Anm. *Wiedemann*.

[95] BAG, AP Nr. 59 zu § 4 TVG Ausschlußfristen m. Anm. *Wiedemann*.

[96] BAG, AP Nr. 60 zu § 4 TVG Ausschlußfristen m. Anm. *Wiedemann*.

[97] BAG, AP Nr. 65 zu § 4 TVG Ausschlußfristen; s. ferner das Urteil des 5. Senats vom 22. 10. 1980, AP Nr. 69 zu § 4 TVG Ausschlußfristen (Ziff. 3).

wenn nach den gesamten Umständen der Arbeitgeber die Kündigungsschutzklage dahin verstehen mußte, damit würden auch Gehaltsansprüche geltend gemacht. Und im Anschluß an diese Rechtsprechung des 5. Senats hat am 13. 2. 1979[98] auch der 6. Senat die Auffassung vertreten, daß die Kündigungsschutzklage eine allgemeine tarifliche Ausschlußfrist, die nur einfache oder schriftliche Geltendmachung verlangt, hinsichtlich solcher Ansprüche des Arbeitnehmers wahrt, die vom Ausgang des Kündigungsschutzprozesses abhängen.

Beginnt die Ausschlußfrist jedoch erst von dem Zeitpunkt an zu laufen, in dem das Weiterbestehen des Arbeitsverhältnisses rechtskräftig festgestellt wurde, also erst mit rechtskräftiger Entscheidung des Kündigungsschutzprozesses, so wird auch eine einfache oder schriftliche Geltendmachung der Rechte durch Erhebung der Kündigungsschutzklage nicht gewahrt. Denn nach Ansicht des 5. Senats (Urteil vom 22. 10. 1980)[99] können (und müssen ggf. „erneut“) diese (Forderungs-) Rechte erst nach dem rechtskräftigen Abschluß des Kündigungsschutzprozesses geltend gemacht werden, wenn sie nicht verfallen sollen.

Schließlich hat der 5. Senat im Urteil vom 22. 2. 1978[100] für den Fall, daß Ansprüche (nach erfolgloser schriftlicher Geltendmachung) innerhalb einer Ausschlußfrist *gerichtlich* geltend gemacht werden müssen, seine Auffassung erneut bekräftigt[101], daß dies nur durch fristgerechte Zahlungsklage erfolgen könne. Durch Erhebung der Kündigungsschutzklage werde eine solche Ausschlußfrist auch dann nicht gewahrt, wenn es sich um Zahlungsansprüche eines Arbeitnehmers handele, die vom Fortbestand des Arbeitsverhältnisses abhängen[102]. Dementsprechend hat auch der 3. Senat in seinem Urteil vom 1. 3. 1979[103] betont, daß weder die Feststellungs- noch die Kündigungsschutzklage als gerichtliche Geltendmachung eines Vergütungs- oder Schadensersatzanspruchs anerkannt werden könne.

dd) Somit stellt sich — gegenwärtig — die Rechtslage aufgrund der Rechtsprechung des BAG[104] so dar, daß die Kündigungsschutzklage nur das Merkmal der formlosen und der schriftlichen Geltendmachung des Vergütungsanspruches aus § 615 BGB erfüllt, nicht aber auch das der

---

[98] BAG, AP Nr. 10 zu § 7 BUrlG Abgeltung m. Anm. *Herschel*.

[99] BAG, AP Nr. 69 zu § 4 TVG Ausschlußfristen; s. dazu o. bei Anm. 89.

[100] BAG, AP Nr. 63 zu § 4 TVG Ausschlußfristen.

[101] s. o. bei Anm. 72 und 85.

[102] A. A. aber ArbG Hamburg, AP Nr. 62 zu § 4 TVG Ausschlußfristen, das auch hier die fristgerechte Erhebung der Kündigungsschutzklage als ausreichend ansieht.

[103] BAG, AP Nr. 66 zu § 4 TVG Ausschlußfristen mit krit. Anm. *Leipold*; s. o. bei Anm. 70.

[104] So im Ergebnis z. B. auch schon *Diekhoff*, BB 1962, 1039 f.

gerichtlichen Geltendmachung. Hierfür ist nach wie vor die Zahlungsklage erforderlich — und damit bleibt das genannte Prozeßkostenrisiko dem Arbeitnehmer aufgebürdet.

XI. Ergebnis der Rechtsprechungsanalyse

1. Ergebnis

Die kritische Analyse der zur Ausschlußfrist ergangenen Entscheidungen des BAG hat ein Bild ergeben, das verwirrender nicht sein könnte. Es gibt danach kein einziges Problem, zu dem eine einheitliche *und* dogmatisch fundierte Spruchpraxis festgestellt werden könnte. Vielmehr liegen uneinheitliche Erkenntnisse vor, die häufig genug dogmatisch nicht haltbar sind. Die Uneinheitlichkeit, die zuweilen bis zur Gegensätzlichkeit geht, beschränkt sich zudem nicht darauf, daß ein Senat des BAG von der Ansicht eines anderen Senats abweicht, sondern zuweilen ist sie sogar in der Rechtsprechung ein und desselben Senats festzustellen. Besonders unerfreulich dabei ist, daß nicht selten die abweichende frühere Entscheidung im neueren Erkenntnis verschwiegen und eine Auseinandersetzung mit der strittigen Frage dadurch vermieden wird. Dogmatisch unvertretbare Begriffsüberdehnungen („Arbeitsverhältnis") und Institutsverkennungen („Ungerechtfertigte Bereicherung") finden sich ebenso wie massive Fehlvorstellungen über grundlegende Fragen zur Rechtsnatur der Ausschlußfrist (Gegenstand; Inhalt bzw. Geltendmachung).

Es ist der Rechtsprechung somit nicht gelungen, das Rechtsinstitut „Ausschlußfrist" derart zu entwickeln bzw. zu konkretisieren, daß heute aufgrund dogmatisch überzeugend fundierter Regelungen in diesem Bereich Rechtsklarheit und Rechtssicherheit verwirklicht worden wären. Die Fülle divergierender Entscheidungen vermittelt vielmehr ein erschreckendes Bild der Rechtsunsicherheit und zeigt einmal mehr die Grenzen deutlich auf, die der richterlichen Rechts-(fort-)bildung gesetzt sind.

2. Konsequenzen

Hat sich somit die Rechtsprechung als unfähig zur Lösung der mit der Ausschlußfrist zusammenhängenden Fragen erwiesen, bleibt der Gesetzgeber aufgerufen, diese Materie zu regeln. Über die Regelungsbedürftigkeit kann es keinen Zweifel geben, da dieses Rechtsinstitut in der arbeitsrechtlichen Praxis fest etabliert ist und nicht nur für Tarifgebundene gilt, sondern kraft Bezugnahme auf den einschlägigen Tarifvertrag in der Mehrzahl aller Fälle auch für tarifvertraglich nicht gebundene Arbeitsvertragspartner. Die Ansicht von *Gaul*[1], die Ausschlußfristen hätten keine Existenzberechtigung, obwohl sie „häufig" seien, kann angesichts der Tatsache nicht mehr geteilt werden, daß heute wohl alle[2] Tarifverträge Verfallklauseln enthalten. Damit ist ein offensichtliches Bedürfnis dokumentiert, im Bereich arbeitsvertraglicher Ansprüche innerhalb eines überschaubaren Zeitraumes zu einer klaren und eindeutigen Rechtslage zu gelangen. Wie eine derartige gesetzliche Regelung aussehen müßte, soll im Folgenden (XII.) kurz dargelegt werden. Doch kann schon hier gesagt werden, daß es verfehlt ist, wie *Leser*[3] „mit Hilfe des Grundsatzes von Treu und Glauben eine vertretbare Lösung anzustreben" und „die der Ausschlußfrist innewohnende Starre ... in Grenzfällen aus dem Bereich formaler Unbeweglichkeit herauszulösen und dadurch gewissermaßen zu vermenschlichen". Erforderlich ist vielmehr eine gesetzliche Lösung, die das Rechtsinstitut „Ausschlußfrist" begrifflich und dogmatisch klar regelt, da nur so Rechtssicherheit, Rechtsfrieden und Gerechtigkeit zu verwirklichen sind.

Damit stellt sich aber zugleich die Frage, ob lediglich die rechtlichen Grundlagen (Voraussetzungen, Inhalt, Wirkungen) dieses Institutes gesetzlich geregelt werden müssen oder ob auch die Fristen selbst gesetzlich fixiert werden sollten. Damit würde insoweit den Tarifvertragspartnern ein Teil ihrer Kompetenz entzogen (§ 4 Abs. 4 Satz 3 TVG). Gleichwohl ist dies unter Hinweis auf die Vielzahl unterschiedlicher und teilweise unangemessen kurzer Ausschlußfristen bejaht und auch insoweit eine einheitliche gesetzliche Regelung befürwortet worden[4]. Dem ist zuzustimmen. Ein Überblick über die im Anhang abgedruckten Verfallklauseln ergibt in der Tat ein verwirrendes Bild vielgestaltiger Fristen, wodurch der Rechtsklarheit kaum gedient wird. Während sich eine Reihe von Tarifverträgen damit begnügt, undifferenziert für alle Ansprüche eine Ausschlußfrist von 2 Monaten bzw. 8 Wochen[5], 3 Monaten[6], 13 Wochen[7], 6[8] bzw. 12 Monaten[9] festzulegen, wird überaus häufig

---

[1] *Gaul*, Ausschlußfristen S. 81 ff.; zust. *Frey*, AuR 1964, 341. — Überholt ist auch die Ansicht des 1. Senats des BAG vom 29. 11. 1957 (BAG, AP Nr. 3 zu § 4 TVG Ausschlußfristen), eine absolute Notwendigkeit für Ausschlußfristen bestehe nicht, wohl aber könnten sie zweckmäßig sein. Denn aufgrund der Tarifpraxis sind die unten (Ziff. XII) vorgeschlagenen Ausschlußfristen nicht nur zweckmäßig, sondern notwendig.

[2] Alle herangezogenen Tarifverträge enthielten Verfallklauseln, nicht nur die 100 im Anhang aufgeführten.

[3] *Leser*, Ausschlußfristen L VII 2, 3.

[4] *Sieg / Gärtner*, Anm. zu BAG, AP Nr. 40 zu § 4 TVG Ausschlußfristen (Ziff. 4 a. E.), allerdings unter Erwägung einer Verjährungsregelung.

[5] Anhang Nr. 5, 25, 28, 44, 53, 63, 68, 69.

[6] Anhang Nr. 11, 13, 16, 18, 23, 26, 33, 36, 38, 40, 54, 56, 60, 61, 64, 65, 70, 85, 88—91, 94, 97.

[7] Anhang Nr. 58, 59.

noch zwischen den einzelnen Ansprüchen unterschieden. Regelmäßig verfallen Nebenansprüche auf Zulagen, Zuschläge, Überstundenvergütung usw. früher als alle „sonstigen" Ansprüche.

Die Ausschlußfristen werden z. B.[10] wie folgt kombiniert:

2 Wochen für Nebenansprüche und 8 Wochen für alle sonstigen[11];
2 Wochen für Nebenansprüche und 3 Monate für alle sonstigen[12];
1 Monat für Nebenansprüche und 2 Monate für alle sonstigen[13];
1 Monat für Nebenansprüche und 3 Monate für alle sonstigen[14];
1 Monat für Nebenansprüche und 6 Monate für alle sonstigen[15];
2 Monate für Nebenansprüche und 2 Monate für alle sonstigen[16];
2 Monate für Nebenansprüche und 3 Monate für alle sonstigen[17];
2 Monate für Nebenansprüche und 4 Monate für alle sonstigen[18];
2 Monate für Nebenansprüche und 6 Monate für alle sonstigen[19];
3 Monate für Nebenansprüche und 3 Monate für alle sonstigen[20];
3 Monate für Nebenansprüche und 6 Monate für alle sonstigen[21].

Nicht selten werden daneben besondere Fristen für Ansprüche vereinbart, die auf falscher Berechnung der Vergütung beruhen. Diese Ansprüche sind unverzüglich[22], zum nächsten Abrechnungszeitraum[23], binnen drei Arbeitstagen[24], einer Woche[25], 14 Tagen[26], vier Wochen bzw. 1 Monat[27], 5 Wochen[28] oder 3 Monaten[29] geltend zu machen. In einem

---

[8] Anhang Nr. 15, 32, 55, 73, 95.

[9] Anhang Nr. 95, 100.

[10] Dazu s. etwa auch die Zusammenstellung tariflicher Ausschlußfristen für gewerbliche Arbeitnehmer in ausgewählten Tarifgebieten (Stand April 1977) durch die Bundesvereinigung der Deutschen Arbeitgeberverbände.

[11] Anhang Nr. 52.

[12] Anhang Nr. 39, 45.

[13] Anhang Nr. 30.

[14] Anhang Nr. 3, 19, 51, 66, 67, 77, 80, 82, 83, 86.

[15] Anhang Nr. 74.

[16] Anhang Nr. 50.

[17] Anhang Nr. 8, 9, 24, 27, 47, 62, 76, 81, 84, 87.

[18] Anhang Nr. 4.

[19] Anhang Nr. 1 2, 7, 92, 93.

[20] Anhang Nr. 49, 72.

[21] Anhang Nr. 96, 99.

[22] Anhang Nr. 37.

[23] Anhang Nr. 1.

[24] Anhang Nr. 4, 19.

[25] Anhang Nr. 2, 7, 8, 26.

[26] Anhang Nr. 24, 27.

[27] Anhang Nr. 25, 30.

[28] Anhang Nr. 3.

[29] Anhang Nr. 97.

Tarifvertrag[30] werden sogar unterschiedliche Fristen vorgesehen für Einwendungen (!) gegen die Richtigkeit der rechnerischen Grundlagen und für Einwendungen gegen die rechnerische Richtigkeit der Arbeitsentgeltabrechnung. Ferner finden sich noch Klauseln, die das Geltendmachen der Ansprüche innerhalb einer bestimmten Frist nach Beendigung des Arbeitsverhältnisses vorschreiben. Diese Fristen variieren zwischen 1 Monat[31], 5 Wochen[32], 2 Monaten bzw. 8 Wochen[33], 3[34], 4[35], oder 6[36] Monaten. Auch bei den zweistufigen Verfallklauseln kann die Frist[37] innerhalb derer Klage erhoben werden muß, 1 Monat[38], 6 Wochen[39], 2[40], 3[41], 4[42], 6[43] oder 12 Monate[44] betragen.

Rechtsklarheit kann nur bestehen, wenn klare (und das heißt hier: wenige) gesetzliche Fristen den Verfall der arbeitsrechtlichen Ansprüche regeln. Damit geht kein wesentlicher Teil der Tarifautonomie verloren; vielmehr ist auch insoweit ein gesetzgeberisches Eingreifen dringend erforderlich.

---

30 Anhang Nr. 8 (Ziff. 104, 105).
31 Anhang Nr. 24, 30, 38, 44, 46, 49—51, 61, 64—66, 70, 85.
32 Anhang Nr. 69.
33 Anhang Nr. 3, 4, 12, 20, 27, 43, 47, 54, 56, 59, 60, 75, 96.
34 Anhang Nr. 28, 55, 67, 92, 93, 97.
35 Anhang Nr. 57.
36 Anhang Nr. 5, 48, 74.
37 Ohne Befristung z. B. in Anhang Nr. 54, 56, 60.
38 Anhang Nr. 25.
39 Anhang Nr. 78, 79.
40 Anhang Nr. 8, 47, 53, 63, 68, 69.
41 Anhang Nr. 34, 38, 39, 44—46, 49—52, 80—83, 85—91, 94.
42 Anhang Nr. 97.
43 Anhang Nr. 31, 37, 40—42, 76, 77.
44 Anhang Nr. 43.

XII. Eigener Lösungsvorschlag

Die mit der Ausschlußfrist zusammenhängenden Fragen können nur befriedigend gelöst werden, wenn zunächst die grundlegenden begrifflichen und dogmatischen Voraussetzungen geklärt sind (2). Erst danach sind Einzelheiten des Rechtsinstitutes „Ausschlußfrist" zu behandeln (3).

1. Verjährung oder Verfall

Zunächst ist jedoch zu überlegen, ob neben der Verjährung überhaupt noch ein besonderes Institut „Ausschlußfrist" erforderlich ist.

Sieht man einmal davon ab, daß die arbeitsrechtliche Praxis eine derartige Regelung offensichtlich für notwendig erachtet, bleibt als rechtlich beachtlicher Gesichtspunkt zu erwähnen, daß die Ausschlußfrist eine von der Verjährung deutlich unterschiedene Regelung darstellt. Insbesondere fällt ins Gewicht, daß sich der Berechtigte bei der Verfallklausel nicht auf den Ablauf der Ausschlußfrist berufen muß (wie bei der Verjährung), die Rechtsfolge also *ipso iure* eintritt. Während der Verjährungseinrede eine gewisse psychische Hemmschwelle entgegenstehen kann, die es dem einen Vertragspartner erschwert, den Anspruch des anderen zurückzuweisen, entfällt dies bei der Verfallklausel. Ihre Wirkung tritt ohne weiteres infolge des Fristablaufs ein, so daß dem Berechtigten ein (wenn auch nur allgemein menschlich bzw. moralisch) vorhaltbares Verhalten nicht angelastet werden kann. Es entfällt damit die Möglichkeit, daß das Arbeitsverhältnis und ggf. das Betriebsklima mit der Vorstellung des einen Partners belastet wird, der andere habe unredlich gehandelt.

Durch das Erlöschen des Rechtes mit Ablauf der Ausschlußfrist scheidet auch das in § 222 Abs. 2 BGB für die Verjährung geregelte Problem aus, daß eine in Unkenntnis des Fristablaufs noch bewirkte Leistung nicht zurückgefordert werden kann.

Diese Gesichtspunkte läßt der Vorschlag von *Gaul*[1] unberücksichtigt, anstelle der Verfallklauseln eine einheitliche und kurze gesetzliche Verjährungsregelung zu schaffen. Nicht von ungefähr haben daher auch die Tarifvertragspartner diesen Vorschlag ignoriert und darauf verzichtet,

---

[1] *Gaul*, Ausschlußfristen S. 93 ff., 95.

gem. § 225 BGB abgekürzte Verjährungsfristen an die Stelle der Ausschlußfristen zu setzen. Von den Voraussetzungen (keine Einrede, sondern Eintritt *ipso iure*) und von der Wirkung (Erlöschen des Rechtes) her ist die Verfallklausel besser als die Verjährung geeignet, Rechtsklarheit und Rechtssicherheit herbeizuführen. Mit Recht hat deshalb auch das BAG[2] ausgeführt, die unterschiedlichen rechtlichen Wirkungen von Verjährungs- und Ausschlußfristen zeigten, daß die Verfallklauseln das Ziel der Rechtssicherheit und Rechtsklarheit höher bewerten und besser erreichen als die Verjährungsvorschriften. Die meisten Ausschlußfristen brächten in kürzerer Frist und mit endgültiger Wirkung durch Erlöschen des Anspruches Rechtsklarheit. In Betracht kommt daher nur eine gesetzliche Regelung der Verfallklauseln, nicht aber die Änderung der gesetzlichen Verjährungsbestimmungen.

2. Grundlagen

Die Grundlagen eines Institutes „Ausschlußfrist" sind bereits im Verlaufe der Untersuchung gewonnen worden.

a) Inhalt des Rechts

Durch die Festlegung einer Ausschlußfrist wird der Inhalt des Rechtes bestimmt. Der Anspruch erlischt daher mit Ablauf der Ausschlußfrist, wenn er nicht rechtzeitig geltend gemacht wird. Die Ausschlußfrist enthält somit im Gegensatz zur Auffassung des BAG nicht „lediglich eine den Anspruch inhaltlich nicht berührende Befristung seiner Geltendmachung".

b) Gegenstand der Ausschlußfrist

Gegenstand der Ausschlußfrist sind gegenwärtig gemäß § 4 Abs. 4 Satz 3 TVG „tarifliche Rechte". Darunter sind entgegen der h. M. nur solche Rechte zu verstehen, die „tariflich entstanden" bzw. „tariflich erstarkt" sind. Das zwingt dazu, z. B. einheitliche Vergütungsansprüche „aufzuspalten", falls sie sich aus übertariflichen (aus Einzelvertrag entstandenen) und tariflichen Bestandteilen zusammensetzen. Diese unerfreuliche Konsequenz ist ein weiteres Argument für eine gesetzliche Regelung der Ausschlußfrist. Diese hat sich daher nicht auf „tarifliche Rechte" zu beschränken, sondern muß alle Rechte aus dem Arbeitsverhältnis erfassen (können). Damit wird der bisherige Gegenstand der Ausschlußfrist nicht erweitert, sondern nur gesetzlich legitimiert, da im Gegensatz zur hier vorgetragenen Ansicht die Rechtsprechung schon bis-

[2] BAG, AP Nr. 3 zu § 70 BAT (Ziff. I 4).

lang (aber zu Unrecht) auch die nicht tariflich begründeten Anspruchsteile unter die Ausschlußfrist fallen ließ.

Insbesondere sind einer gesetzlich geregelten Ausschlußfrist auch gesetzlich (zwingend) normierte Ansprüche zu unterwerfen, die einer tariflichen Ausschlußfrist entgegen der h. M. nicht unterfallen. Doch ist es möglich, daß der Gesetzgeber in derartigen gesetzlichen Sonderregelungen (vgl. BUrlG) die Anwendung der hier vorgeschlagenen allgemeinen Ausschlußfrist abweichend regelt oder ganz ausschließt.

c) Kenntnis

Wie bei der tariflichen Ausschlußfrist müssen auch bei der gesetzlichen Ausschlußfrist die Wirkungen ohne Rücksicht darauf eintreten, ob der Berechtigte von ihr Kenntnis hatte oder nicht. Unkenntnis über gesetzliche Regelungen kann hier — wie sonst — keine Bedeutung haben.

d) Berücksichtigung von Amts wegen

Die Versäumung der Ausschlußfrist ist vom Gericht von Amts wegen zu berücksichtigen. Eine „Berufung" auf den Ablauf der Frist durch den Verpflichteten ist nicht erforderlich; es liegt keine Einrede vor wie bei der Verjährung.

3. Einzelheiten

Ist somit das Rechtsinstitut der „Ausschlußfrist" in seinen Grundlagen skizziert, bleiben doch einige Einzelheiten für die gesetzliche Regelung im Arbeitsverhältnis zu klären.

a) Tarifgebundene und tariflich nicht gebundene Partner

Nach der dargestellten Bedeutung der tariflichen Ausschlußfristen für die Praxis kann es keinem Zweifel unterliegen, daß die gesetzliche Regelung für alle Partner eines Arbeitsverhältnisses zu gelten hat ohne Rücksicht darauf, ob sie tarifgebunden sind oder nicht. Insoweit wird der bestehende Rechtszustand nicht wesentlich verändert, da bereits heute durch Bezugnahme auf den einschlägigen Tarifvertrag die meisten Arbeitsverhältnisse tariflich nicht gebundener Partner Ausschlußfristen enthalten.

b) Arbeitgeber und Arbeitnehmer

Unproblematisch ist auch, daß die gesetzliche Ausschlußfrist für Arbeitnehmer und Arbeitgeber gelten muß. Das folgt schon daraus, daß beide Vertragspartner an der raschen Klärung ihrer rechtlichen Beziehungen interessiert sein müssen.

c) Streitige und unstreitige Ansprüche

Schwieriger ist dagegen die Frage zu beantworten, ob der Ausschlußfrist nur streitige oder auch unstreitige Ansprüche unterliegen sollen. „Rechtsfrieden durch Anspruchvernichtung" ist gewiß eine unerfreuliche Konsequenz, wenn unstreitig bestehende Ansprüche durch Fristablauf vernichtet werden. Doch liegt hier m. E. eine überspitzte Formulierung vor, die der Problematik nicht gerecht wird.

Wenn Einigkeit darüber besteht, daß es wünschenswert und notwendig ist, im Arbeitsverhältnis innerhalb eines überschaubaren Zeitraumes Klarheit über die ggf.[3] noch zu erfüllenden Ansprüche zu gewinnen, dann müssen der Ausschlußfrist auch unstreitige Ansprüche unterfallen. Denn wenn jeder Arbeitsvertragspartner weiß, daß *alle* Ansprüche aus dem Arbeitsverhältnis einer Ausschlußfrist unterliegen, trifft ihn die „Pflicht" zur Geltendmachung eines unstreitigen Anspruchs nicht sonderlich schwer. Im übrigen würde die gegenteilige Ansicht nur den Streit darüber provozieren, ob der Anspruch streitig oder unstreitig ist. In Anlehnung an die prozessuale Terminologie sollte ein unstreitiger Anspruch voraussetzen, daß der Verpflichtete ihn nicht bestritten hat. Das kann aber nur dann der Fall sein, wenn der Anspruch ihm gegenüber geltend gemacht worden ist. Damit löst sich dieses Problem von selbst. Denn daß der Berechtigte den Anspruch für unstreitig *hält*, kann ihn nicht der Notwendigkeit entheben, die Ausschlußfrist zu wahren.

d) Ansprüche aus dem Arbeitsverhältnis und solche, die damit in Zusammenhang stehen

Wenn *alle Ansprüche aus dem Arbeitsverhältnis* der Ausschlußfrist unterfallen, ist im Gegensatz zur Rechtsprechung des BAG darunter wirklich nur jeder Anspruch zu verstehen, der kraft Gesetzes oder vertraglicher Vereinbarung (Einzelarbeitsvertrag, Tarifvertrag, Betriebsvereinbarung) Inhalt des Arbeitsverhältnisses ist. Ansprüche aus anderen vertraglichen oder aus gesetzlichen Schuldverhältnissen gehören nicht dazu.

Das wirft die Frage auf, inwieweit derartige andere Ansprüche in die gesetzliche Regelung der Ausschlußfrist einzubeziehen sein könnten. In Betracht kommt das ohnehin nur, wenn die gesetzliche Regelung nicht nur „alle Ansprüche aus dem Arbeitsverhältnis" erfaßt, sondern auch

---

[3] D. h., wenn sie wirklich bestehen.

die Rechte, die „im Zusammenhang mit dem Arbeitsverhältnis" stehen. Diese in der Tarifpraxis bisweilen anzutreffende Formulierung[4] darf daher nicht so verstanden werden, daß alle nur irgendwie mit dem Arbeitsverhältnis in Verbindung zu bringenden Ansprüche der Ausschlußfrist unterfallen. Hier sind die in Betracht kommenden Anspruchsgrundlagen sorgfältig zu unterscheiden.

Der Anspruch aus unerlaubter Handlung steht insofern rechtlich im Zusammenhang mit dem Arbeitsverhältnis, als die unerlaubte Handlung in der Regel zugleich auch eine Verletzung der arbeitsvertraglichen Pflichten darstellt. Daß daher der Schadensersatzanspruch aus § 823 BGB mit dem Schadensersatzanspruch aus dem Arbeitsvertrag konkurriert, rechtfertigt jedoch nicht dessen Einbeziehung in die arbeitsvertragliche Ausschlußfrist. Denn sowohl das verletzte Recht als auch das sich auf die Verletzung dieses Rechts beziehende Verschulden haben im Fall einer positiven Forderungsverletzung einen anderen Inhalt als das verletzte Recht und das Verschulden bei einer unerlaubten Handlung[5]. Da die unerlaubte Handlung zudem häufig auch eine mit Strafe bedrohte Handlung ist, können hier die Überlegungen nicht eingreifen, die die arbeitsvertragliche Ausschlußfrist rechtfertigen. Diese beruht auf dem Gedanken, daß zwischen den Vertragspartnern innerhalb eines überschaubaren Zeitraumes Klarheit über die (vertragliche) Rechtslage bestehen soll. In diese Vorstellung paßt es nicht, auch Ansprüche aus unerlaubten und ggf. sogar strafbaren Handlungen nach einer relativ kurzen Zeit verfallen zu lassen. Zu Recht wenden daher einige Tarifverträge[6] ausdrücklich die Ausschlußfrist nicht auf Ansprüche aus unerlaubter Handlung an.

Grundlage für die Ausschlußfrist ist die vertragliche Beziehung der beteiligten Partner; über diese (vertragliche) Beziehung soll möglichst kurzfristig Rechtsklarheit herbeigeführt und Rechtsfrieden gestiftet werden. Auf den gesetzlichen Anspruch aus einer unerlaubten Handlung sind diese Überlegungen nicht anwendbar. Die Anspruchskonkurrenz allein stellt daher keinen rechtlich relevanten Zusammenhang des Anspruchs aus unerlaubter Handlung mit dem Arbeitsverhältnis her. Ein solcher Zusammenhang kann vielmehr nur auf die vertraglichen Beziehungen der Beteiligten gestützt werden.

Daher steht z. B. im Falle der Überzahlung von Vergütungen der Rückzahlungsanspruch aus ungerechtfertigter Bereicherung in einem

---

[4] Anhang Nr. 17, 31, 35, 53, 63, 68, 69, 86; s. a. BAG, AP Nr. 14, 30, 31, 33, 35, 38, 43, 44, 48, 50, 52, 61 zu § 4 TVG Ausschlußfristen; dazu s. *Hansjörg Weber*, SAE 1980, 125 (Ziff. II 1 g).

[5] *E. Wolf*, Anm. zu BAG, AP Nr. 49 zu § 4 TVG Ausschlußfristen (Ziff. V).

[6] Anhang Nr. 16, 47, 61, 99.

derartigen rechtlich relevanten Zusammenhang mit den arbeitsvertraglichen Beziehungen der Beteiligten. Denn die Mehrleistung ist mit der Willensrichtung erbracht worden, eine vertragliche Pflicht zu erfüllen. Der Rückzahlungsanspruch steht also im Zusammenhang mit den vertraglichen Beziehungen der Parteien, die durch die Ausschlußfrist geklärt werden sollen. Das gilt selbst dann, wenn die Leistung mit Erfüllungsabsicht in einem nicht oder nicht mehr wirksam bestehenden Arbeitsverhältnis erbracht worden ist. Auch hier geht es um die Klärung der Frage, ob aus dem Arbeitsverhältnis oder im Zusammenhang mit diesem noch Ansprüche zwischen den Partnern bestehen. Der arbeitsrechtlichen Ausschlußfrist unterliegen daher auch Ansprüche aus ungerechtfertigter Bereicherung, die aus fehlgeschlagenen Erfüllungshandlungen resultieren und insofern mit dem Arbeitsvertragsverhältnis in einem rechtlichen Zusammenhang stehen.

Eine solche rechtliche Verknüpfung kann sogar dann angenommen werden, wenn die arbeitsvertraglichen Beziehungen der Parteien damit verbundene weitere vertragliche Abreden zur Folge hatten. Hier ist insbesondere an Rechtsgeschäfte zu denken, die einen unmittelbaren Bezug zum Arbeitsverhältnis haben und auch in den Arbeitsvertrag integriert sein könnten. Werden aber z. B. die Verträge über die Gewährung eines „Arbeitgeber-Darlehens“, über die Vermietung einer „Werkswohnung“ oder über die Nutzung eines „Dienstwagens“ separat abgeschlossen, stehen die sich daraus ergebenden Ansprüche doch in einem derart engen rechtlichen Zusammenhang mit den arbeitsvertraglichen Beziehungen der Parteien, daß sich deren Interesse nach Rechtsklarheit und Rechtssicherheit auch auf diese Rechtsgeschäfte erstreckt.

Als Abgrenzungsmerkmal dafür, welche Ansprüche „im Zusammenhang mit dem Arbeitsverhältnis“ zu sehen sind, kommt daher nur die vertragliche Beziehung zwischen den Partnern des Arbeitsvertrages in Betracht. Alle Ansprüche, die diese Beziehung mittelbar betreffen, stehen mit dem Arbeitsverhältnis in Zusammenhang. Damit scheiden alle Ansprüche aus gesetzlichen Schuldverhältnissen aus, soweit sie nicht mittelbar das Arbeitsverhältnis und damit die vertragliche Beziehung der Parteien betreffen, wie z. B. die Ansprüche aus ungerechtfertigter Bereicherung oder aus *culpa in contrahendo*. In Anbetracht der Rechtsprechung des BAG scheint es sinnvoll, in der gesetzlichen Regelung der Ausschlußfrist ausdrücklich festzuhalten, daß Ansprüche aus unerlaubter Handlung nicht darunter fallen.

Die Erstreckung der gesetzlichen Ausschlußfrist auch auf solche Ansprüche, die derart mit dem Arbeitsverhältnis in Zusammenhang stehen, erscheint sinnvoll. Denn nur dadurch ist für die vertragliche Beziehung, um deren Rechtsklarheit es hier geht, in einem überschaubaren Zeitraum Rechtssicherheit und Rechtsfrieden herbeizuführen. Der mit der gesetzlichen Ausschlußfrist verfolgte Zweck würde nur unvollkommen erreicht, wenn sie nicht auch die Ansprüche erfaßte, die im hier erläuterten Sinn „in Zusammenhang mit dem Arbeitsverhältnis stehen".

e) Geltendmachung

Da der Geltendmachung eine besondere Bedeutung zukommt, muß sie schriftlich erfolgen. Die Geltendmachung ist eine einseitige empfangsbedürftige Willenserklärung. Der durch sie herbeigeführte rechtliche Erfolg besteht in der Erhaltung des Rechts, das sonst mit Fristablauf untergeht.

Schriftlichkeit ist deshalb erforderlich, weil die lediglich mündliche Geltendmachung im Betrieb vergessen werden oder sonst unbeachtet bleiben kann. Die Schriftform schützt dagegen beide Vertragspartner auch vor Beweisnot. Da zur Erfüllung des Formerfordernisses z. B. Arbeitszettel oder Überstundenbescheinigungen genügen, ist ein besonderer Aufwand nicht damit verbunden.

Das Formerfordernis der Schriftlichkeit ist für die Geltendmachung ausreichend. Die zweistufigen Ausschlußklauseln, die innerhalb einer weiteren Ausschlußfrist nach der Geltendmachung die klageweise Durchsetzung des Anspruches vorschreiben, stellen ein zu strenges (Form-) Erfordernis auf. Denn der Zweck der Ausschlußfrist, Rechtsklarheit in den vertraglichen Beziehungen der Parteien zu schaffen, wird bereits durch die (einfache) Ausschlußfrist erreicht. Hat der Berechtigte seinen Anspruch innerhalb dieser Frist geltend gemacht, so ist diese Rechtsklarheit gewonnen. Die weitere Frist zur Klageerhebung zwingt den Berechtigten, der auf die freiwillige Erfüllung durch den Verpflichteten hofft, das Vertragsverhältnis mit einem Rechtsstreit zu belasten. Zwar besteht für den Berechtigten stets dann die Notwendigkeit, sein Recht einzuklagen, wenn der Verpflichtete sich nach der Geltendmachung weigert zu leisten; er wird bei der zweistufigen Ausschlußfrist aber unnötigerweise gezwungen, sich hierüber kurzfristig schlüssig zu werden. Das liegt weder in seinem Interesse noch in dem des Verpflichteten, für den jetzt die Verjährungsfristen laufen.

Da eine gerichtliche Geltendmachung also nicht gefordert wird, lösen sich die damit zusammenhängenden Probleme von selbst. Der Arbeitnehmer muß wegen seiner Ansprüche aus § 615 BGB nicht mehr auf Leistung klagen, bevor der Kündigungsschutzprozeß rechtskräftig entschieden ist. Er hat seine Ansprüche vielmehr unabhängig vom gerichtlichen Feststellungsbegehren lediglich schriftlich einzufordern. Dies muß er andererseits aber auch tun, da die Kündigungsschutzklage entgegen der Rechtsprechung des BAG nicht als (schriftliches) Geltendmachen des Zahlungsanspruchs angesehen werden kann.

Die Geltendmachung hat dem Arbeitsvertragspartner gegenüber zu erfolgen, da sich der Anspruch gegen ihn richtet. Als empfangsberechtigt für den Arbeitgeber gelten aber auch alle von ihm dazu bevollmächtigten Mitarbeiter.

Der Anspruch kann nur vom Berechtigten selbst geltend gemacht werden. Die in einigen Tarifverträgen[7] enthaltene Bestimmung, daß auch der Betriebsrat befugt ist, dies für den Berechtigten zu tun, ist nicht in den Gesetzesvorschlag aufzunehmen. Der Berechtigte ist dadurch nicht gehindert, sich (ggf. von einem Betriebsratsmitglied) vertreten zu lassen.

Die wirksame Geltendmachung setzt nur voraus, daß der Grund (Sachverhalt; z. B. aus „Mehrarbeit") angegeben wird, aus dem der Anspruch sich ergeben soll. Eine rechtliche Qualifizierung des Anspruchs und eine (auch nur „annähernde") Bezifferung seiner Höhe sind nicht erforderlich.

f) Fristen

Bei der Überlegung, welche Frist die gesetzliche Verfallklausel enthalten soll, sind die Differenzierungen zu beachten, die sich in der Tarifpraxis durchgesetzt haben.

Es erscheint einleuchtend, daß die Nebenansprüche, wie z. B. auf Zuschläge für Mehr-, Spät-, Nacht-, Sonntags- und Feiertagsarbeit einer kürzeren Ausschlußfrist unterliegen als „alle übrigen Ansprüche". Geht man davon aus, daß die Fristen „angemessen" sein müssen, liegt es nahe, eine Kombination zu wählen, der in der Praxis der Vorzug gegeben worden ist. Doch finden sich in jeweils 10 der im Anhang abgedruckten Tarifverträge Ausschlußfristen von 1 Monat für Nebenansprüche und 3 Monaten für alle sonstigen[8] und von 2 Monaten für Nebenansprüche und 3 Monaten für alle sonstigen[9]. Während danach also 3 Monate für alle übrigen Ansprüche als angemessen zu betrachten sind, muß für die Nebenansprüche überlegt werden, ob sie bereits nach 1 Monat oder erst nach 2 Monaten verfallen sollen. Da Gegenstand dieser Nebenansprüche regelmäßig vorübergehende Sonderleistungen sind, könnte man daran denken, die Frist zur Geltendmachung mit 1 Monat festzulegen, da dem Berechtigten zuzumuten ist, innerhalb dieser Frist die Vergütung für diese Sonderleistung geltend zu machen. Andererseits darf nicht übersehen werden, daß 1 Monat eine recht kurze Zeitspanne darstellt und die Rechtsfolge des Anspruchsverlustes schwer wiegt. Es

---

[7] Anhang Nr. 2, 3, 61, 93.

[8] Anhang Nr. 3, 19, 51, 66, 67, 77, 80, 82, 83, 86.

[9] Anhang Nr. 8, 9, 24, 27, 47, 62, 76, 81, 84, 87.

erscheint daher angemessen, die Ausschlußfrist für derartige Nebenansprüche auf 2 Monate festzulegen.

Eine Sonderregelung ist auch für den Urlaubsanspruch zu treffen. Hier findet sich in der Tarifpraxis[10] die Formulierung, daß die Urlaubsansprüche nach 3 Monaten seit Ablauf des Urlaubsjahres verfallen. Das erscheint angemessen und gilt dann auch für den Anspruch auf Urlaubsgeld und Urlaubsabgeltung.

Als sinnvoll erscheint ferner die Tarifpraxis, eine Ausschlußfrist für die Geltendmachung der Ansprüche auch nach der Beendigung des Arbeitsverhältnisses vorzusehen. Denn gerade nach der Beendigung des Arbeitsverhältnisses ist beiden Parteien daran gelegen, alsbald Klarheit über die (vollständige) Beendigung ihrer vertraglichen Beziehung zu erlangen. Doch erscheint auch hier die häufig gesetzte Frist von 1 Monat[11] als allzu kurz, wenn man bedenkt, welche tatsächliche und damit insbesondere zeitliche Belastung die Beendigung eines Arbeitsverhältnisses und damit die Suche nach und ggf. das Hineinfinden in ein neues Arbeitsverhältnis für den Arbeitnehmer bedeutet. Deshalb ist auch in diesem Fall eine Ausschlußfrist von 2 Monaten angemessen[12].

Durch diese wenigen gesetzlichen Fristen wird nicht nur das Problem der vielen uneinheitlichen tariflichen Ausschlußfristen gelöst, sondern auch das mit der Inhaltskontrolle für extrem kurze Fristen verbundene; ebenso werden die mit der „engen“ Auslegung der Verfallklauseln zusammenhängenden Schwierigkeiten hinfällig.

g) Hemmung der Ausschlußfrist

In einer Reihe von Tarifverträgen wird eine Hemmung der Ausschlußfrist bei Erkrankung[13], Kur- oder Heilverfahren[14], im Urlaub[15] oder dann angenommen, wenn der Berechtigte durch Unfall oder höhere Gewalt[16] an der rechtzeitigen Geltendmachung gehindert ist. Die Übernahme einer derartigen Bestimmung in die gesetzliche Regelung ist jedoch angesichts der hier als angemessen betrachteten Ausschlußfristen nicht erforderlich. Die kürzeste Frist beträgt danach 2 Monate. Selbst wenn in diese Zeit eine Erkrankung, ein Kuraufenthalt oder ein anderes der genannten Ereignisse fällt, bedarf es einer solchen Ausnahmerege-

---

10 Anhang Nr. 54, 56, 60, 97, 99.

11 Anhang Nr. 24, 30, 38, 44, 46, 49—51, 61, 64—66, 70, 85.

12 Anhang Nr. 3, 4, 12, 20, 27, 43, 47, 54, 56, 59, 60, 75, 96.

13 Anhang Nr. 10, 11, 13, 17, 18, 20, 21, 22.

14 Anhang Nr. 13.

15 Anhang Nr. 10, 11, 17, 20, 21.

16 Anhang Nr. 12, 61, 62, 76, 77, 80, 81, 84, 85, 87—93.

lung nicht. Hier genügen vielmehr die allgemeinen Vorschriften über die Versäumung von Fristen. Daher brauchen ebenfalls Tarifklauseln[17] inhaltlich nicht in den Gesetzesvorschlag aufgenommen zu werden, die auch noch nach Ablauf der Ausschlußfrist eine Geltendmachung der Ansprüche zulassen, wenn die Berufung (!) auf die Ausschlußfrist wegen des Vorliegens besonderer Umstände eine unzulässige Rechtsausübung ist.

4. Gesetzesvorschlag

Der für arbeitsrechtliche Rechte (insbesondere: Ansprüche) erarbeitete Vorschlag einer gesetzlichen Ausschlußfrist könnte als § 619 a BGB eingefügt werden. Er würde dann am Ende der Regelungen über Rechte und Pflichten aus dem Dienstverhältnis und vor den Bestimmungen über das Ende des Dienstverhältnisses placiert sein. Wenn auch im § 611 ff. BGB das Dienstverhältnis geregelt ist, kann gleichwohl die hier vorgeschlagene Regelung den Terminus Arbeitsverhältnis enthalten. Denn auch § 622 BGB enthält beispielsweise im Rahmen der Bestimmungen über das Dienstverhältnis eine Regelung, die das Arbeitsverhältnis betrifft.

Der vorgeschlagene Gesetzestext lautet somit:

§ 619 a BGB (Ausschlußfrist)

I. Soweit nicht ein anderes gesetzlich bestimmt ist, müssen alle Rechte aus dem Arbeitsverhältnis und solche, die mit ihm in einem rechtlichen Zusammenhang stehen, innerhalb folgender Ausschlußfristen schriftlich unter Angabe des Grundes beim Vertragspartner geltend gemacht werden:

a) Ansprüche auf Nebenleistungen wie z. B. auf Zuschläge für Schicht-, Mehr-, Spät-, Nacht-, Sonntags- und Feiertagsarbeit innerhalb von 2 Monaten nach ihrer Fälligkeit;

b) der Urlaubsanspruch innerhalb von 3 Monaten nach Ablauf des Urlaubsjahres;

c) alle übrigen Ansprüche innerhalb von 3 Monaten nach ihrer Fälligkeit;

d) im Falle der Beendigung des Arbeitsverhältnisses alle Ansprüche innerhalb von 2 Monaten nach der Beendigung.

II. Ansprüche aus unerlaubter Handlung fallen nicht unter diese Ausschlußfristen.

5. Gesetzesänderungen

Durch die Einführung dieser neuen Gesetzesbestimmung würde der Gesetzgeber gezwungen, über abweichende gesetzliche Ausschlußfristen

[17] Anhang Nr. 64, 70, 71, 72, 74, 75, 83.

für Ansprüche aus besonderen arbeitsrechtlichen Gesetzen nachzudenken (vgl. z. B. § 141 e Abs. 1 Satz 2 AFG)[18].

Soweit für (zwingende) gesetzliche Ansprüche bislang eine eigene Ausschlußfrist fehlt, muß überlegt werden, ob sie neu zu schaffen ist, oder ob auch derartige Ansprüche der allgemeinen Ausschlußfrist unterfallen sollen.

Als notwendig erweist es sich jedenfalls, in § 2 Abs. 1 Nr. 3 lit. a ArbGG die Worte anzufügen *„oder im Zusammenhang damit"*, um klarzustellen, daß z. B. auch für den Rückzahlungsanspruch aus ungerechtfertigter Bereicherung wegen überzahlter Vergütung o. ä. die Arbeitsgerichte zuständig sind.

In § 4 Abs. 4 TVG ist Satz 3 zu streichen.

In § 77 Abs. 4 BetrVG wird Satz 3 geändert in:

> „Die Abkürzung der Verjährungsfristen ist für sie nur in einem Tarifvertrag oder einer Betriebsvereinbarung zulässig."

Die bisher in Satz 3 enthaltene Regelung über Ausschlußfristen entfällt, da nach der hier vorgeschlagenen gesetzlichen Regelung besondere Ausschlußfristen im Arbeitsrecht nur noch in Gesetzen vorgesehen und nicht mehr in Tarifverträgen, Betriebsvereinbarungen oder Arbeitsverträgen vereinbart werden können.

---

[18] Dazu s. *Schneider*, BB 1978, 1172 ff.

ANHANG

Ausschlußfristen in 100 Tarifverträgen

Nr. 1

Manteltarifvertrag für die holz- und kunststoffverarbeitende Industrie und das holz- und kunststoffverarbeitende Handwerk für Arbeiter, Angestellte und Auszubildende (Stand: Juni 1980).

§ 13

Geltendmachung und Verwirkung von Ansprüchen

1. Der Arbeitnehmer ist zur sofortigen Nachprüfung des ausgezahlten Lohnbetrages verpflichtet. Stimmt der Geldbetrag mit dem Lohnnachweis nicht überein, so hat der Arbeitnehmer dies sofort dem Auszahlenden zu melden; später erfolgende Reklamationen werden nicht berücksichtigt.

   Bei bargeldloser Entgeltzahlung sind Reklamationen innerhalb einer Frist von 2 Monaten seit Gutschriftsdatum fällig.

2. Einwendungen gegen die rechnerische Richtigkeit der Lohnabrechnung sind nur dann zu berücksichtigen, wenn sie spätestens bis zum Ablauf des nächsten Abrechnungszeitraumes vorgebracht werden.

3. Die Geltendmachung von Ansprüchen aus dem Arbeitsverhältnis ist ausgeschlossen, wenn seit Fälligkeit

   a) bei Ansprüchen aus Mehrarbeit, Nacht-, Sonn- und Feiertagsarbeit, auf Zahlung von Zulagen jeder Art und auf Rückzahlung von Barauslagen 2 Monate

   b) bei allen sonstigen Ansprüchen 6 Monate

   verstrichen sind.

   Nach Ablauf der angeführten Fristen sind die Ansprüche verwirkt, es sei denn, daß sie jeweils dem anderen Teil gegenüber vorher schriftlich geltend gemacht worden sind. Die Geltendmachung kann auch im Auftrag des Arbeitnehmers durch den Betriebsrat mündlich erfolgen.

Nr. 2

Manteltarifvertrag für die Holzindustrie, die kunststoffverarbeitende Industrie und das holz- und kunststoffverarbeitende Handwerk im nordwestdeutschen Raum der Bundesrepublik Deutschland für Arbeiter, Angestellte und Auszubildende (Stand: Juni 1980).

Geltendmachung und Verwirkung von Ansprüchen aus dem Arbeitsverhältnis

111. Der Arbeitnehmer ist zur sofortigen Nachprüfung des ausgezahlten Entgeltbetrages verpflichtet. Stimmt der Geldbetrag mit

dem Entgeltnachweis nicht überein, so hat der Arbeitnehmer dies sofort dem Auszahlenden zu melden; später erfolgende Reklamationen werden nicht berücksichtigt.

112. Einwendungen gegen die Richtigkeit der Entgeltabrechnung sind nur dann zu berücksichtigen, wenn sie spätestens innerhalb einer Woche nach Feststellung der Unrichtigkeit vorgebracht werden.

113. Zuviel gezahltes Entgelt kann der Arbeitgeber zurückfordern oder nachträglich verrechnen, sofern dieser Anspruch eine Woche nach Feststellung des Irrtums angezeigt wird.

114. Die Verwirkungsbestimmungen der Ziffern 116 und 117 bleiben unberührt.

115. Über die Art der Tilgung der Rückzahlungsverpflichtungen soll zwischen den Beteiligten eine Abmachung getroffen werden, die auf die Bedürfnisse des Arbeitnehmers weitgehend Rücksicht nimmt.

116. Ansprüche aus Mehrarbeit, Nachtarbeit, Sonn- und Feiertagsarbeit, auf Zahlung von Zulagen jeder Art und auf Rückzahlung von Barauslagen sind spätestens zwei Monate, alle übrigen gegenseitigen Ansprüche sechs Monate nach Fälligkeit geltend zu machen.

117. Nach Ablauf der angeführten Fristen sind die Ansprüche verwirkt, es sei denn, daß sie vorher dem anderen Teil gegenüber schriftlich (z.B. auf dem Arbeitszettel) geltend gemacht worden sind.

118. Die Ansprüche der Arbeitnehmer können auch über den Betriebsrat schriftlich oder durch Protokoll geltend gemacht werden.

Nr. 3

Manteltarifvertrag für die holz- und kunststoffverarbeitende Industrie in Rheinland-Pfalz für Arbeiter, Angestellte und Auszubildende (Stand: Juni 1980).

Geltendmachung und Verwirkung von Ansprüchen

96. (1) Der Arbeitnehmer ist zur sofortigen Nachprüfung des ausgezahlten Lohn- bzw. Gehaltsbetrages verpflichtet. Stimmt der Geldbetrag mit dem Lohnnachweis nicht überein, so hat der Arbeitnehmer dies sofort dem Auszahlenden zu melden. Spätere Einwendungen werden nicht berücksichtigt.

(2) Bei bargeldloser Entgeltzahlung sind Reklamationen innerhalb einer Frist von zwei Monaten seit Gutschriftdatum fällig.

97. Einwendungen gegen die rechnerische Richtigkeit der Lohnabrechnung, zu der auch die Richtigkeit der Abzüge gehört, sind nur dann zu berücksichtigen, wenn sie spätestens bis zum Ablauf der nächsten fünf Wochen vorgebracht werden.

98. (1) Ansprüche aus Mehrarbeit, Nachtarbeit, Sonn- und Feiertagsarbeit, auf Zahlung von Zulagen aller Art und auf Erstattung von Barauslagen sind spätestens einen Monat, alle übrigen gegenseitigen Ansprüche drei Monate nach Fälligkeit geltend zu machen.

(2) Scheidet der Arbeitnehmer aus dem Betrieb aus, so hat er Ansprüche aller Art aus dem Beschäftigungsverhältnis innerhalb einer Frist von zwei Monaten seit dem Ausscheiden schriftlich geltend zu machen.

99. Nach Ablauf der angeführten Fristen sind die Ansprüche verwirkt, es sei denn, daß sie jeweils dem anderen Teil gegenüber vorher schriftlich geltend gemacht worden sind. Die Geltendmachung kann auch im Auftrag des Arbeitnehmers durch den Betriebsrat erfolgen.

Nr. 4

Manteltarif für die Holzindustrie und Kunststoffverarbeitung in Baden-Württemberg, für das Schreinerhandwerk in Baden-Württemberg und für das Glaserhandwerk in Baden-Württemberg für Arbeiter, Angestellte und Auszubildende (Stand: Juni 1980).

§ 14

Verwirkung von Ansprüchen

1. Der Arbeitnehmer ist zur sofortigen Nachprüfung der Entgeltabrechnung und des ausbezahlten bzw. überwiesenen Geldbetrages verpflichtet. Stimmt der Geldbetrag mit der Entgeltabrechnung nicht überein, so hat der Arbeitnehmer dies dem Auszahlenden unverzüglich mitzuteilen. Einwendungen gegen die Richtigkeit der Entgeltabrechnung müssen sofort, spätestens innerhalb von 3 Arbeitstagen vorgebracht werden.

2. Ansprüche auf Zuschläge und Zulagen jeder Art und auf Rückzahlung von Barauslagen sind innerhalb von 2 Monaten, gerechnet von dem Tag, an welchem dem Arbeitnehmer die Abrechnung für den betreffenden Abrechnungszeitraum ausgehändigt wurde, alle übrigen Ansprüche innerhalb von 4 Monaten nach Fälligkeit schriftlich geltend zu machen.
Bei Ausscheiden aus dem Betrieb hat der Arbeitnehmer Ansprüche aller Art aus dem Arbeitsverhältnis innerhalb einer Frist von 2 Monaten seit seinem Ausscheiden schriftlich geltend zu machen.

3. Diese Fristen sind Ausschlußfristen. Ansprüche, die nicht vor Ablauf dieser Fristen geltend gemacht werden, erlöschen.

4. Für Ansprüche des Arbeitgebers gegenüber dem Arbeitnehmer aus dem Arbeitsverhältnis gelten die Bestimmungen der Ziffern 1 bis 3 entsprechend.

Nr. 5

Manteltarifvertrag für das Berliner Holzgewerbe - Arbeiter (Stand: Juni 1980).

105. Alle gegenseitigen Ansprüche aus dem Arbeitsverhältnis verwirken, falls sie nicht innerhalb von 2 Monaten nach Fälligkeit schriftlich geltend gemacht werden.

Urlaubsansprüche sind spätestens bis zum 31. März des Folgejahres - bei Beendigung des Arbeitsverhältnisses innerhalb von 3 Monaten - schriftlich geltend zu machen.

Die Geltendmachung dieser Ansprüche kann auch in Vertretung des Arbeitnehmers durch die für ihn zuständige Tarifpartei dem Arbeitgeber gegenüber erfolgen.

Werden die Ansprüche - ausgenommen Urlaubsansprüche - trotz rechtzeitiger Geltendmachung nicht erfüllt, so sind sie mit einer Ausschlußfrist von 6 Monaten nach Beendigung des Arbeitsverhältnisses gerichtlich geltend zu machen.

Nr. 6

Manteltarif für die holzverarbeitende Industrie für Arbeiter, Angestellte und Auszubildende im Saarland (Stand: Juni 1980).

Geltendmachung und Verwirkung von Ansprüchen

75. Alle gegenseitigen Ansprüche aus dem Arbeitsverhältnis verwirken, falls sie nicht innerhalb von 3 Monaten nach Fälligkeit schriftlich geltend gemacht werden.

Nr. 7

Manteltarifvertrag für den Bereich der Säge- und Holzverarbeitungsindustrie, Holzhandlungen sowie verwandter Industriezweige, sowie für die Möbelindustrie, die Unternehmen der holzverarbeitenden Industrie einschließlich Kunststoffverarbeitung sowie verwandter Industriezweige für Arbeiter, Angestellte und Auszubildende in Bayern (Stand: Juni 1980).

§ 13

Verwirkung von Ansprüchen

1. Der Arbeitnehmer ist zur Nachprüfung seiner Lohn- bzw. Gehaltsabrechnung und des ausgezahlten Lohn- bzw. Gehaltsbetrages verpflichtet. Stimmt der Geldbetrag mit dem Lohn- bzw. Gehaltsnachweis nicht überein, so hat der Arbeitnehmer dies sofort dem Arbeitgeber zu melden. Einwände gegen die Richtigkeit der Lohn- bzw. Gehaltsabrechnung sind im Laufe der darauffolgenden Kalenderwoche vorzunehmen.

2. Ansprüche aus Mehrarbeit, Nachtarbeit, Sonn- und Feiertagsarbeit, auf Zahlung von Zulagen jeder Art und Rückzahlung von Barauslagen sind spätestens 2 Monate, alle übrigen gegenseitigen Ansprüche 6 Monate nach Fälligkeit geltend zu machen.

3. Nach Ablauf der angeführten Fristen sind die Ansprüche verwirkt, es sei denn, daß sie dem Arbeitgeber oder seinem Beauftragten gegenüber vorher schriftlich (z.B. auf Arbeitszettel) oder durch den Betriebsrat (mündlich oder schriftlich) geltend gemacht worden sind.

4. Ansprüche aus dem Tarifvertrag über vermögenswirksame Leistungen verwirken spätestens am 31. März des auf die Anspruchsbegründung folgenden Jahres.

Nr. 8

Bundesmanteltarifvertrag für die Sägeindustrie und übrige Holzbearbeitung (BMS) für Arbeiter, Angestellte und Auszubildende (Stand: Juni 1980).

Geltendmachung und Verwirkung
von Ansprüchen

103. Der Arbeitnehmer ist zur sofortigen Nachprüfung des ausgezahlten Arbeitsentgelts verpflichtet. Stimmt der Geldbetrag mit dem Arbeitsentgeltnachweis nicht überein, so hat der Arbeitnehmer dies sofort dem Auszahlenden zu melden. Spätere Einwendungen werden nicht berücksichtigt.

104. Einwendungen gegen die rechnerische Richtigkeit der Arbeitsentgeltabrechnung sind nur dann zu berücksichtigen, wenn sie spätestens bis zum Ablauf der nächsten Arbeitswoche erhoben werden.

105. Einwendungen gegen die Richtigkeit der rechnerischen Grundlagen der Arbeitsentgeltabrechnung sind nur dann zu berücksichtigen, wenn sie innerhalb einer Woche nach Feststellung des Irrtums vorgebracht werden.

106. Ansprüche aus Mehrarbeit, Nachtarbeit, Sonn- und Feiertagsarbeit, auf Zahlung von Zulagen jeder Art und auf Erstattung von Barauslagen sind spätestens zwei Monate nach Fälligkeit geltend zu machen.

107. Alle sonstigen gegenseitigen Ansprüche sind innerhalb einer Frist von 3 Monaten nach Fälligkeit geltend zu machen und im Falle der Ablehnung durch die andere Partei innerhalb einer Frist von 2 Monaten beim Arbeitsgericht einzuklagen.

108. Nach Ablauf der angeführten Fristen sind die Ansprüche verwirkt, es sei denn, daß sie vorher durch den Arbeitnehmer oder den Betriebsrat schriftlich geltend gemacht bzw. eingeklagt worden sind.

Die Ausschlußfristen gelten nicht für beiderseitige Schadensersatzansprüche sowie für beiderseitige nachwirkende Ansprüche aus dem Arbeitsverhältnis.

Nr. 9

Manteltarifvertrag für die Angestellten in Betrieben der holzverarbeitenden Industrie und der Polstermöbelindustrie in Berlin (Stand: Juni 1980).

Erlöschen von Ansprüchen

65. Der Angestellte ist zur Nachprüfung der Gehaltsabrechnung und des ausgezahlten Geldbetrages verpflichtet.

66. Stimmt der Geldbetrag mit dem Gehaltsnachweis nicht überein oder ist die Gehaltsabrechnung unrichtig, so hat der Angestellte dies unverzüglich dem Auszahlenden zu melden.

67. Vergütungen für Mehr-, Nacht-, Sonn- und Feiertagsarbeit sind – soweit nicht eine Pauschalvergütung vereinbart worden ist – spätestens am Schluß des folgenden Monats mit dem Gehalt auszuzahlen.

Der Anspruch auf diese Vergütung entfällt zwei Monate nach erfolgter Abrechnung für den Monat, in dem diese Arbeiten geleistet wurden, es sei denn, daß er schriftlich vom Angestellten beim Arbeitgeber geltend gemacht worden ist.

68. Urlaubsansprüche sind spätestens bis zum 31. März des Folgejahres - bei Beendigung des Arbeitsverhältnisses innerhalb von drei Monaten - schriftlich geltend zu machen. Alle übrigen Ansprüche aufgrund dieses Tarifvertrages verfallen innerhalb einer Ausschlußfrist von sechs Monaten nach ihrer Entstehung, es sei denn, daß sie vom Angestellten schriftlich geltend gemacht wurden.

Nr. 10

Manteltarifvertrag der Obst- und Gemüseverwertungsindustrie, Bundesgebiet, vom 10. 5. 1980.

§ 15

Ausschlußfrist

Gegenseitige Ansprüche aller Art aus dem Beschäftigungsverhältnis sind innerhalb einer Ausschlußfrist von 3 Monaten seit Entstehen des Anspruches geltend zu machen. Der Lauf der Ausschlußfrist ist im Falle der Arbeitsunfähigkeit des Arbeitnehmers gehemmt bis zum Tage der Wiederherstellung der Arbeitsfähigkeit sowie während des Urlaubs. Auf diese Bestimmung des Tarifvertrages hat die Betriebsleitung durch ständigen Aushang am Schwarzen Brett besonders hinzuweisen.

Nr. 11

Manteltarifvertrag für die Brot- und Backwarenindustrie in Hamburg/ Schleswig-Holstein vom 15. 3. 1977.

§ 14

Ausschlußfristen

Ansprüche aus dem Arbeitsverhältnis sind innerhalb einer Frist von drei Monaten seit Entstehung geltend zu machen. Nach Ablauf dieser Frist ist die Geltendmachung von Ansprüchen ausgeschlossen.

Der Lauf dieser Ausschlußfristen ist bei Erkrankung oder Uraub des Arbeitnehmers gehemmt bis zum Tage der Wiederaufnahme der Arbeit.

Nr. 12

Manteltarifvertrag für das Hotel- und Gaststättengewerbe in Nordrhein-Westfalen vom 22. 12. 1977.

§ 24

Ausschlußfristen

1. Forderungen wegen Mehrarbeit, falscher tariflicher Einstufung und Kost und Wohnung verfallen, wenn sie nicht 3 Monate nach Fälligkeit, alle beiderseitigen sonstigen Ansprüche, wenn sie nicht 10 Monate nach Fälligkeit geltend gemacht worden sind. Beim Ausscheiden aus dem Betrieb verfallen alle Ansprüche nach 2 Monaten.

2. Die Verfallfrist ist gehemmt, solange der Arbeitnehmer durch höhere Gewalt oder unabwendbaren Zufall an der Geltendmachung seiner Ansprüche gehindert ist.

Nr. 13

Manteltarifvertrag für die Cigarettenindustrie des Bundesgebietes vom 18. 12. 1975.

§ 15

Ausschlußfrist

1. Gegenseitige Ansprüche aller Art aus dem Arbeitsverhältnis sind schriftlich oder protokollarisch oder über den Betriebsrat innerhalb einer Ausschlußfrist von 3 Monaten seit Fälligkeit des Anspruches bei dem Anspruchsgegner geltend zu machen.

2. Die Ausschlußfrist wird gehemmt durch Arbeitsunfähigkeit bzw. eine Kur oder ein Heilverfahren des Arbeitnehmers, längstens jedoch bis zur Lösung des Arbeitsverhältnisses.

Nr. 14

Manteltarifvertrag der Süßwarenindustrie vom 23. 03. 1979.

§ 14

Ausschlußfrist

Gegenseitige Ansprüche aller Art aus dem Arbeitsverhältnis sind innerhalb einer Ausschlußfrist von drei Monaten seit Fälligkeit geltend zu machen.

Der Lauf der Ausschlußfrist ist in Fällen der Erkrankung des Arbeitnehmers gehemmt bis zum Tage der Wiederherstellung der Arbeitsfähigkeit.

Nr. 15

Manteltarifvertrag für die Milchindustrie in Bayern vom 27.9.1979.

§ 22

Ausschlußfristen

Alle Ansprüche aus dem Arbeitsverhältnis, insbesondere auf Zahlung von Zuschlägen oder aus unzutreffender Einstufung in die Berufsgruppen, sind innerhalb einer Ausschlußfrist von 6 Monaten nach Fälligkeit geltend zu machen.

Die Ausschlußfrist gilt nicht, wenn das tarifliche Entgelt unterschritten wurde oder der Arbeitnehmer keine ordnungsgemäße Abrechnung gemäß § 8 Ziffer 4 erhalten hat.

Nr. 16

Manteltarifvertrag für die milchbe- und verarbeitenden Betriebe (Molkereien) in Hessen vom 14. 4. 1978.

§ 26

Ausschlußfristen

Gegenseitige Ansprüche aus dem Arbeitsverhältnis gelten als verwirkt, wenn sie nicht innerhalb von 3 Monaten nach Fälligkeit geltend gemacht werden.

Ansprüche aus unerlaubten Handlungen unterliegen nicht der Verwirkung.

Nr. 17

Manteltarifvertrag für die Fischindustrie in Bremerhaven vom 14. 05. 1980.

§ 19

Ausschlußfrist

Alle gegenseitigen Ansprüche, die mit dem Arbeitsverhältnis im Zusammenhang stehen, sind folgendermaßen geltend zu machen:

a) Ansprüche auf Zuschläge aller Art innerhalb von sechs Wochen nach Ablauf des Abrechnungszeitraumes, für den sie hätten abgerechnet werden müssen;

b) alle übrigen Ansprüche innerhalb von drei Monaten nach ihrer Fälligkeit.

Ansprüche, die nicht innerhalb dieser Frist schriftlich geltend gemacht werden, sind verwirkt.

Der Lauf dieser Ausschlußfrist ist bei Urlaub und Erkrankung des Arbeitnehmers gehemmt bis zum Tage der Wiederaufnahme der Arbeit.

Nr. 18

Manteltarifvertrag für die Kühlhäuser und Eisfabriken in Bayern vom 17. 10. 1977.

§ 15

Ausschlußfristen

Alle Ansprüche - insbesondere auf Zahlung von Zuschlägen - sind innerhalb einer Ausschlußfrist von 3 Monaten, Ansprüche wegen unrichtiger Einstufung in die Berufsgruppen innerhalb einer Ausschlußfrist von 6 Monaten nach Fälligkeit geltend zu machen.

Die Ausschlußfrist gilt nicht, wenn dem Arbeitsverhältnis nicht der Lohn-/Gehaltstarifvertrag zugrunde gelegt oder dem Arbeitnehmer keine Lohn-/Gehaltsabrechnung gemäß § 8 Ziffer 6 ausgehändigt wurde.

Für die Dauer der Arbeitsunfähigkeit ist die Ausschlußfrist für den Arbeitnehmer gehemmt.

Nr. 19

Manteltarifvertrag für die Berliner Fleischwaren- und Feinkostindustrie vom 30. 05. 1978.

§ 13

Verjährung und Ausschlußfristen

1. Ansprüche auf Bezahlung von Mehrarbeitsvergütungen und Zuschlägen jeder Art müssen innerhalb von einem Monat nach Fälligkeit bzw. nach der letzten Abrechnung geltend gemacht werden, anderenfalls sie verwirkt sind.

2. Alle übrigen Ansprüche aus dem Arbeitsverhältnis sind drei Monate nach Fälligkeit verwirkt.

3. Stimmt bei Lohn-/Gehaltszahlungen der ausgezahlte Geldbetrag mit der Abrechnung (Lohn-/Gehaltsstreifen) nicht überein, dann muß das sofort bei Auszahlung beanstandet werden. Ist die Abrechnung selbst unrichtig, so muß sie spätestens am dritten des auf den Zahltag folgenden Arbeitstag beanstandet werden.

4. In Betrieben, in denen dieser Manteltarifvertrag nicht durch Aushang bekanntgemacht wird, gelten die Verwirkungen des § 13 nicht.

Nr. 20

Rahmenmanteltarifvertrag für die Ernährungsindustrie in Baden-Württemberg vom 20. 06. 1979.

§ 12

Ausschlußfristen

1. Alle Ansprüche von Arbeitnehmer und Arbeitgeber aus dem Arbeitsverhältnis sind innerhalb einer Ausschlußfrist von drei Monaten seit Entstehen des Anspruchs geltend zu machen. Der Lauf der Ausschlußfrist ist während des Urlaubs und bei Erkrankung des Arbeitnehmers bis zum Tage der Wiederherstellung der Arbeitsfähigkeit gehemmt.

2. Nach Beendigung des Arbeitsverhältnisses können Ansprüche von Arbeitgeber und Arbeitnehmer nur innerhalb einer Ausschlußfrist von zwei Monaten geltend gemacht werden.

3. Der Arbeitgeber ist verpflichtet, auf diese Ausschlußfristen durch Aushang am schwarzen Brett hinzuweisen. Unterbleibt der Aus-

hang, so gelten die Verjährungsfristen des BGB.

Nr. 21

Manteltarifvertrag für die Handelsmühlen in Hamburg/Schleswig-Holstein vom 14. 03. 1977.

§ 14

Ausschlußfrist

1. Beiderseitige Ansprüche aller Art aus dem Beschäftigungsverhältnis sind innerhalb einer Ausschlußfrist von 3 Monaten seit Entstehen des Anspruchs geltend zu machen.

2. Nach Ablauf dieser Frist ist die Geltendmachung von Ansprüchen ausgeschlossen.

3. Der Lauf der Ausschlußfrist ist bei Urlaub oder Erkrankung des Arbeitnehmers gehemmt bis zum Tage der Wiederaufnahme der Arbeit.

Nr. 22

Manteltarifvertrag für die Spirituosenindustrie und die Kornbrennereien in Niedersachsen vom 08. 10. 1980.

§ 13

Ausschlußfristen

Gegenseitige Ansprüche aller Art (z.B. auf rückständigen Lohn (Gehalt), aus Leistung von Mehrarbeit usw.) aus dem Beschäftigungsverhältnis sind innerhalb einer Ausschlußfrist von drei Monaten seit Entstehung des Anspruches geltend zu machen. Der Lauf der Ausschlußfrist ist im Fall der Erkrankung des Arbeitnehmers gehemmt bis zum Tage der Wiederherstellung der Arbeitsfähigkeit.

Nr. 23

Manteltarifvertrag für die Brauereien des Saarlandes vom 06.11.1978.

§ 19

Ausschlußfristen

Ansprüche aus dem Arbeitsverhältnis gelten als verwirkt, wenn sie nicht innerhalb von drei Monaten nach Entstehen geltend gemacht werden.

Nr. 24

Rahmentarifvertrag für Melker im Bereich der Landwirtschaftskammer Hannover, gültig ab 01. Januar 1978.

§ 11

Beanstandungen des Lohnes
und Verfallfristen für Ansprüche

Beanstandungen des ausgezahlten Geldbetrages sind sofort bei der Lohnzahlung, Beanstandungen der Lohnabrechnung spätestens innerhalb einer Ausschlußfrist von 14 Tagen geltend zu machen. Ansprüche auf Lohnteile irgendwelcher Art sind innerhalb einer Ausschlußfrist von zwei Monaten nach Fälligkeit, alle übrigen Ansprüche aus dem Arbeitsverhältnis innerhalb einer solchen von drei Monaten nach Fälligkeit schriftlich geltend zu machen. Bei Beendigung des Arbeitsverhältnisses sind eventuelle Ansprüche aus den letzten zwei bzw. drei Monaten des Arbeitsverhältnisses spätestens innerhalb einer Ausschlußfrist von einem Monat nach Beendigung des Arbeitsverhältnisses schriftlich geltend zu machen.

Nr. 25

Manteltarifvertrag für den hessischen Weinbau vom 08. Mai 1972.

§ 28

Ausschlußfristen

1. Beanstandungen des ausgezahlten Lohnbetrages (Zählfehler) sind sofort bei der Lohnzahlung geltend zu machen.

2. Beanstandungen der Lohnabrechnung sind innerhalb einer Ausschlußfrist von vier Wochen nach Erteilung der Abrechnung schriftlich geltend zu machen.

3. Alle sonstigen gegenseitigen Ansprüche aus dem Arbeitsverhältnis sind innerhalb einer Ausschlußfrist von acht Wochen nach Entstehen des Anspruches schriftlich geltend zu machen.

4. Kommt eine Einigung über nach Ziff. 1 bis 3 rechtzeitig geltend gemachte Ansprüche nicht zustande, so beträgt die Ausschlußfrist zur Erhebung einer Klage vor dem Arbeitsgericht einen Monat nach der schriftlichen Ablehnung des Anspruches.

5. Die Anfechtungsklage gegen eine Kündigung ist nur innerhalb einer Ausschlußfrist von drei Wochen nach Zugang der Kündigung zulässig.

Nr. 26

Manteltarifvertrag für Landarbeiter in Baden-Württemberg, gültig ab 01. Februar 1979.

§ 16

Ausschlußfristen

Ansprüche sind geltend zu machen:

1. Nichtübereinstimmung von berechnetem und ausgezahltem Lohn sofort.
2. Fehlerhafte Lohnberechnung (Rechenfehler) innerhalb einer Woche.
3. Alle übrigen Ansprüche aus dem Arbeitsverhältnis innerhalb einer Frist von drei Monaten nach Fälligkeit.

Nr. 27

Rahmen-Tarifvertrag für die landwirtschaftlichen Betriebe im Bereich der Landwirtschaftskammer Hannover vom 24.April 1978, gültig ab 01. Januar 1978.

§ 9

Verwirkung von Ansprüchen aus dem Arbeitsverhältnis

1. Beanstandungen des ausgezahlten Geldbetrages sind sofort bei der Lohnzahlung, Beanstandungen der Lohnabrechnungen spätestens innerhalb von 14 Tagen geltend zu machen.

2. Ansprüche aus Mehrarbeit, Sonn- und Feiertagsarbeit sowie auf Zahlung von Zulagen jeder Art sind spätestens innerhalb einer Ausschlußfrist von zwei Monaten nach Fälligkeit, alle übrigen Ansprüche aus dem Arbeitsverhältnis innerhalb einer Ausschlußfrist von drei Monaten nach Fälligkeit geltend zu machen.

3. Bei Beendigung des Arbeitsverhältnisses sind die beiderseitigen Ansprüche spätestens innerhalb einer Ausschlußfrist von zwei Monaten schriftlich geltend zu machen.

Nr. 28

Rahmentarifvertrag für die Landarbeiter in Schleswig-Holstein, gültig ab 01. 01. 1980.

§ 14

Verwirkung von Ansprüchen

1. Während der Dauer des Arbeitsverhältnisses müssen alle aus diesem hergeleiteten Forderungen einschließlich etwaiger Schadensersatzansprüche innerhalb von zwei Monaten nach der Entstehung der vermeintlichen Ansprüche bzw. dem Tage, an dem der Berechtigte Kenntnis von dem Anspruch erlangt, bei dem zur Leistung Verpflichteten geltend gemacht werden, andernfalls gelten sie als verwirkt. Der Arbeitnehmer kann eine schriftlichen Bestätigung fordern, daß er den Anspruch geltend gemacht hat.

2. Nach Beendigung des Arbeitsverhältnisses sind die beiderseitigen Ansprüche aus dem Arbeitsverhältnis möglichst sofort geltend zu machen und zu begleichen. Nach Ablauf von drei Monaten seit Beendigung des Arbeitsverhältnisses ist die Geltendmachung von Forderungen aus dem Arbeitsverhältnis einschließlich etwaiger Schadensersatzforderungen ausgeschlossen.

Nr. 29

Manteltarifvertrag für die Erwerbsgärtnereien in Baden-Württemberg vom 12. März 1980.

§ 14

Ausschlußfristen

Der Anspruch auf Zuschlag für Überstunden-, Nacht-, Sonn- und Feiertagsarbeit sowie auf die Zulage nach § 8 muß innerhalb der Abrechnungsperiode geltend gemacht werden, welche der folgt, in der er entstanden ist.

Alle übrigen aus dem Arbeitsverhältnis entstandenen Ansprüche müssen innerhalb einer Ausschlußfrist von einem Monat nach Beendigung des Arbeitsverhältnisses geltend gemacht werden.

Nr. 30

Rahmentarif für den erwerbsmäßigen Gartenbau in Bayern, gültig ab 01. April 1973.

§ 13

Ausschlußfristen

1. Zählfehler bei Barzahlung sind sofort bei Aushändigung des Lohnes geltend zu machen.

2. Ansprüche aus unrichtiger Lohnberechnung, fehlerhafter Überweisung bei bargeldloser Zahlung sowie auf Bezahlung von Mehrarbeit, Zulagen und Zuschlägen aller Art sind innerhalb eines Monats nach Aushändigung der Abrechnung bzw. Eingang der Zahlung auf dem Konto des Arbeitnehmers schriftlich geltend zu machen.

3. Alle übrigen gegenseitigen Ansprüche aus dem Arbeitsverhältnis sind innerhalb einer Frist von 2 Monaten nach ihrem Entstehen schriftlich geltend zu machen.

4. Bei Beendigung des Arbeitsverhältnisses verfallen alle gegenseitigen Ansprüche, die nicht innerhalb einer Frist von 1 Monat schriftlich geltend gemacht worden sind.

Nr. 31

Bundes-Rahmentarifvertrag für Angestellte im Garten- und Landschaftsbau, gültig ab 01. April 1977.

§ 12

Ausschlußfristen

Alle beiderseitigen Ansprüche aus dem Arbeitsverhältnis und solche, die mit dem Arbeitsverhältnis in Verbindung stehen, verfallen, wenn sie nicht innerhalb von zwei Monaten nach der Fälligkeit gegenüber der anderen Vertragspartei schriftlich erhoben werden. Ist ein Anspruch geltend gemacht, so verfällt er, wenn er nicht innerhalb von 6

Monaten nach Fälligkeit, spätestens jedoch von 2 Monaten nach Beendigung des Arbeitsverhältnisses gerichtlich erhoben worden ist.

Nr. 32

Manteltarifvertrag für die Waldarbeiter im Saarland (MTW IV) vom 16. Juli 1970.

§ 37

Ausschlußfrist

1. Alle Ansprüche aus dem Arbeitsverhältnis müssen innerhalb einer Ausschlußfrist von sechs Monaten nach Fälligkeit schriftlich geltend gemacht werden, soweit der Tarifvertrag nichts anderes bestimmt.

2. Bei Lohnansprüchen beginnt die Laufzeit der Ausschlußfrist mit Ablauf des Monats, in dem die Lohnabrechnung dem Waldarbeiter ausgehändigt wurde.

Nr. 33

Manteltarifvertrag vom 16. Juli 1970 für die Waldarbeiter des Staates und der Gemeinden in Rheinland-Pfalz (TVW 71).

§ 62

Ausschlußfrist

Alle Ansprüche aus dem Arbeitsverhältnis müssen innerhalb einer Ausschlußfrist von drei Monaten nach Fälligkeit geltend gemacht werden, soweit der Tarifvertrag nichts anderes bestimmt.

Bei Lohnansprüchen beginnt die Laufzeit der Ausschlußfrist mit Ablauf des Monats, in dem die Lohnabrechnung dem Waldarbeiter zur Kenntnis gebracht wurde.

Nr. 34

Manteltarifvertrag für die Arbeiter der Firma Deutsche Baryt-Industrie Dr. Rudolf Alberti & Co., Bad Lauterberg im Harz, gültig ab 01. Januar 1980.

§ 29

Ausschlußfristen

(1) Gegenseitige Ansprüche aus dem Arbeitsverhältnis sind innerhalb einer Ausschlußfrist von 3 Monaten geltend zu machen.

(2) Wird die Anerkennung des Anspruches abgelehnt, so verfällt er, wenn er nicht spätestens innerhalb von 3 Monaten nach der Ablehnung gerichtlich geltend gemacht wird.

Nr. 35

Manteltarifvertrag für die Braunschweigischen Kohlen-Bergwerke, Helmstedt, gültig ab 01. Januar 1977.

§ 16

Ausschlußfristen

Alle Ansprüche aus dem Beschäftigungsverhältnis und solche, die mit dem Beschäftigungsverhältnis in Verbindung stehen, müssen innerhalb von 3 Monaten nach ihrem Entstehen, spätestens innerhalb von 4 Wochen nach dem tatsächlichen Ausscheiden aus dem Betrieb, bei dem Arbeitgeber oder seinem Beauftragten (Personalbüro) schriftlich geltend gemacht werden. Andernfalls sind die Ansprüche verfallen.

Nr. 36

Manteltarifvertrag zwischen dem Arbeitgeberverband von Gas-, Wasser- und Elektrizitätsunternehmungen e.V., Essen, und der Gewerkschaft Öffentliche Dienste, Transport und Verkehr, Bezirke Nordrhein-Westfalen I und II, Düsseldorf und Bochum, und der Industriegewerkschaft Bergbau und Energie, Bochum, gültig ab 01. 01. 1977.

§ 21

Ausschlußfristen

Alle Ansprüche aus diesem Manteltarifvertrag, dem jeweils gültigen Vergütungstarifvertrag und dem Arbeitsverhältnis sind binnen 3 Monaten nach Fälligkeit, auch im Falle der Beendigung des Arbeitsverhältnisses, schriftlich geltend zu machen. Nach Ablauf der festgesetzten Frist können Ansprüche nicht mehr geltend gemacht werden.

Nr. 37

Tarifvertrag über allgemeine betriebliche Arbeitsbedingungen im rheinisch-westfälischen Steinkohlenbergbau, gültig ab 01. Juli 1975.

§ 20

Ausschlußfrist zur Geltendmachung arbeitsrechtlicher Ansprüche

(1) Beschwerden wegen unrichtiger Ermittlung oder Errechnung oder Zahlung von Lohn oder Gehalt sind von dem Arbeitnehmer unverzüglich vorzubringen.

(2) Die Ansprüche des Absatzes 1 sind nötigenfalls im Wege der Klage innerhalb einer Ausschlußfrist von 6 Monaten seit dem Auszahlungstag geltend zu machen. Ansprüche anderer Art werden hierdurch nicht berührt.

(3) Der Arbeitgeber hat Ansprüche auf Rückzahlung zu Unrecht gezahlten Lohns oder Gehalts - gegebenenfalls im Klagewege - innerhalb der gleichen Ausschlußfrist von 6 Monaten geltend zu machen.

(4) Nach Ablauf vorstehender Fristen gilt die Lohn- oder Gehaltszahlung unter Ausschluß des Gegenbeweises als rechtmäßig und rechtsgültig erfolgt.

Nr. 38

Manteltarifvertrag für kaufmännische und technische Angestellte der Lampenschirm-, Wohnraumleuchten- und Zubehör-Industrie in der Bundesrepublik Deutschland und Berlin-West, gültig ab 01. 01. 1979.

§ 13

Geltendmachung tariflicher Ansprüche, Ausschlußfristen

1. Sämtliche aus dem Arbeitsverhältnis entstehenden Ansprüche sind beiderseits spätestens 3 Monate nach Entstehung geltend zu machen. Nach Ablauf dieser Frist sind sie verwirkt, es sei denn, daß sie erfolglos schriftlich geltend gemacht worden sind.

2. Im Falle des Ausscheidens eines Angestellten müssen alle Ansprüche spätestens einen Monat nach Beendigung des Arbeitsverhältnisses geltend gemacht werden.

3. Ist ein tariflicher Anspruch rechtzeitig geltend gemacht und lehnt der andere Teil seine Erfüllung ausdrücklich ab, so muß der Anspruch innerhalb von 3 Monaten seit der Ablehnung rechtshängig gemacht werden. Eine spätere Klageerhebung ist ausgeschlossen.

Nr. 39

Manteltarifvertrag für die gewerblichen Arbeitnehmer und die Angestellten des Buchbinderhandwerks in der Bundesrepublik Deutschland, gültig ab 01. Januar 1980.

§ 16

Geltendmachung tarifvertraglicher Ansprüche, Ausschlußfristen

1. Tarifvertragliche Ansprüche sind wie folgt schriftlich oder zur Niederschrift des Lohnbüros geltend zu machen:

   a) Ansprüche auf Mehrarbeitsvergütung, Nacht-, Sonntags- und Feiertagszuschläge innerhalb von zwei Wochen nach Vorliegen der Lohnabrechnung, bei der sie hätten abgerechnet werden müssen,

   b) sonstige Ansprüche innerhalb von 3 Monaten nach ihrer Fälligkeit.

2. Ist ein Anspruch rechtzeitig geltend gemacht und lehnt der andere Teil die Erfüllung ausdrücklich ab, so muß der Anspruch innerhalb von drei Monaten seit der Ablehnung rechtshängig gemacht werden. Eine spätere Klageerhebung ist ausgeschlossen.

Nr. 40

Manteltarifvertrag für Redakteure an Zeitschriften, gültig ab 01. Januar 1974.

§ 11

Anspruchsverfolgung und Schlichtung

1. Mit Ausnahme der Regelung für die Versicherung (§ 7) sind nicht erfüllte Ansprüche aus dem Arbeitsverhältnis vom Redakteur innerhalb dreier Monate nach Fälligkeit geltend zu machen. Lehnt der Verlag in einem schriftlich zu erteilenden Bescheid die Erfüllung des geltend gemachten Anspruchs ab, so muß dieser inner-

halb eines halben Jahres nach Fälligkeit gerichtlich geltend gemacht werden. Bei späterer Geltendmachung als nach Satz 1 und Satz 2 ist der Verlag berechtigt, die Erfüllung zu verweigern.

2. Solange ein Verlag die schriftliche Ablehnung (Abs.1 Satz 2) nicht erteilt hat, kann der Redakteur klagen, auch wenn die Halbjahresfrist verstrichen ist. Lehnt der Verlag nach Ablauf eines halben Jahres nach Fälligkeit des Anspruchs ab, so kann der Redakteur innerhalb von drei Monaten nach Erteilung der schriftlichen Ablehnung klagen. Erklärt der Verlag die schriftliche Ablehnung so kurz vor Ablauf der Halbjahresfrist, daß der Redakteur nicht mehr innerhalb derselben klagen kann, so kann sich der Verlag nicht auf den Fristablauf berufen, wenn der Redakteur innerhalb von drei Wochen nach Empfang der schriftlichen Ablehnung Klage erhebt.

Nr. 41

Manteltarifvertrag für Redakteure an Zeitschriften, gültig ab 01. Januar 1980.

§ 15

Anspruchsverfolgung und Schlichtung

1. Mit Ausnahme der Regelung für die Versicherung (§ 8) sind nicht erfüllte Ansprüche aus dem Arbeitsverhältnis innerhalb eines halben Jahres nach Fälligkeit gerichtlich geltend zu machen. Bei späterer Geltendmachung als nach Satz 1 und 2 ist die in Anspruch genommene Partei berechtigt, die Erfüllung zu verweigern.

2. Wird die schriftliche Ablehnung nicht erteilt, kann der Anspruchsberechtigte klagen, auch wenn die Halbjahresfrist verstrichen ist. Wird der geltend gemachte Anspruch nach Ablauf eines halben Jahres nach Fälligkeit abgelehnt, so kann der Anspruchsberechtigte innerhalb von drei Monaten nach Erteilung der schriftlichen Ablehnung klagen. Erklärt der Anspruchsverpflichtete die schriftliche Ablehnung so kurz vor Ablauf der Jahresfrist, daß der Anspruchsberechtigte nicht mehr innerhalb derselben klagen kann, so kann sich der Anspruchsverpflichtete nicht auf den Fristablauf berufen, wenn der Anspruchsberechtigte innerhalb von drei Wochen nach Empfang der schriftlichen Ablehnung Klage erhebt.

Nr. 42

Mantel-Tarifvertrag für Angestellte des Zeitschriftenverlagsgewerbes, gültig ab 01. Januar 1976.

§ 14

Verfallklausel

1. Ansprüche auf Zahlung der Mehrarbeits-, Nachtarbeits-, Sonn- und Feiertagsstundenvergütung gemäß §§ 3 und 4 müssen spätestens zwei Monate nach Vorliegen der Gehaltsabrechnung schriftlich geltend gemacht werden, bei der sie hätten abgerechnet werden müssen.

2. Scheidet ein Arbeitnehmer aus dem Betrieb aus, so sind sämtliche aus dem Arbeitsverhältnis entstandenen Ansprüche spätestens zwei Monate nach dem Ausscheiden schriftlich geltend zu machen.

3. Ist ein tariflicher Anspruch rechtzeitig schriftlich geltend gemacht und wird seine Erfüllung ausdrücklich abgelehnt, ist der Anspruch innerhalb von sechs Monaten nach der Ablehnung rechtshängig zu machen. Eine spätere Klageerhebung ist ausgeschlossen.

Nr. 43

Manteltarifvertrag für die Angestellten der dem Zeitungsverlegerverein Hamburg e.V. angeschlossenen Zeitungsverlage, gültig ab 01. Januar 1976.

§ 14

Verfallklausel

1. Ansprüche auf Zahlung der Mehrarbeits-, Nachtarbeits-, Sonntags- und Feiertagsstundenvergütung gemäß §§ 3 und 4 müssen spätestens 2 Monate nach Vorliegen der Gehaltsabrechnung geltend gemacht werden, bei der sie hätten abgerechnet werden müssen.

2. Scheidet ein Angestellter aus dem Betrieb aus, so sind sämtliche aus dem Arbeitsverhältnis entstandenen Ansprüche spätestens 2 Monate nach dem Ausscheiden geltend zu machen.

3. Ist ein tariflicher Anspruch rechtzeitig geltend gemacht und wird seine Erfüllung ausdrücklich abgelehnt, ist der Anspruch innerhalb von 12 Monaten nach der Ablehnung rechtsanhängig zu machen. Eine spätere Klageerhebung ist ausgeschlossen.

Nr. 44

Manteltarif-Vertrag für die kaufmännischen Angestellten in Zeitungsverlagen in den Ländern Rheinland-Pfalz und Saarland, gültig ab 01. Januar 1976.

§ 14

Ausschlußfristen

1. Für die Geltendmachung aller tariflichen Ansprüche beträgt die Frist 2 Monate nach ihrer Fälligkeit.

2. Im Falle des Ausscheidens eines Angestellten müssen alle gegenseitigen Ansprüche spätestens 1 Monat nach Beendigung des Arbeitsverhältnisses schriftlich geltend gemacht werden. Eine evtl. Ablehnung muß schriftlich begründet werden.

3. Wird die Erfüllung von Ansprüchen aus Ziffer 1 und 2 abgelehnt, müssen diese innerhalb einer weiteren Frist von 3 Monaten nach Ablehnung gerichtlich geltend gemacht werden.

4. Eine Geltendmachung nach Ablauf der vorstehenden Fristen ist ausgeschlossen.

Nr. 45

Manteltarifvertrag für die gewerblichen Arbeitnehmer in der Papier, Pappe und Kunststoffe verarbeitenden Industrie im Gebiet der Bundesrepublik Deutschland (einschließlich Berlin-West), gültig ab 01. Juli 1974.

§ 18

Geltendmachung tarifvertraglicher Ansprüche, Ausschlußfristen

1. Tarifvertragliche Ansprüche sind wie folgt schriftlich oder zur Niederschrift des Lohnbüros geltend zu machen:

   a) Ansprüche auf Mehrarbeitsvergütung, Nacht-, Sonntags- und Feiertagszuschläge innerhalb von zwei Wochen nach Vorliegen der Lohnabrechnung, bei der sie hätten abgerechnet werden müssen,

   b) sonstige Ansprüche innerhalb von 3 Monaten nach ihrer Fälligkeit.

2. Ist ein Anspruch rechtzeitig geltend gemacht und lehnt der andere Teil die Erfüllung ausdrücklich ab, so muß der Anspruch innerhalb

von 3 Monaten seit der Ablehnung rechtshängig gemacht werden. Eine spätere Klageerhebung ist ausgeschlossen.

Nr. 46

Manteltarifvertrag für kaufmännische und technische Angestellte der Papier, Pappe und Kunststoff verarbeitenden Industrie in Niedersachsen und Bremen, gültig ab 01. Juli 1974.

§ 13

Geltendmachen tariflicher Rechte

1. Tarifliche Ansprüche sind wie folgt geltend zu machen:

   a) Ansprüche auf Mehrarbeits-, Nacht-, Sonntags- und Feiertagszuschläge innerhalb 3 Wochen nach Vorliegen der Gehaltsabrechnung, bei der sie hätten abgerechnet werden müssen,

   b) sonstige tarifliche Geldansprüche innerhalb von 3 Monaten nach ihrer Fälligkeit.

2. Im Falle des Ausscheidens eines Angestellten müssen alle Ansprüche spätestens 1 Monat nach Beendigung des Arbeitsverhältnisses geltend gemacht werden.

3. Eine Geltendmachung nach Ablauf der festgesetzten Fristen ist ausgeschlossen.

4. Ist ein Anspruch rechtzeitig geltend gemacht und lehnt der andere Teil die Erfüllung ausdrücklich ab, so muß der Anspruch innerhalb von 3 Monaten seit der Ablehnung rechtshängig gemacht werden. Eine spätere Klageerhebung ist ausgeschlossen.

Nr. 47

Manteltarifvertrag für Angestellte der Druckindustrie in Niedersachsen vom 01. 01. 1980.

§ 15

Geltendmachen tariflicher Rechte

1. Für die Geltendmachung von tariflichen Ansprüchen gelten folgende Fristen:

a) Ansprüche auf Zuschläge für Mehr-, Nacht-, Sonntags- und Feiertagsarbeit sind innerhalb von 2 Monaten nach Vorliegen der Gehaltsabrechnung, in der sie zu berücksichtigen gewesen wären, geltend zu machen.

b) Für die Geltendmachung sonstiger tariflicher Ansprüche beträgt diese Frist 3 Monate nach ihrer Fälligkeit.

2. Im Falle des Ausscheidens eines Angestellten müssen alle gegenseitigen Ansprüche spätestens 2 Monate nach Beendigung des Angestelltenverhältnisses schriftlich geltend gemacht werden. Eine eventuelle Ablehnung muß schriftlich erfolgen.

3. Wird die Erfüllung von Ansprüchen aus den Ziffern 1 und 2 abgelehnt, müssen diese innerhalb einer weiteren Frist von 2 Monaten gerichtlich geltend gemacht werden.

4. Eine Geltendmachung nach Ablauf der vorstehenden Fristen ist ausgeschlossen.

5. Die Regelungen für Ausschlußfristen gelten nicht für Ansprüche aus unerlaubter Handlung.

Nr. 48

Manteltarifvertrag für die kaufmännischen und technischen Angestellten in der Druckindustrie in Hessen, gültig ab 01. Januar 1979.

§ 15

Geltendmachen tariflicher Rechte

1. Der Angestellte ist zur unverzüglichen Nachprüfung der Gehaltsabrechnung und des ausgezahlten Geldbetrages verpflichtet. Stimmt der Geldbetrag mit dem Gehaltsnachweis nicht überein, so ist dies unverzüglich dem Auszahlenden mitzuteilen.

2. Gegenseitige Ansprüche aller Art (z.B. auf rückständiges Gehalt, aus Leistungen von Überstunden usw.) aus dem Anstellungsverhältnis sind innerhalb einer Ausschlußfrist von 6 Monaten seit Entstehung des Anspruchs schriftlich geltend zu machen.

Nr. 49

Manteltarifvertrag für kaufmännische und technische Angestellte der Druckindustrie in Bayern, gültig ab 01. August 1979.

§ 17

Ausschlußfristen

1. Für die Geltendmachung von tariflichen Ansprüchen gelten folgende Fristen:

   a) Ansprüche auf Zuschläge für Mehr-, Nacht-, Sonntags- und Feiertagsarbeit sind innerhalb von drei Monaten nach Vorliegen der Gehaltsabrechnung, in der sie zu berücksichtigen gewesen wären, geltend zu machen.

   b) Für die Geltendmachung sonstiger tariflicher Ansprüche beträgt diese Frist drei Monate nach ihrer Fälligkeit.

2. Im Falle des Ausscheidens eines Angestellten müssen alle gegenseitigen Ansprüche spätestens einen Monat nach Beendigung des Angestelltenverhältnisses schriftlich geltend gemacht werden. Eine eventuelle Ablehnung muß schriftlich erfolgen.

3. Wird die Erfüllung von Ansprüchen aus Ziffer 1 und 2 abgelehnt, müssen diese innerhalb einer weiteren Frist von drei Monaten gerichtlich geltend gemacht werden.

4. Eine Geltendmachung nach Ablauf der vorstehenden Fristen ist ausgeschlossen.

Nr. 50

Manteltarifvertrag für die Angestellten der Druckindustrie in Baden-Württemberg (ohne Südbaden), gültig ab 01. Mai 1980.

§ 19

Ausschlußfristen

1. Nicht erfüllte Ansprüche aus dem Arbeitsverhältnis sind dem Arbeitgeber gegenüber schriftlich folgendermaßen geltend zu machen:

   a) Ansprüche auf Überstundenvergütungen und Zuschläge aller Art innerhalb von zwei Monaten, gerechnet vom Tag der Gehaltszahlung, an dem der Angestellte die Abrechnung für den betreffenden Abrechnungszeitraum erhält;

   b) alle übrigen Ansprüche innerhalb von zwei Monaten nach ihrer Fälligkeit; nach Beendigung des Arbeitsverhältnisses jedoch spätestens innerhalb von einem Monat.

2. Diese Fristen sind Ausschlußfristen. Ansprüche, die nicht vor Ablauf dieser Fristen schriftlich geltend gemacht werden, erlöschen.

3. Ist ein Anspruch rechtzeitig geltend gemacht und lehnt der andere Teil seine Erfüllung ab, muß der Anspruch innerhalb von drei Monaten seit der Ablehnung rechtshängig gemacht werden. Eine spätere Klageerhebung ist ausgeschlossen.

4. Für Ansprüche des Arbeitgebers gegenüber dem Arbeitnehmer aus dem Arbeitsverhältnis gelten die vorstehenden Ziffern sinngemäß.

Nr. 51

Manteltarifvertrag für kaufmännische und technische Angestellte der Druckindustrie in Rheinland-Pfalz und im Saarland, gültig ab 01. Januar 1979.

§ 14

Ausschlußfristen

1. Für die Geltendmachung von tariflichen Ansprüchen gelten folgende Fristen:

   a) Ansprüche auf Zuschläge für Mehr-, Nacht-, Sonntags- und Feiertagsarbeit sind innerhalb von 1 Monat nach Vorliegen der Gehaltsabrechnung, in der sie zu berücksichtigen gewesen wären, geltend zu machen.

   b) Für die Geltendmachung sonstiger tariflicher Ansprüche beträgt die Frist 3 Monate nach ihrer Fälligkeit.

2. Im Falle des Ausscheidens eines Angestellten müssen alle gegenseitigen Ansprüche spätestens 1 Monat nach Beendigung des Angestelltenverhältnisses schriftlich geltend gemacht werden. Eine evtl. Ablehnung muß schriftlich erfolgen.

3. Wird die Erfüllung von Ansprüchen aus Ziffer 1 und 2 abgelehnt, müssen diese innerhalb einer weiteren Frist von 3 Monaten gerichtlich geltend gemacht werden.

4. Eine Geltendmachung nach Ablauf der vorstehenden Fristen ist ausgeschlossen.

Nr. 52

Manteltarifvertrag für die gewerblichen Arbeitnehmer der Druckindustrie im Gebiet der Bundesrepublik Deutschland (einschließlich Berlin-West), gültig ab 01. Januar 1979.

§ 13

Ausschlußfristen für die Geltendmachung
tariflicher Ansprüche

1. Ansprüche aus dem Manteltarifvertrag und den Lohntarifverträgen sind wie folgt geltend zu machen:

   a) Ansprüche auf tarifliche Zuschläge und Antrittsgebühren innerhalb von 2 Wochen nach Vorliegen der Lohnabrechnung, bei der sie hätten abgerechnet werden müssen.

   b) Sonstige tarifliche Geldansprüche innerhalb von 8 Wochen nach dem Zeitpunkt, an dem sie hätten erfüllt werden müssen.

2. Eine Geltendmachung nach Ablauf der unter Ziffer 1 festgesetzten Fristen ist ausgeschlossen.

3. Ist ein tariflicher Anspruch rechtzeitig geltend gemacht und lehnt der andere Teil seine Erfüllung ab, muß der Anspruch innerhalb von 12 Wochen seit der ausdrücklichen Ablehnung rechtshängig gemacht werden. Eine spätere Klageerhebung ist ausgeschlossen.

Nr. 53

Bundes-Rahmentarifvertrag für das Baugewerbe vom 05. Juni 1978.

§ 16

Ausschlußfristen

1. Alle beiderseitigen Ansprüche aus dem Arbeitsverhältnis und solche, die mit dem Arbeitsverhältnis in Verbindung stehen, verfallen, wenn sie nicht innerhalb von zwei Monaten nach der Fälligkeit gegenüber der anderen Vertragspartei schriftlich erhoben werden.

2. Lehnt die Gegenpartei den Anspruch ab oder erklärt sie sich nicht innerhalb von zwei Wochen nach der Geltendmachung des Anspruchs, so verfällt dieser, wenn er nicht innerhalb von zwei Monaten nach der Ablehnung oder dem Fristablauf gerichtlich geltend gemacht wird.

Nr. 54

Manteltarifvertrag für die gewerblichen Arbeitnehmer der Treibriemen-, techn. Lederartikel und ASA-Industrie in der Bundesrepublik Deutschland, gültig ab 01. Oktober 1977.

§ 16

Ausschlußfristen

1. Der Anspruch auf Urlaub ist spätestens innerhalb 3 Monaten nach Ablauf des Urlaubsjahres geltend zu machen.

2. Alle sonstigen Ansprüche aus dem Tarifvertrag und den Einzelarbeitsverträgen sind binnen 3 Monaten nach ihrer Entstehung, im Falle der Beendigung des Arbeitsvertrages binnen 2 Monaten nach Ausscheiden aus dem Betriebe, geltend zu machen.

3. Die Geltendmachung hat in den Fällen der Ziffer 1 und 2 unter Zeugen beim Arbeitgeber, und wenn sie erfolglos bleibt, durch Klageerhebung zu erfolgen.

4. Eine Geltendmachung nach Ablauf der vorstehend festgesetzten Fristen ist ausgeschlossen.

Nr. 55

Manteltarifvertrag zwischen dem Bundesinnungsverband des deutschen Schuhmacherhandwerks und dem Hauptvorstand der Gewerkschaft LEDER.

§ 18

Aufrechterhaltung und Verfall von Ansprüchen

1. Wenn aus betriebsbedingten Gründen das Arbeitsverhältnis nicht länger als ein Jahr unterbrochen ist, so wird bei Wiedereintritt in den Betrieb die frühere Betriebszugehörigkeit angerechnet.

2. Vereinbarungen zwischen Arbeitgeber und Arbeitnehmer sowie Betriebsrat, die den Bestimmungen dieses Vertrages und den Bestimmungen der Ländervereinbarungen über Löhne zuwiderlaufen, sind nichtig. Für den Arbeitnehmer günstigere Arbeitsbedingungen, als dieser Vertrag und die Lohnvereinbarungen in den Ländern vorsehen, bleiben unberührt.

   Werden stillgelegte Betriebe wieder eröffnet, so sollen nach Möglichkeit die von der Stillegung betroffenen Arbeitnehmer wieder eingestellt werden.

3. Ansprüche aus diesem Vertrag und den Lohnvereinbarungen in den Tarifgebieten sind verwirkt, wenn sie nicht innerhalb von 6 Monaten nach Fälligkeit, spätestens aber innerhalb von 3 Monaten nach dem Ausscheiden aus dem Betrieb diesem gegenüber geltend gemacht werden.

Nr. 56

Manteltarifvertrag für die Angestellten in der Ledererzeugenden Industrie in der Bundesrepublik Deutschland, gültig ab 01. Januar 1980.

§ 17

Ausschlußfristen

1. Der Anspruch auf Urlaub ist spätestens innerhalb von drei Monaten nach Ablauf des Urlaubsjahres geltend zu machen.

2. Alle Ansprüche aus dem Arbeitsverhältnis sind binnen drei Monaten nach ihrer Entstehung, im Falle der Beendigung des Arbeitsvertrages binnen zwei Monaten nach Ausscheiden aus dem Betrieb geltend zu machen.

3. Die Geltendmachung hat innerhalb dieser Fristen bzw. - wenn sie erfolglos bleibt - durch Klageerhebung zu erfolgen.

4. Eine Geltendmachung nach Ablauf der vorstehend festgesetzten Fristen ist ausgeschlossen, sofern nicht gegen die Bestimmungen des § 13 Ziffer 3 dieses Vertrages verstoßen wurde.

Nr. 57

Manteltarifvertrag für die Angestellten der Schuhindustrie des Bundesgebietes, gültig ab 01. Oktober 1980.

§ 14

Ausschlußfristen

1. Nicht erfüllte Ansprüche aus dem Arbeitsverhältnis sind dem Arbeitgeber gegenüber zunächst mündlich, bei Erfolglosigkeit schriftlich folgendermaßen geltend zu machen:

   a) bei bestehendem Arbeitsverhältnis innerhalb von vier Monaten gerechnet vom Gehaltszahlungstag an, an welchem dem Angestellten die Abrechnung für den betreffenden Abrechnungszeitraum ausgehändigt wurde, es sei denn, daß die Bestimmungen des § 2 Ziffer 1 nicht eingehalten worden sind,

   b) alle übrigen Ansprüche innerhalb von vier Monaten nach Beendigung des Arbeitsverhältnisses.

2. Diese Fristen sind Ausschlußfristen. Ansprüche, die nicht vor Ablauf dieser Fristen schriftlich geltend gemacht werden, erlöschen (§ 4 Abs. 4 Tarifvertragsgesetz).

Nr. 58

Manteltarifvertrag für die Arbeiter in der Schuhindustrie des Bundesgebietes, gültig ab 01. Juli 1976.

§ 19

Ausschlußklausel

Alle Ansprüche aus den Tarifverträgen müssen innerhalb von 13 Wochen nach ihrem Entstehen bei dem Arbeitgeber oder seinem Beauftragten geltend gemacht werden. Diese Frist gilt auch für Ansprüche des Arbeitgebers gegen den Arbeitnehmer. Nach Ablauf dieser Frist ist die Geltendmachung ausgeschlossen.

Nr. 59

Manteltarifvertrag für die Lederwaren- und Kofferindustrie in der Bundesrepublik Deutschland, gültig ab 01. Juli 1977.

§ 12

Aufrechterhaltung und Ausschluß
von Ansprüchen

1. Wenn aus betriebsbedingten Gründen das Arbeitsverhältnis nicht länger als 1 Jahr unterbrochen ist, so wird bei Wiedereintritt in den Betrieb die frühere Betriebszugehörigkeit angerechnet.

2. Ansprüche auf Grund der für den Arbeitnehmer geltenden Tarifverträge können nur für eine zurückliegende Zeit von 13 Wochen geltend gemacht werden. Sind nach Ausscheiden aus dem Betrieb Ansprüche nicht innerhalb einer Frist von 8 Wochen geltend gemacht, so sind sie ausgeschlossen.

3. Werden teilweise oder gänzlich stillgelegte Betriebe wieder eröffnet, so sollen zunächst nach Möglichkeit die von der Stillegung betroffenen Arbeitnehmer wieder eingestellt werden, sofern sie sich innerhalb 8 Tagen nach Aufforderung melden.

   Das gleiche gilt, wenn Arbeitnehmer wegen Arbeitsmangel entlassen worden sind und Neueinstellungen erfolgen sollen.

Nr. 60

Manteltarif für die Ledererzeugende Industrie in der Bundesrepublik Deutschland, gültig ab 01. Oktober 1977.

§ 17

Ausschlußfristen

1. Der Anspruch auf Urlaub ist spätestens innerhalb von drei Monaten nach Ablauf des Urlaubsjahres geltend zu machen.

2. Alle sonstigen Ansprüche aus dem Tarifvertrag und den Einzelverträgen sind binnen drei Monaten nach ihrer Entstehung, im Falle der Beendigung des Arbeitsvertrages binnen zwei Monaten nach Ausscheiden aus dem Betrieb geltend zu machen.

3. Die Geltendmachung hat in den Fällen der Ziffern 1 und 2 beim Arbeitgeber und, wenn sie erfolglos bleibt, durch Klageerhebung zu erfolgen.

4. Eine Geltendmachung nach Ablauf der vorstehend festgesetzten Fristen ist ausgeschlossen.

Nr. 61

Manteltarifvertrag für die Arbeitnehmer der Papierindustrie in der Bundesrepublik Deutschland einschließlich Berlin, gültig ab 01. August 1979.

§ 27

Geltendmachung von Ansprüchen aus dem Arbeitsverhältnis
- Ausschlußfristen -

1.1 Alle gegenseitigen Ansprüche aus dem Arbeitsverhältnis sind schriftlich innerhalb von 3 Monaten nach ihrer Fälligkeit geltend zu machen, wobei der Arbeitnehmer gegebenenfalls seine Ansprüche über den Betriebsrat geltend machen kann.

1.2.1 Nach Ablauf dieser Frist ist die Geltendmachung ausgeschlossen.

1.2.2 Das gilt nicht, wenn aus Gründen, die der Anspruchsberechtigte nicht zu vertreten hat, eine rechtzeitige Geltendmachung ausgeschlossen war.

2. Im Falle des Ausscheidens müssen alle Ansprüche, soweit ihre Geltendmachung nicht bereits nach den Ziffern 1.1 und

1.2.1 ausgeschlossen ist, spätestens einen Monat nach Beendigung des Arbeitsverhältnisses gerichtlich verfolgt werden.

3. Ansprüche aus unerlaubter Handlung fallen nicht unter die vorstehenden Ausschlußfristen.

Nr. 62

Manteltarifvertrag für die gewerblichen Arbeitnehmer in den Betrieben des Bundesverbandes Union Deutscher Fotofinisher im Bundesgebiet und Berlin-West, gültig ab 01. Mai 1979.

§ 14

Ausschlußfristen

Ansprüche auf Zuschläge aller Art sind innerhalb von zwei Monaten nach Ablauf des Lohnabrechnungszeitraums, für den sie hätten gerechnet werden müssen, geltend zu machen, alle übrigen Ansprüche innerhalb von drei Monaten nach ihrer Fälligkeit.

Innerhalb dieser Frist nicht geltend gemachte Ansprüche sind verwirkt, es sei denn, daß der Anspruchsberechtigte trotz Anwendung aller ihm nach Lage der Umstände zuzumutenden Sorgfalt verhindert war, diese Fristen einzuhalten.

Nr. 63

Manteltarifvertrag für die Angestellten und die gewerblichen Arbeitnehmer der Kalk- und Dolomitindustrie für Niedersachsen, Nordrhein-Westfalen, Schleswig-Holstein und das Werk Steeden der RWK Kalkwerke Dornap GmbH, gültig ab 01. Juli 1980.

§ 28

Ausschlußfristen

1. Alle beiderseitigen Ansprüche aus dem Arbeitsverhältnis und solche, die mit dem Arbeitsverhältnis in Verbindung stehen, verfallen, wenn sie nicht innerhalb von 2 Monaten nach der Fälligkeit gegenüber der anderen Vertragspartei schriftlich geltend gemacht werden.

2. Lehnt die Gegenpartei den Anspruch ab oder erklärt sie sich nicht innerhalb von 2 Wochen nach der Geltendmachung des Anspruchs, so verfällt dieser, wenn er nicht innerhalb von 2 Monaten nach der Ablehnung oder dem Fristablauf gerichtlich geltend gemacht wird.

Nr. 64

Manteltarifvertrag für alle Arbeitnehmer (Arbeiter, Angestellte, Auszubildende) der verschiedenen Firmen der FULGURIT-Werke, gültig ab 01. 01. 1978.

§ 15

Ausschlußfristen

1. Der Arbeitnehmer ist verpflichtet, die richtige und vollständige Abrechnung von Vergütung für Schicht-, Mehr-, Nacht-, Sonntags- und Feiertagsarbeit sowie bei Barzahlung die Übereinstimmung des in der Abrechnung genannten Betrages mit der tatsächlichen Auszahlung unverzüglich zu überprüfen.

2. Die Ansprüche beider Seiten aus dem Arbeitsverhältnis müssen innerhalb einer Ausschlußfrist von 3 Monaten nach Fälligkeit schriftlich geltend gemacht werden. Nach Ablauf dieser Frist ist die Geltendmachung ausgeschlossen. Das gilt nicht, wenn die Berufung auf die Ausschlußfrist wegen des Vorliegens besonderer Umstände eine unzulässige Rechtsausübung ist.

3. Im Falle des Ausscheidens müssen die Ansprüche beider Seiten spätestens einen Monat nach Beendigung des Arbeitsverhältnisses geltend gemacht werden.

4. Wird ein Anspruch erst nach Beendigung des Arbeitsverhältnisses fällig, muß er spätestens einen Monat nach Fälligkeit geltend gemacht werden.

5. Die genannten Ausschlußfristen gelten nicht für beiderseitige Schadensersatzansprüche sowie für beiderseitige nachwirkende Ansprüche aus dem Arbeitsverhältnis.

Nr. 65

Manteltarifvertrag für die gewerblichen Arbeitnehmer der feinkeramischen Industrie in der Bundesrepublik Deutschland (Stand 01.01.1980).

§ 15

Ausschlußfristen

(1) Alle gegenseitigen Ansprüche aus dem Arbeitsverhältnis müssen innerhalb von drei Monaten nach der letzten Abrechnung geltend gemacht werden. Nach Ablauf dieser Frist ist die Geltendmachung ausgeschlossen.

(2) Im Falle des Ausscheidens müssen alle Ansprüche spätestens einen Monat nach Beendigung des Arbeitsverhältnisses geltend gemacht werden.

Nr. 66

Manteltarifvertrag für die gewerblichen Arbeitnehmer in der Kunststoff verarbeitenden Industrie in Bayern (Stand 09. 11. 1978).

§ 17

Ausschlußfristen

1. Ansprüche auf Vergütung für Mehr-, Nacht-, Sonn- und Feiertagsarbeit können nur innerhalb eines Monats nach ihrer Abrechnung schriftlich geltend gemacht oder zur Niederschrift bei den zuständigen Vorgesetzten gegeben werden; nach Ablauf dieser Frist ist die Geltendmachung ausgeschlossen.

2. Alle übrigen Anpsrüche aus dem Arbeitsverhältnis erlöschen 3 Monate nach ihrer Fälligkeit (Ausschlußfrist), wenn sie nicht bis dahin der Geschäftsleitung oder deren Beauftragten gegenüber schriftlich geltend gemacht sind.

3. Im Falle der Auflösung des Arbeitsverhältnisses müssen alle Ansprüche aus dem Arbeitsverhältnis innerhalb eines Monats nach der Auflösung schriftlich geltend gemacht werden; andernfalls sind sie verwirkt.

4. Wird ein Anspruch erst nach Beendigung des Arbeitsverhältnisses fällig, muß er spätestens einen Monat nach Fälligkeit schriftlich geltend gemacht werden.

5. Die genannten Ausschlußfristen gelten nicht für beiderseitige Schadensersatzansprüche sowie für beiderseitige nachwirkende Ansprüche aus dem Arbeitsverhältnis.

Nr. 67

Manteltarifvertrag für die kaufmännischen und technischen Angestellten der Firma Flachglas AG DELOG-DETAG, Fürth (By), ausgenommen Werk Wernberg, gültig ab 01. August 1972.

§ 16

Ausschlußfristen

1. Nachstehend aufgeführte Ansprüche aus dem Arbeitsverhältnis sind folgendermaßen geltend zu machen:

   a) Ansprüche wegen unrichtiger Gehaltsabrechnung (Mehrarbeits-, Sonn-, Feiertags- und Prämienvergütung) möglichst binnen eines Monats nach Erhalt der Abrechnung.

   b) Alle übrigen Ansprüche aus dem Manteltarifvertrag und aus dem Tarifvertrag über Urlaub und Urlaubsgeld innerhalb von 3 Monaten nach ihrer Entstehung.

   Alle gegenseitigen Ansprüche aus dem Arbeitsverhältnis, die nicht innerhalb einer Frist von 3 Monaten nach ihrer Entstehung geltend gemacht werden, sind verfallen.

2. Im Falle des Ausscheidens sind alle gegenseitigen Ansprüche aus dem Arbeitsverhältnis, die nicht innerhalb von 3 Monaten nach Beendigung des Arbeitsverhältnisses geltend gemacht werden, verfallen.

3. Eine Berufung auf Ausschlußfristen ist jedoch unmöglich, wenn ein Anspruch aus dem Arbeitsverhältnis rechtzeitig geltend gemacht worden ist und der Arbeitgeber seine Erfüllung abgelehnt hat oder wenn sie sich als unzulässige Rechtsausübung darstellen würde.

Nr. 68

Rahmentarifvertrag für die gewerblichen Arbeitnehmer der KALKSANDSTEININDUSTRIE im Gebiet der Bundesrepublik Deutschland einschließlich West-Berlin, gültig ab 01. Januar 1979.

§ 32

Ausschlußfristen

1. Alle beiderseitigen Ansprüche aus dem Arbeitsverhältnis und solche, die mit dem Arbeitsverhältnis in Verbindung stehen, verfallen, wenn sie nicht innerhalb von 2 Monaten nach der Fälligkeit gegenüber der anderen Vertragspartei schriftlich erhoben werden.

2. Lehnt die Gegenpartei den Anspruch ab oder erklärt sie sich nicht innerhalb von 2 Wochen nach der Geltendmachung des Anspruches, so verfällt dieser, wenn er nicht innerhalb von 2 Monaten nach der Ablehnung oder dem Fristablauf gerichtlich geltend gemacht wird.

Nr. 69

Rahmentarifvertrag für die gewerblichen Arbeitnehmer der Ziegelindustrie im Gebiet der Bundesrepublik Deutschland einschließlich des Landes Berlin, ausgenommen Bayern,vom 26. April 1979.

§ 19

Ausschlußfristen

1. Alle beiderseitigen Ansprüche aus dem Arbeitsverhältnis und solche, die mit dem Arbeitsverhältnis in Verbindung stehen, verfallen, wenn sie nicht innerhalb von zwei Monaten nach Fälligkeit, spätestens aber innerhalb von 5 Wochen nach dem Ausscheiden aus dem Betrieb, geltend gemacht werden.

2. Lehnt die Gegenpartei die Ansprüche ab oder erklärt sie sich nicht innerhalb von 2 Wochen nach Geltendmachung der Ansprüche, so verfallen die Ansprüche, wenn sie nicht innerhalb von 2 Monaten nach der Ablehnung oder dem Fristablauf gerichtlich geltend gemacht werden.

Nr. 70

Manteltarifvertrag für gewerbliche Arbeitnehmer und Angestellte der chemischen Industrie in der Bundesrepublik Deutschland einschließlich des Landes Berlin, gültig ab 01. 07. 1979.

§ 17

Ausschlußfristen

1. Der Arbeitnehmer ist verpflichtet, die richtige und vollständige Abrechnung von Vergütungen für Schicht-, Mehr-, Nacht-, Sonntags- und Feiertagsarbeit sowie bei Barzahlungen die Übereinstimmung des in der Abrechnung genannten Betrages mit der tatsächlichen Auszahlung unverzüglich zu überprüfen.

2. Die Ansprüche beider Seiten aus dem Arbeitsverhältnis müssen innerhalb einer Ausschlußfrist von drei Monaten nach Fälligkeit schriftlich geltend gemacht werden. Nach Ablauf dieser Frist

ist die Geltendmachung ausgeschlossen. Das gilt nicht, wenn die Berufung auf die Ausschlußfrist wegen des Vorliegens besonderer Umstände eine unzulässige Rechtsausübung ist.

3. Im Falle des Ausscheidens müssen die Ansprüche beider Seiten spätestens einen Monat nach Beendigung des Arbeitsverhältnisses geltend gemacht werden.

4. Wird ein Anspruch erst nach Beendigung des Arbeitsverhältnisses fällig, muß er spätestens einen Monat nach Fälligkeit geltend gemacht werden.

5. Die genannten Ausschlußfristen gelten nicht für beiderseitige Schadensersatzansprüche sowie für beiderseitige nachwirkende Ansprüche aus dem Arbeitsverhältnis.

Nr. 71

Manteltarifvertrag für die Beschäftigten (gewerblichen Arbeitnehmer) der Hamburger Ölmühlen-Industrie, gültig ab 01. Jan. 1980.

§ 14

Ausschlußfristen

1. Alle gegenseitigen Ansprüche aus dem Arbeitsverhältnis müssen innerhalb von drei Monaten nach ihrem Entstehen geltend gemacht werden. Nach Ablauf dieser Frist ist die Geltendmachung ausgeschlossen.

2. Im Falle des Ausscheidens eines Arbeitnehmers müssen alle gegenseitigen Ansprüche spätestens einen Monat nach Beendigung des Arbeitsverhältnisses geltend gemacht werden. Ausgenommen hiervon ist die Verpflichtung zur gegenseitigen Auskunftserteilung.

3. Das gilt nicht, wenn die Berufung auf die Ausschlußfrist wegen des Vorliegens besonders begründeter Umstände eine unzulässige Rechtsausübung ist.

Nr. 72

Manteltarifvertrag für die FEUERFEST-Industrie in Hessen, gültig ab 01. Jan. 1979.

Verfallfristen

234. Ansprüche auf Lohnzuschläge und Ansprüche wegen unrichtiger Lohnberechnung und unrichtiger Akkord- und Prämienberechnung

erlöschen, wenn sie nicht 3 Monate nach ihrer endgültigen Abrechnung geltend gemacht worden sind. Das gilt nicht, wenn die Berufung auf die Ausschlußfrist wegen des Vorliegens besonderer Umstände (z.B. bei nachweisbarer Nichterfüllung von tariflichen Ansprüchen) eine unzulässige Rechtsausübung ist.

235. Alle beiderseitigen Ansprüche aus dem Arbeitsverhältnis erlöschen spätestens 3 Monate nach Beendigung des Arbeitsverhältnisses.

Nr. 73

Manteltarifvertrag für alle Beschäftigten der DEUTSCHE TEXACO AKTIENGESELLSCHAFT, gültig ab 01. Jan. 1981.

§ 22

Ausschlußfristen

Soweit in diesem Tarifvertrag nicht ausdrücklich eine andere Bestimmung getroffen ist, sind gegenseitige Ansprüche aller Art aus dem Arbeitsverhältnis innerhalb einer Ausschlußfrist von 6 Monaten nach Fälligkeit geltend zu machen. Nach Ablauf dieser Frist sind die Ansprüche verwirkt.

Nr. 74

Manteltarifvertrag für die kaufmännischen und technischen Angestellten und Meister sowie Auszubildende der Betriebe, die Glas aller Art erzeugen, veredeln oder verarbeiten, in der Bundesrepublik Deutschland, gültig ab 01. Juli 1978.

§ 18

Ausschlußfristen

1. Ansprüche auf Mehrarbeits-, Sonn- und Feiertagsvergütung sind innerhalb einer Frist von einem Monat nach erfolgter Gehaltszahlung geltend zu machen. Eine Anmeldung bei der auszahlenden Stelle gilt als Geltendmachung. Dadurch sich ergebende Nachzahlungen sind bei der nächsten Gehaltszahlung zu berücksichtigen.

2. Andere Ansprüche aus dem Beschäftigungsverhältnis sind spätestens innerhalb einer Frist von 6 Monaten nach erfolgter Gehaltszahlung geltend zu machen.

3. Nach Ablauf der in Ziffer 1 und 2 genannten Fristen ist eine Geltendmachung von Ansprüchen ausgeschlossen.

4. Ansprüche des Arbeitgebers aus dem Beschäftigungsverhältnis sind innerhalb einer Frist von 6 Monaten nach erfolgter Gehaltszahlung geltend zu machen. Nach Ablauf dieser Frist ist eine Geltendmachung ausgeschlossen.

5. Nach Beendigung des Beschäftigungsverhältnisses sind alle gegenseitigen Ansprüche aus dem Beschäftigungsverhältnis innerhalb von 6 Monaten geltend zu machen. Nach Ablauf dieser Frist ist eine Geltendmachung ausgeschlossen.

6. Eine Berufung auf Ausschlußfristen ist jedoch unmöglich, wenn sie sich als unzulässige Rechtsausübung darstellen würde oder wenn ein Anspruch aus dem Beschäftigungsverhältnis rechtzeitig schriftlich geltend gemacht worden ist und der Arbeitgeber seine Erfüllung abgelehnt hat.

Nr. 75

Manteltarifvertrag für gewerbliche Arbeitnehmer und Angestellte der Kautschukindustrie in den Ländern Hessen, Niedersachsen, Rheinland-Pfalz und Saarland, gültig ab 01. Juli 1979.

§ 18

Ausschlußfristen

1. Alle Ansprüche aus dem Arbeitsverhältnis müssen beiderseitig innerhalb von 3 Monaten nach ihrem Entstehen geltend gemacht werden, und zwar seitens des Arbeitnehmers bei der Betriebsleitung oder ihrem Beauftragten, seitens der Betriebsleitung beim Arbeitnehmer.

2. Beim Ausscheiden eines Arbeitnehmers sind Ansprüche spätestens zwei Monate nach Beendigung des Arbeitsverhältnisses geltend zu machen. Werden Ansprüche erst später fällig, so berechnet sich die Frist von zwei Monaten vom Tage der Fälligkeit an.

3. Nach Ablauf dieser Fristen ist die Geltendmachung ausgeschlossen. Das gilt nicht, wenn die Berufung auf eine Ausschlußfrist wegen des Vorliegens besonderer Umstände eine unzulässige Rechtsausübung ist.

Nr. 76

Manteltarifvertrag für Angestellte und kaufmännisch und technisch Auszubildende der Metallindustrie in Bayern, vom 31. 10. 1970, in der Fassung vom 29. 01. 1979.

§ 17

Geltendmachung von Ansprüchen aus dem Arbeitsverhältnis

2. (1) Ansprüche aus dem Beschäftigungsverhältnis sind wie folgt schriftlich geltend zu machen:

a) Ansprüche auf Zuschläge nach § 9 sofort, spätestens innerhalb von zwei Monaten nach Abrechnung der Gehaltsperiode, bei der sie hätten abgerechnet werden müssen,

b) alle übrigen Ansprüche innerhalb von drei Monaten nach ihrer Fälligkeit.

Die Geltendmachung ist vom Arbeitgeber schriftlich zu bestätigen.

(2) Eine Geltendmachung nach Ablauf der unter (1) festgesetzten Frist ist ausgeschlossen, es sei denn, daß die Einhaltung dieser Frist wegen eines unabwendbaren Ereignisses unmöglich gewesen ist.

(3) Ist ein Anspruch rechtzeitig erhoben worden und lehnt der Arbeitgeber seine Erfüllung ab, so hat der Angestellte den Anspruch innerhalb von 6 Monaten nach Ablehnung durch den Arbeitgeber gerichtlich geltend zu machen. Eine spätere Geltendmachung ist ausgeschlossen.

Nach Ziff. 2/1 a) oder b) geltend gemachte Ansprüche aus dem Berufsausbildungsverhältnis unterliegen den gesetzlichen Verjährungsfristen. Endet jedoch das Berufsausbildungsverhältnis vor Ablauf dieser Frist, so ist der Anspruch innerhalb der Frist gemäß Satz 1 gerichtlich geltend zu machen.

1. Protokollnotiz zu Ziff. 2.:

Die Tarifvertragsparteien sind sich darüber einig, daß die Ziff. 2 sinngemäß auch für Ansprüche des Arbeitgebers gegenüber dem Angestellten gilt.

2. Protokollnotiz zu Ziff. 2.:

Erhebt ein Angestellter im Falle einer Kündigung hiergegen Kündigungsschutzklage, so beginnen die Fristen der Ziff. 2 für die Geltendmachung etwaiger Gehaltsansprüche für die Zeit nach Ablauf der Kündigungsfrist mit der rechtskräftigen Feststellung der Unwirksamkeit der Kündigung zu laufen.

Nr. 77

Manteltarifvertrag für Arbeiter und gewerblich Auszubildende der Metallindustrie in Bayern vom 01. 12. 1973, in der Fassung vom 29. 01. 1979.

§ 28

Geltendmachung von Ansprüchen
aus dem Arbeitsverhältnis

3. (1) Ansprüche aus dem Arbeitsverhältnis sind wie folgt schriftlich geltend zu machen:

a) Ansprüche auf Zuschläge nach § 6 sofort, spätestens innerhalb von 4 Wochen nach Abrechnung der Lohnperiode, bei der sie hätten abgerechnet werden müssen,

b) alle übrigen Ansprüche innerhalb von 3 Monaten nach ihrer Fälligkeit. Die Geltendmachung ist vom Arbeitgeber schriftlich zu bestätigen.

(2) Eine Geltendmachung nach Ablauf der unter (1) festgesetzten Frist ist ausgeschlossen, es sei denn, daß die Einhaltung dieser Frist wegen eines unabwendbaren Ereignisses nicht möglich gewesen ist.

(3) Ist ein Anspruch rechtzeitig erhoben worden und lehnt der Arbeitgeber seine Erfüllung ab, so hat der Arbeitnehmer den Anspruch innerhalb von 6 Monaten nach Ablehnung durch den Arbeitgeber gerichtlich geltend zu machen. Eine spätere Geltendmachung ist ausgeschlossen. Nach Ziff. 3 /1 a) oder b) geltend gemachte Ansprüche aus dem Berufsausbildungsverhältnis unterliegen jedoch den gesetzlichen Verjährungsfristen. Endet jedoch ein Berufsausbildungsverhältnis vor Ablauf dieser Frist, so ist der Anspruch innerhalb der Frist gemäß Satz 1 gerichtlich geltend zu machen.

1. Protokollnotiz zu Ziff. 3.:

Die Tarifvertragsparteien sind sich darüber einig, daß die Ziff.3 sinngemäß auch für Ansprüche des Arbeitgebers gegenüber dem Arbeitnehmer gilt.

2. Protokollnotiz zu Ziff. 3.:
Erhebt ein Arbeitnehmer im Falle einer Kündigung hiergegen Kündigungsschutzklage, so beginnen die Fristen der Ziffer 3 für die Geltendmachung etwaiger Lohnansprüche für die Zeit nach Ablauf der Kündigungsfrist mit der rechtskräftigen Feststellung der Unwirksamkeit der Kündigung zu laufen.

Nr. 78

Manteltarifvertrag für Arbeiter der Metallindustrie in Berlin vom 15. 02. 1971, in der Fassung vom 06. 02. 1979.

§ 14

Geltendmachung von Ansprüchen aus dem Arbeitsverhältnis

1. Ansprüche aus dem Arbeitsverhältnis sind beiderseits innerhalb einer Frist von 3 Monaten nach ihrer Fälligkeit, jedoch spätestens innerhalb von 2 Monaten nach Beendigung des Arbeitsverhältnisses geltend zu machen.

2. Sind die Ansprüche rechtzeitig geltend gemacht, ist die Erfüllung jedoch abgelehnt worden oder ist eine Erklärung hierzu innerhalb von 2 Wochen nicht erfolgt, so ist innerhalb weiterer 6 Wochen Klage beim Arbeitsgericht zu erheben oder die tarifliche Gütestelle anzurufen.

3. Die in vorstehenden Absätzen 1 und 2 vorgesehenen Fristen sind Ausschlußfristen derart, daß mit dem fruchtlosen Ablauf der Frist das geltend zu machende Recht erlischt.

4. Die Ausschlußfristen der Absätze 1 und 2 gelten nicht für die Geltendmachung von Ansprüchen aufgrund bewußter Unterschreitungen tariflicher Bestimmungen. Solche Ansprüche sind spätestens innerhalb von 2 Monaten nach Beendigung des Arbeitsverhältnisses gerichtlich geltend zu machen.

5. Die Ausschlußfristen beginnen bei Lohnforderungen im Falle der Erhebung einer Kündigungsschutzklage von dem Zeitpunkt ab zu laufen, zu dem das Weiterbestehen des Arbeitsverhältnisses rechtskräftig festgestellt wurde.

Nr. 79

Manteltarifvertrag für Angestellte der Metallindustrie in Berlin vom 28. 04. 1971, in der Fassung von 06. 02. 1979.

§ 13

Geltendmachung von Ansprüchen aus dem Arbeitsverhältnis

1. Ansprüche aus dem Arbeitsverhältnis sind beiderseits innerhalb einer Frist von 3 Monaten nach ihrer Fälligkeit, jedoch spätestens innerhalb von 2 Monaten nach Beendigung des Arbeitsverhältnisses geltend zu machen.

2. Sind die Ansprüche rechtzeitig geltend gemacht, ist ihre Erfüllung jedoch abgelehnt worden oder ist eine Erklärung hierzu innerhalb von 2 Wochen nicht erfolgt, so ist innerhalb weiterer 6 Wochen Klage beim Arbeitsgericht zu erheben oder die tarifliche Gütestelle anzurufen.

3. Die in vorstehenden Absätzen 1 und 2 vorgesehenen Fristen sind Ausschlußfristen derart, daß mit dem fruchtlosen Ablauf der Frist das geltend zu machende Recht erlischt.

4. Die Ausschlußfristen der Absätze 1 und 2 gelten nicht für die Geltendmachung von Ansprüchen aufgrund bewußter Unterschreitungen tariflicher Bestimmungen. Solche Ansprüche sind spätestens innerhalb von 2 Monaten nach Beendigung des Arbeitsverhältnisses gerichtlich geltend zu machen.

5. Die Ausschlußfristen beginnen bei Gehaltsforderungen im Falle der Erhebung einer Kündigungsschutzklage von dem Zeitpunkt ab zu laufen, zu dem das Weiterbestehen des Arbeitsverhältnisses rechtskräftig festgestellt wurde.

Nr. 80

Manteltarifvertrag für Arbeiter der Metallindustrie in Hessen vom 10. 05. 1966, in der Fassung vom 31. 01. 1979.

§ 24

Erlöschen von Ansprüchen

1. Ansprüche aus dem Arbeitsverhältnis sind wie folgt geltend zu machen:

   a) Ansprüche auf Zuschläge aller Art sofort, spätestens innerhalb 4 Wochen nach Abrechnung der Lohnperionde, bei der sie hätten abgerechnet werden müssen.

   b) Alle übrigen beiderseitigen Ansprüche aus dem Arbeitsverhältnis innerhalb von 3 Monaten nach ihrer Fälligkeit.

2. Eine Geltendmachung nach Ablauf der unter Ziff. 1 festgesetzten Frist ist ausgeschlossen, es sei denn, daß die Einhaltung der Frist wegen eines unabwendbaren Zufalls nicht möglich gewesen ist.

3. Ist ein Anspruch rechtzeitig erhoben worden und lehnt der Arbeitgeber seine Erfüllung ab, so hat der Arbeitnehmer den Anspruch innerhalb von 3 Monaten seit der Ablehnung gerichtlich geltend zu machen. Eine spätere Geltendmachung ist ausgeschlossen.

Nr. 81

Manteltarifvertrag für Angestellte der Metallindustrie in Hessen vom 10. 05. 1966, in der Fassung vom 31. 01. 1979.

§ 17

Erlöschen von Ansprüchen

1. Ansprüche aus dem Arbeitsverhältnis sind wie folgt geltend zu machen:

   a) Ansprüche auf Zuschläge aller Art sowie auf Mehrarbeitsvergütung sofort, spätestens innerhalb 2 Monaten nach Abrechnung der Gehaltsperiode, bei der sie hätten abgerechnet werden müssen;

   b) alle übrigen beiderseitigen Ansprüche aus dem Arbeitsverhältnis innerhalb von 3 Monaten nach ihrer Fälligkeit.

2. Eine Geltendmachung nach Ablauf der unter 1. festgesetzten Frist ist ausgeschlossen, es sei denn, daß die Einhaltung dieser Frist wegen eines unabwendbaren Zufalles nicht möglich gewesen ist.

3. Ist ein Anspruch rechtzeitig erhoben worden und lehnt der Arbeitgeber seine Erfüllung ab, so hat der Arbeitnehmer den Anspruch innerhalb von 3 Monaten seit der Ablehnung gerichtlich geltend zu machen. Eine spätere Geltendmachung ist ausgeschlossen.

Nr. 82

Manteltarifvertrag für Arbeiter der Metallindustrie in Niedersachsen vom 01. 10. 1969, in der Fassung vom 01. 01. 1979.

§ 22

Geltendmachung von Ansprüchen aus dem Arbeitsverhältnis

(1) Ansprüche aus dem Arbeitsverhältnis sind innerhalb folgender Ausschlußfristen nachweislich geltend zu machen:

   a) Ansprüche auf Zuschläge aller Art innerhalb von 1 Monat, gerechnet vom Lohnzahlungstag an, an welchem dem Arbeitnehmer die Abrechnung für den betreffenden Lohnabrechnungszeitraum ausgehändigt wurde;

   b) alle übrigen Ansprüche innerhalb von 3 Monaten nach ihrer Fälligkeit.

(2) Ist ein Anspruch rechtzeitig gemäß Ziffer (1) erhoben worden und wird seine Erfüllung nachweislich abgelehnt, so ist der Anspruch innerhalb von 3 Monaten seit der Ablehnung gerichtlich geltend zu machen. Eine spätere Geltendmachung ist ausgeschlossen.

Nr. 83

Manteltarifvertrag für Angestellte der Metallindustrie in Niedersachsen vom 01. 10. 1969, in der Fassung vom 01. 01. 1979.

§ 16

Geltendmachung von Ansprüchen aus dem Arbeitsverhältnis

(1) Ansprüche aus dem Arbeitsverhältnis sind innerhalb folgender Ausschlußfristen nachweislich geltend zu machen:

a) Ansprüche auf Zuschläge aller Art innerhalb von 1 Monat, gerechnet vom Tage der Aushändigung der Gehaltsabrechnung an;

b) alle übrigen Ansprüche innerhalb von 3 Monaten nach ihrer Fälligkeit.

(2) Ist ein Anspruch rechtzeitig gemäß Ziffer (1) erhoben worden und wird seine Erfüllung nachweislich abgelehnt, so ist er innerhalb von 3 Monaten seit der Ablehnung gerichtlich geltend zu machen. Eine spätere Geltendmachung ist ausgeschlossen, es sei denn, daß die Berufung auf die Ausschlußfrist wegen des Vorliegens besonderer Umstände eine unzulässige Rechtsausübung ist.

Nr. 84

Manteltarifvertrag für Arbeiter, Angestellte und Auszubildende der Metallindustrie in Nordrhein-Westfalen, vom 30. 04. 1980.

§ 17

Geltendmachung und Ausschluß von Ansprüchen
aus dem Arbeitsverhältnis / Ausbildungsverhältnis

1. Ein Verzicht auf entstandene tarifliche Rechte ist nur in einem von den Tarifvertragsparteien gebilligten Vergleich zulässig. Die Verwirkung von tariflichen Rechten ist ausgeschlossen.

2. Der Arbeitnehmer / Auszubildende hat das Recht, Ansprüche aus dem Arbeitsverhältnis / Ausbildungsverhältnis innerhalb folgender

Fristen geltend zu machen:

a) Ansprüche auf Zuschläge für Mehr-, Spät-, Nacht-, Sonntags- und Feiertagsarbeit innerhalb von zwei Monaten nach Erhalt der Abrechnung,

b) alle übrigen Ansprüche innerhalb von drei Monaten nach ihrer Fälligkeit.

3. Ansprüche, die nicht innerhalb dieser Fristen geltend gemacht werden, sind ausgeschlossen, es sei denn, daß der Anspruchsberechtigte trotz Anwendung aller ihm nach Lage der Umstände zuzumutenden Sorgfalt verhindert war, dieseFristen einzuhalten.

4. Ansprüche des Arbeitgebers / Ausbildungsbetriebes aus dem Arbeitsverhältnis / Ausbildungsverhältnis sind gegenüber dem Arbeitnehmer / Auszubildenden gemäß den Fristen der Ziffer 2 geltend zu machen.

5. Bleibt die Geltendmachung erfolglos, so tritt der Ausschluß nicht ein. Vielmehr gilt dann die zweijährige Verjährungsfrist des § 196 Abs. 1 Ziff. 9 BGB. Sie beginnt mit dem Schluß des Kalenderjahres, in dem der Anspruch entstanden ist.

6. Eine von dem Arbeitnehmer / Auszubildenden unterzeichnete Ausgleichsquittung wird erst wirksam, wenn der Arbeitnehmer / Auszubildende sie nicht dem Arbeitgeber / Ausbildungsbetrieb gegenüber binnen einer Frist von von einer Woche schriftlich widerruft.

   Eine Durchschrift dieser Ausgleichsquittung mit einem Hinweis auf das Widerrufsrecht ist dem Arbeitnehmer / Auszubildenden auszuhändigen.

Nr. 85

Manteltarifvertrag für Arbeiter, Angestellte und Auszubildende der Metallindustrie in Nordrhein-Westfalen vom 06. 01. 1979.

§ 22

Geltendmachung von Ansprüchen aus dem Arbeitsverhältnis

1. Ansprüche aus dem Arbeitsverhältnis sind innerhalb von drei Monaten nach ihrer Fälligkeit geltend zu machen. Ansprüche, die nicht innerhalb dieser Fristen geltend gemacht werden, sind verwirkt, es sei denn, daß der Anspruchsberechtigte trotz Anwendung aller ihm nach Lage der Umstände zuzumutenden Sorgfalt verhindert war, diese Fristen einzuhalten.

   Bleibt die Geltendmachung erfolglos, so tritt der Ausschluß nicht ein. Vielmehr gilt dann die zweijährige Verjährungsfrist des § 196 Ziff. 9 BGB. Die zweijährige Verjährungsfrist beginnt mit dem Schluß des Kalenderjahres, in welchem der Anspruch entstanden ist.

2. Bei Beendigung des Arbeitsverhältnisses sind alle Ansprüche innerhalb eines Monates nach Erhalt der Endabrechnung schriftlich oder zu Protokoll der betrieblich zuständigen Stelle geltend zu machen.

   Wird der Anspruch schriftlich abgelehnt, so kann der Anspruch nur innerhalb von drei Monaten nach Zugang des Ablehnungsbescheids beim Arbeitsgericht geltend gemacht werden.

   Andernfalls ist der Anspruch verwirkt.

3. Beim Ausscheiden aus dem Arbeitsverhältnis kann lediglich eine Bestätigung über den Erhalt der Arbeitspapiere gefordert werden.

Nr. 86

Manteltarifvertrag für Arbeiter und Angestellte der Metallindustrie für den Nordverbund vom 31. 03. 1979.

§ 16

Erlöschen von Ansprüchen

1. Ausschlußfristen

1.1 Alle beiderseitigen Ansprüche aus dem Arbeitsverhältnis und solche, die mit dem Arbeitsverhältnis in Verbindung stehen, sind
dem Arbeitgeber gegenüber bei der Personalabteilung oder einer entsprechenden zuständigen Stelle,
dem Arbeitnehmer gegenüber durch persönliche Aushändigung oder Zusendung an die letzte von ihm angegebene Anschrift
schriftlich innerhalb folgender Ausschlußfristen geltend zu machen:

   a) Ansprüche auf Zuschläge aller Art innerhalb von 4 Wochen nach Aushändigung oder Zusendung der Entgeltabrechnung, bei der sie hätten abgerechnet werden müssen, wobei die Zusendung der Entgeltabrechnung an die letzte vom Arbeitnehmer angegebene Anschrift erfolgen kann. Als Anschrift gilt auch die Bankverbindung, wenn üblicherweise über diese zugestellt wurde,

   b) alle übrigen Ansprüche innerhalb von 3 Monaten nach ihrer Fälligkeit.

1.2 Nach Ablauf dieser Fristen ist eine Geltendmachung von Ansprüchen ausgeschlossen (Ausschlußfristen gemäß § 4 Ziffer 4 TVG).

1.3 Diese Ausschlußfristen gelten nicht für Erstattungsansprüche des Arbeitgebers gegen den Arbeitnehmer, wenn der Arbeitgeber vom Finanzamt wegen nicht oder nicht ausreichend einbehaltener Lohn- und Kirchensteuer nachträglich in Anspruch genommen wird.

1.4 Die Ausschlußfristen gelten nicht für Ansprüche aus vorsätzlich begangener unerlaubter Handlung.

2. Gerichtliche Geltendmachung von Ansprüchen nach dem Ausscheiden

   Ist ein Anspruch innerhalb der tariflichen Ausschlußfrist geltend gemacht und seine Erfüllung schriftlich abgelehnt worden, so muß ein Arbeitnehmer, der aus dem Arbeitsverhältnis ausgeschieden ist, innerhalb von 3 Monaten vom Zugang der schriftlichen Ablehnung an gerechnet, seinen Anspruch gerichtlich geltend machen, andernfalls die Geltendmachung ausgeschlossen ist (Ausschlußfrist gemäß § 4 Ziffer 4 TVG).

3. Abweichender Fristenablauf

   Ansprüche aus einem Arbeitsverhältnis, die sich im Verlaufe eines Kündigungsschutzprozesses für die Zeit nach der streitigen Beendigung des Arbeitsverhältnisses ergeben, werden erst fällig mit Rechtskraft des Urteils, durch das das Weiterbestehen des Arbeitsverhältnisses über den streitigen Endzeitpunkt hinaus festgestellt wird. Sodann beginnen die Ausschlußfristen für diese Ansprüche.

Nr. 87

Manteltarifvertrag für Angestellte der Metallindustrie in Rheinland-Rheinhessen vom 05. 12. 1952, in der Fassung vom 25. 01. 1979.

§ 12

Geltendmachung von Ansprüchen aus dem Angestelltenverhältnis

1. Der Angestellte ist zur sofortigen Nachprüfung der Gehaltsabrechnung und des ausgezahlten Geldbetrages verpflichtet. Stimmt der Geldbetrag nicht mit dem Gehaltsnachweis überein, so ist dies unverzüglich dem Auszahlenden zu melden.

2. Ansprüche aus dem Arbeitsverhältnis sind wie folgt in schriftlicher Form geltend zu machen:

   a) Ansprüche auf Zuschläge aller Art sowie Mehrarbeitsvergütung sofort, spätestens innerhalb von 2 Monaten nach Abrechnung der Gehaltsperiode, bei der sie hätten abgerechnet werden müssen;

   b) alle übrigen beiderseitigen Ansprüche aus dem Arbeitsverhältnis innerhalb von 3 Monaten nach ihrer Fälligkeit.

3. Eine Geltendmachung nach Ablauf der unter 2 festgesetzten Frist ist ausgeschlossen, es sei denn, daß die Einhaltung dieser Frist wegen eines unabwendbaren Zufalles nicht möglich gewesen ist.

4. Ist ein Anspruch rechtzeitig schriftlich erhoben worden, lehnt jedoch der Vertragspartner die Erfüllung ab, so ist der Anspruch innerhalb von 3 Monaten seit der Ablehnung gerichtlich geltend zu machen. Eine spätere Geltendmachung ist ausgeschlossen.

Nr. 88

Manteltarifvertrag für Arbeiter der Metallindustrie im Saarland vom 20. 12. 1966, in der Fassung vom 02. 02. 1979.

§ 30

Erlöschen von Ansprüchen

1. Alle beiderseitigen Ansprüche aus dem Arbeitsverhältnis sind schriftlich innerhalb einer Frist von 3 Monaten nach Fälligkeit geltend zu machen.

2. Eine Geltendmachung nach Ablauf der unter 1 festgesetzten Frist ist ausgeschlossen, es sei denn, daß die Einhaltung dieser Frist wegen eines unabwendbaren Zufalles nicht möglich gewesen ist.

3. Ist ein Anspruch rechtzeitig erhoben worden und lehnt der Arbeitgeber seine Erfüllung ab, so hat der Arbeitnehmer den Anspruch innerhalb von 3 Monaten seit der Ablehnung gerichtlich geltend zu machen. Eine spätere Geltendmachung ist ausgeschlossen.

Nr. 89

Manteltarifvertrag für Angestellte der Metallindustrie im Saarland vom 26. 10. 1967/12. 12. 1967, in der Fassung vom 02.02.1979.

§ 24

Erlöschen von Ansprüchen

1. Alle beiderseitigen Ansprüche aus dem Arbeitsverhältnis sind schriftlich innerhalb einer Frist von 3 Monaten nach Fälligkeit geltend zu machen.

2. Eine Geltendmachung nach Ablauf der unter 1 festgesetzten Frist ist ausgeschlossen, es sei denn, daß die Einhaltung dieser Frist wegen eines unabwendbaren Zufalles nicht möglich gewesen ist.

3. Ist ein Anspruch rechtzeitig erhoben worden und lehnt der Arbeitgeber seine Erfüllung ab, so hat der Arbeitnehmer den Anspruch innerhalb von 3 Monaten seit der Ablehnung gerichtlich geltend zu machen. Eine spätere Geltendmachung ist ausgeschlossen.

Nr. 90

Manteltarifvertrag für Arbeiter der Eisen- und Stahlindustrie im Saarland vom 19. 09. 1975, in der Fassung vom 10. 01. 1979.

§ 35

Erlöschen von Ansprüchen

1. Alle beiderseitigen Ansprüche aus dem Arbeitsverhältnis sind schriftlich innerhalb einer Frist von 3 Monaten nach Fälligkeit geltend zu machen.

2. Eine Geltendmachung nach Ablauf der unter 1 festgesetzten Frist ist ausgeschlossen, es sei denn, daß die Einhaltung dieser Frist wegen eines unabwendbaren Zufalles nicht möglich gewesen ist.

3. Ist ein Anspruch rechtzeitig erhoben worden und lehnt der Arbeitgeber seine Erfüllung ab, so hat der Arbeitnehmer den Anspruch innerhalb von 3 Monaten seit der Ablehnung gerichtlich geltend zu machen. Eine spätere Geltendmachung ist ausgeschlossen.

Nr. 91

Manteltarifvertrag für Angestellte der Eisen- und Stahlindustrie im Saarland vom 19.09.1975, in der Fassung vom 10. 01. 1979.

§ 27

Erlöschen von Ansprüchen

1. Alle beiderseitigen Ansprüche aus dem Arbeitsverhältnis sind schriftlich innerhalb einer Frist von 3 Monaten nach Fälligkeit geltend zu machen.

2. Eine Geltendmachung nach Ablauf der unter 1 festgesetzten Frist ist ausgeschlossen, es sei denn, daß die Einhaltung dieser Frist wegen eines unabwendbaren Zufalles nicht möglich gewesen ist.

3. Ist ein Anspruch rechtzeitig erhoben worden und lehnt der Arbeitgeber seine Erfüllung ab, so hat der Arbeitnehmer den Anspruch innerhalb von 3 Monaten seit der Ablehnung gerichtlich geltend zu machen. Eine spätere Geltendmachung ist ausgeschlossen.

Nr. 92

Manteltarifvertrag für Arbeiter und Angestellte der Metallindustrie in Südbaden vom 18. 07. 1980.

§ 18

Ausschlußfristen und Ausgleichsquittung

1. Ansprüche der Arbeitnehmer aus dem Arbeitsverhältnis sind dem Arbeitgeber gegenüber folgendermaßen geltend zu machen:

   Ansprüche auf Zuschläge aller Art innerhalb von 2 Monaten nach Fälligkeit;

   alle übrigen Ansprüche innerhalb von 6 Monaten nach Fälligkeit, spätestens jedoch innerhalb von 3 Monaten nach Beendigung des Arbeitsverhältnisses.

   Ansprüche, die nicht innerhalb dieser Frist geltend gemacht werden, sind verwirkt, es sei denn, daß der Arbeitnehmer durch unverschuldete Umstände nicht in der Lage war, diese Fristen einzuhalten.

2. Wenn ein Anspruch vom betroffenen Arbeitnehmer oder schriftlich durch den Betriebsrat dem Grunde nach geltend gemacht ist, dann ist, solange der Anspruch nicht erfüllt ist, eine nochmalige Geltendmachung auch für sich anschließende Ansprüche nicht erforderlich.

3. Bleibt die Geltendmachung erfolglos, so tritt die Verwirkung nicht ein, vielmehr gilt alsdann die zweijährige Verjährungsfrist des § 196 Abs. 1 Ziff. 9 BGB. Die zweijährige Frist beginnt mit dem Schluß des Kalenderjahres, in welchem der Anspruch entstanden ist.

4. Für Ansprüche des Arbeitgebers gegenüber dem Arbeitnehmer aus dem Arbeitsverhältnis gelten die Bestimmungen der §§ 18.1 bis 18.3 sinngemäß.

5. Die vorstehenden Ausschlußfristen gelten nicht für solche Ansprüche, über deren Berechtigung zwischen den Tarifvertragsparteien Streitigkeiten bestehen (§ 19).

6. Durch Ausgleichsquittung kann nur auf Ansprüche verzichtet werden, die in der Ausgleichsquittung für den Arbeitnehmer deutlich erkennbar bezeichnet sind.

   Auf tarifliche Ansprüche kann nicht verzichtet werden.

Nr. 93

Manteltarifvertrag für Arbeiter und Angestellte der Metallindustrie in Südwürttemberg-Hohenzollern vom 20. 05. 1980.

§ 18

Ausschlußfristen und Ausgleichsquittung

1. Ansprüche der Arbeitnehmer aus dem Arbeitsverhältnis sind dem Arbeitgeber gegenüber folgendermaßen geltend zu machen:

   Ansprüche auf Zuschläge aller Art innerhalb von 2 Monaten nach Fälligkeit;

   alle übrigen Ansprüche innerhalb von 6 Monaten nach Fälligkeit, spätestens jedoch innerhalb von 3 Monaten nach Beendigung des Arbeitsverhältnisses.

   Ansprüche, die nicht innerhalb dieser Fristen geltend gemacht werden, sind verwirkt, es sei denn, daß der Arbeitnehmer durch unverschuldete Umstände nicht in der Lage war, diese Fristen einzuhalten.

2. Wenn ein Anspruch vom Betriebsrat oder vom betroffenen Arbeitnehmer dem Grunde nach geltend gemacht ist, dann ist, solange der Anspruch nicht erfüllt ist, eine nochmalige Geltendmachung auch für sich anschließende Ansprüche nicht erforderlich.

3. Bleibt die Geltendmachung erfolglos, so tritt die Verwirkung nicht ein, vielmehr gilt alsdann die zweijährige Verjährungsfrist des § 196 Abs. 1 Ziff. 8 und 9 BGB. Die zweijährige Frist beginnt mit dem Schluß des Kalenderjahres, in welchem der Anspruch entstanden ist.

4. Für Ansprüche des Arbeitgebers gegenüber dem Arbeitnehmer aus dem Arbeitsverhältnis geltend die Bestimmungen der §§ 18.1 bis 18.3 sinngemäß.

5. Die vorstehenden Ausschlußfristen gelten nicht für solche Ansprüche, über deren Berechtigung zwischen den Tarifvertragsparteien Streitigkeiten bestehen (§ 19).

6. Durch Ausgleichsquittung kann nur auf Ansprüche verzichtet werden, die in der Ausgleichsquittung für den Arbeitnehmer deutlich erkennbar bezeichnet sind.

   Auf tarifliche Ansprüche kann nicht verzichtet werden.

Nr. 94

Manteltarifvertrag für die gewerblichen Arbeitnehmer aller Werke der Volkswagen AG vom 12. 08. 1970.

§ 12

Geltendmachen von Ansprüchen

12.1 Lohnansprüche sind nach Aushändigung der Lohnabrechnung bei der zuständigen Betriebsbuchhaltung und alle übrigen Ansprüche nach ihrer Fälligkeit bei der zuständigen Personalabteilung schriftlich geltend zu machen.

In beiden Fällen gilt eine Ausschlußfrist von 3 Monaten.

12.2 Ist ein Anspruch rechtzeitig gemäß Ziffer 12.1 erhoben worden und wird seine Erfüllung nachweislich abgelehnt, so ist der Anspruch innerhalb von 3 Monaten seit der Ablehnung gerichtlich geltend zu machen. Eine spätere Geltendmachung ist ausgeschlossen.

Nr. 95

Tarifvertrag für das private Versicherungsgewerbe (Stand 01.04.1980).

§ 24

Verfall von Ansprüchen

Vertragliche Ansprüche aus dem Arbeitsverhältnis verfallen, soweit sie nicht spätestens innerhalb von 6 Monaten nach Beendigung des Arbeitsverhältnisses schriftlich geltend gemacht werden.

Hierunter fallen nicht Ansprüche des Arbeitgebers aus der Einkommensregelung mit Arbeitnehmern des Außendienstes, insbesondere aus einer Provisionsvereinbarung. Entsprechende Ansprüche der Arbeitnehmer im Außendienst müssen jedoch innerhalb einer Frist von 12 Monaten wenigstens dem Grunde nach schriftlich geltend gemacht werden.

Nr. 96

Manteltarifvertrag für die Angestellten in Unternehmen für Städtebau und Wohnungswirtschaft, gültig ab 01. Januar 1979.

§ 15

Fälligkeit und Erlöschen von Ansprüchen

1. Die Vergütung von Mehrarbeit, Nacht-, Sonn- und Feiertagsarbeit ist spätestens am Schluß des übernächsten Monats mit dem Gehalt auszuzahlen.

2. Der Anspruch auf die Vergütung ist binnen drei Monaten nach der Abrechnung für den Monat, in dem die betreffenden Arbeiten geleistet wurden, schriftlich geltend zu machen.

3. Alle übrigen beiderseitigen Ansprüche aus dem Manteltarifvertrag und dem Gehaltstarifvertrag (Eingruppierung) sind binnen sechs Monaten nach ihrer Entstehung, im Falle der Beendigung des Arbeitsvertrages jedoch spätestens binnen zwei Monaten nach Beendigung des Arbeitsverhältnisses, schriftlich geltend zu machen.

   Der Arbeitgeber kann sich vor Ablauf von zwei Monaten nach Beendigung eines Kündigungsschutzverfahrens nicht auf die Verwirkung der während des Gerichtsverfahrens entstandenen Zahlungsansprüche berufen.

Nr. 97

Manteltarifvertrag für die Arbeitnehmer des Groß- und Außenhandels in Baden-Württemberg, gültig ab 01. 01. 1977.

§ 22

Ausschlußfristen

1. Ansprüche aus dem Arbeitsverhältnis sind gegenüber dem Arbeitgeber oder der von ihm bezeichneten Stelle zunächst mündlich, bei Erfolglosigkeit schriftlich innerhalb der folgenden Fristen geltend zu machen:

   a) Ansprüche wegen Nichtübereinstimmung des ausgezahlten Betrages mit der Entgeltsabrechnung bzw. dem Entgeltsnachweis: unverzüglich,

   b) Ansprüche wegen fehlerhafter Errechnung des Entgeltes oder der Abzüge: 3 Monate nach Aushändigung der Entgeltsabrechnung bzw. Auszahlung der Bezüge,

c) alle übrigen Ansprüche:
3 Monate nach Fälligkeit (Urlaub 3 Monate nach Ende des Urlaubsjahres),

d) im Falle der Beendigung des Arbeitsverhältnisses:
3 Monate nach dem Ausscheiden.

2. Für Ansprüche des Arbeitgebers aus dem Arbeitsverhältnis gegenüber den Arbeitnehmern gelten die Fristen des Abs. 1 sinngemäß.

3. Die Ansprüche erlöschen, wenn sie nicht vor Ablauf der in Abs.1 genannten Fristen schriftlich geltend gemacht worden sind.

4. Sind die Ansprüche frist- und formgerecht geltend gemacht, ist ihre Erfüllung aber vom Arbeitgeber schriftlich abgelehnt worden, so muß der Arbeitnehmer, sofern er das Arbeitsgericht anrufen will, innerhalb von 4 Monaten nach Ablehnung Klage erheben. Geschieht dieses nicht, so erlöschen die Ansprüche. Dies gilt auch für Ansprüche des Arbeitgebers gegenüber dem Arbeitnehmer.

Nr. 98

Manteltarifvertrag für die Arbeitnehmer des hessischen Einzelhandels, gültig ab 01. Januar 1981.

§ 16

Fälligkeit und Erlöschen von Ansprüchen

1. Vergütungen von Mehr-, Nacht-, Sonn- oder Feiertagsarbeit sind spätestens am Schluß der folgenden Gehalts- und Lohnperiode mit dem Monatsentgelt auszuzahlen.

   Nicht erfüllte Ansprüche aus dem Arbeitsverhältnis sind dem Arbeigeber gegenüber schriftlich folgendermaßen geltend zu machen:

   a) Ansprüche auf Mehrarbeitsvergütungen und Zuschläge aller Art innerhalb von 3 Monaten, gerechnet vom Gehalts- bzw. Lohnzahltag an, an welchem dem Arbeitnehmer die Abrechnung für den betreffenden Abrechnungszeitraum ausgehändigt wurde.

   b) Alle übrigen Ansprüche aus diesem Tarifvertrag sind spätestens binnen 2 Monaten nach Beendigung des Arbeitsverhältnisses schriftlich geltend zu machen.

2. Diese Fristen sind Ausschlußfristen. Ansprüche, die nicht vor Ablauf dieser Fristen schriftlich geltend gemacht wurden, erlöschen.

3. Für Ansprüche des Arbeitgebers gegenüber dem Arbeitnehmer aus dem Arbeitsverhältnis gelten die Bestimmungen der Ziffern 1 und 2 sinngemäß.

Die Ansprüche erlöschen nicht, wenn dieser Tarifvertrag den Arbeitnehmern nicht ausgehändigt oder im Betrieb nicht ausgelegt oder ausgehängt ist.

Nr. 99

Manteltarifvertrag für die Arbeitnehmer des Einzelhandels. Geltungsbereich Nordrhein-Westfalen, gültig ab 01. 01. 1981.

§ 20

Verfallklausel

1. Die Ansprüche aus dem Arbeitsverhältnis verfallen wie folgt:

   a) 3 Monate nach Fälligkeit:
   Ansprüche auf Abgeltung der Überstunden;

   b) spätestens 3 Monate nach Ende des Urlaubsjahres bzw. Beendigung des Arbeitsverhältnisses.
   Ansprüche auf Urlaub, Urlaubsabgeltung und Sonderzahlungen;

   c) 6 Monate nach Fälligkeit:
   alle übrigen aus Tarifvertrag und Arbeitsverhältnis entstandenen finanziellen Ansprüche.

2. Die Ansprüche verfallen nicht, sofern sie innerhalb der vorgenannten Fristen schriftlich geltend gemacht worden sind.

3. Vorstehende Fristen gelten als Ausschlußfristen.

4. Unter die Verfallklausel fallen nicht solche Ansprüche eines Arbeitgebers oder eines Arbeitnehmers gegen einen Arbeitnehmer oder Arbeitgeber, die auf eine strafbare Handlung oder eine unerlaubte Handlung gestützt werden. Für diese Ansprüche gelten die gesetzlichen Vorschriften.

Nr. 100

Manteltarifvertrag für die Arbeitnehmer im Reisebürogewerbe, gültig ab 01. 01. 1979.

§ 16

Verwirkungsklausel

1. Die Ansprüche aus diesem Tarifvertrag - mit Ausnahme des in Abs. 2 geregelten Falles - erlöschen, wenn sie nicht möglichst umgehend, spätestens aber drei Monate nach Fälligwerden, schriftlich geltend gemacht sind.

2. Ansprüche aus einer eventuellen unrichtig vorgenommenen Einreihung in die Beschäftigungsgruppen erlöschen drei Monate nach Beendigung des Arbeitsverhältnisses, wenn sie bis dahin nicht schriftlich geltend gemacht sind.

Schrifttum

von Bar, Christian: „Nachwirkende“ Vertragspflichten, AcP 179, 452 ff.

Beer, Rudolf: Zur Auslegung tariflicher Ausschlußfristen, AuR 1964, 174 ff.

Berg, Hans: Hauptprobleme der Geschäftsführung ohne Auftrag, JuS 1975, 681 ff.

Beuthien / Weber: Ungerechtfertigte Bereicherung und Aufwendungsersatz, München 1976.

Bickel, Dietrich: Über die Unmöglichkeit eines Grundsatzes der Gleichbehandlung im Arbeitsrecht, Marburg 1968.

Blomeyer, Wolfgang: Besitzstandswahrung durch Tarifvertrag, ZfA 1980, 1 ff.

Böhm / Spiertz: Bundesangestelltentarif (BAT), Kommentar, 2. Auflage, Hamburg, Heidelberg, ab 1963.

Bopp, Peter: Kündigung und Kündigungsprozeß im Arbeitsrecht, Stuttgart, Berlin, Köln, Mainz 1980.

Borrmann: Ausschluß der Verwirkung tariflicher Rechte, BB 1951, 1011 f.

Brackmann, Kurt: Urteilsanmerkung, AP Nr. 52 zu § 4 TVG Ausschlußfristen.

Buchner, Herbert: Urteilsanmerkung, AP Nr. 3 zu § 40 BetrVG.

Clemens: Urteilsanmerkung, AP Nr. 6 zu § 70 BAT.

Crisolli: Urteilsanmerkung, AP Nr. 1 zu § 1 TVG Tarifverträge: Fernverkehr.

Crisolli / Tiedtke: Bundesangestelltentarifvertrag, Kommentar.

Dahns, P.: Keine Wirkung tarifvertraglicher Ausschlußfristen gegenüber Außenseitern, Betrieb 1959, 233 f.

— Zur Wirkung tarifvertraglicher Ausschlußfristen gegenüber Außenseitern, Betrieb 1959, 433 f.

Dersch / Neumann: Bundesurlaubsgesetz, Kommentar, 3. Auflage, München und Berlin 1964.

Dersch / Volkmar: Arbeitsgerichtsgesetz, Kommentar, 6. Auflage, Berlin und Frankfurt/M. 1955.

Diederichsen, Uwe: Die BGB-Klausur, 4. Auflage, München 1978.

Diekhoff, Ludwig: Wahrung einer tariflichen Ausschlußfrist für Lohnansprüche durch Kündigungsschutzklage? BB 1962, 1039 ff.

— Können Ansprüche aus Tarifordnungen verwirken? Betrieb 1959, 112.

— Zur Frage der Fortgeltung von Ausschlußfristen einer Tarifordnung, BB 1958, 771.

— Sind Ausschlußfristen einer noch geltenden Tarifordnung auf tarifvertragliche Ansprüche anwendbar? BB 1958, 592.

Dütz, Wilhelm: Urteilsanmerkung, AP Nr. 50 zu § 4 TVG Ausschlußfristen.

Ehmann, Horst: Die Gesamtschuld, Berlin 1972.

Erdmann, Diethelm: Anwendung tariflicher Ausschlußfristen auch für Ansprüche aus unerlaubter Handlung? Betrieb 1968, 352 ff.

Erman: Handkommentar zum Bürgerlichen Gesetzbuch, 1. Band, 6. Auflage, Münster 1975.

Etzel, Gerhard: Tarifliche Ausschlußfristen und Ansprüche aus unerlaubter Handlung, RdA 1968, 179 ff.

Fabricius, Fritz: Der Rechtsfall im Privatrecht, 2. Auflage, Wiesbaden 1972.

Forsen, Klaus: Die Ausschlußfristen im Arbeitsrecht, Diss. Köln 1966.

Franke, Robert: Verwirkungsklauseln und mangelnder Schutz gegen die Druckkündigung, ein Widerspruch im Arbeitsrecht, JW 1935, 1305 ff.

Frey, Erich: Besprechung von Dieter Gaul, Tarifliche Ausschlußfristen, AuR 1964, 340 f.

Frohn, Peter: Zur Wirkung tarifvertraglicher Ausschlußfristen gegenüber Außenseitern, Betrieb 1959, 432 f.

Gaul, Dieter: Tarifliche Ausschlußfristen, Bedeutung und Verhältnis zu Verjährung und Verwirkung, Heidelberg 1964.

— Urteilsanmerkung, AP Nr. 2 zu § 70 BAT.

Georgiades, Apostolos: Die Anspruchskonkurrenz im Zivilrecht und Zivilprozeßrecht, München 1968.

Göller, Frank: Urteilsanmerkung, AP Nr. 1 zu § 70 BAT.

— Urteilsanmerkung, AP Nr. 77 zu §§ 22, 23 BAT.

Gotzen, Otfried: Urteilsanmerkung, SAE 1962, 217.

Grotheer, Jan: Befristetes Arbeitsverhältnis und Kündigungsschutz, Frankfurt 1973.

Grub: Verjährung arbeitsrechtlicher Ansprüche, AR-Blattei D, Verjährung I (1965).

— Verwirkung von Ansprüchen aus dem Arbeitsverhältnis, AR-Blattei D, Verwirkung I (1951).

Grunsky, Wolfgang: Arbeitsgerichtsgesetz, Kommentar, 3. Auflage, München 1980; 4. Auflage, München 1981.

Güntner, Hans: Der Einfluß der Kündigungsschutzklage auf die Verjährung von Lohn- und Gehaltsansprüchen, Betrieb 1962, 1044 ff.

Haberkorn: Zur Fortgeltung von Ausschlußfristen in Tarifordnungen, NJW 1954, 89 ff.

Hahn, Hans-Otto: Die fehlerhafte Normenanwendung im Arbeitsverhältnis, Berlin 1976.

Heck, Philipp: Grundriß des Schuldrechts, Tübingen 1929.

Herschel, Wilhelm: Negative Regelung in Betriebs- und Tarifordnung und arbeitsvertragliche Ausschlußfrist, DAR 1935, 277 ff.

— Die individualrechtliche Bezugnahme auf einen Tarifvertrag, Betrieb 1969, 659 ff.

— Urteilsanmerkung, AP Nr. 3 zu § 197 BGB.
— Urteilsanmerkung, AP Nr. 23 zu § 615 BGB.
— Urteilsanmerkung, AP Nr. 1 zu § 1 TVG Bezugnahme auf Tarifvertrag.
— Urteilsanmerkungen, AP Nr. 34, 37 zu § 4 TVG Ausschlußfristen.
— Urteilsanmerkung, AP Nr. 1 zu § 4 TVG Ordnungsprinzip.
— Urteilsanmerkung, AP Nr. 1 zu § 8 TVG 1969.
— Urteilsanmerkung, AP Nr. 10 zu § 7 BUrlG Abgeltung.
— Urteilsanmerkung, JZ 1961, 237.
— Urteilsanmerkung, AP 1951, Nr. 82.
— Die tarifvertragliche Verzichtausschlußklausel, Erfurt 1933.

Hessel, Philipp: Urteilsanmerkung, AP Nr. 53 zu § 4 TVG Ausschlußfristen.

Hofmann, Paul: Urteilsanmerkung, SAE 1970, 60 ff.
— Urteilsanmerkung, SAE 1967, 56 ff.

Horst, Helmut: Urteilsanmerkung, SAE 1959, 32.

von Hoyningen-Huene, Gerrick: Die Bezugnahme auf den Tarifvertrag — ein Fall der Tarifbindung, RdA 1974, 138 ff.

Hueck, Alfred: Tarifausschlußklausel und verwandte Klauseln im Tarifvertragsrecht, München und Berlin 1966.
— Urteilsanmerkungen, AP Nr. 6, 27 zu § 4 TVG Ausschlußfristen.

Hueck, Götz: Der Grundsatz der gleichmäßigen Behandlung im Privatrecht, München 1958.
— Urteilsanmerkungen, AP Nr. 30, 33, 41 zu § 4 TVG Ausschlußfristen.

Hueck / Nipperdey: Lehrbuch des Arbeitsrechts, I. Bd. 6. Aufl., Berlin und Frankfurt/M. 1959, II. Bd. 1. Halbbd., 7. Auflage, Berlin und Frankfurt/M. 1967, II. Bd. 2. Halbbd., 7. Auflage, Berlin und Frankfurt/M. 1970.

Hueck / Nipperdey / Stahlhacke: Tarifvertragsgesetz, Kommentar, 4. Auflage, München und Berlin 1964.

Hueck / Nipperdey / Tophoven: Tarifvertragsgesetz, Kommentar, 3. Auflage, München und Berlin 1955.

Isele, Helmut Georg: Urteilsanmerkung, AP Nr. 17 zu § 670 BGB.

Janssen, Heinrich: Urteilsanmerkung, SAE 1961, 12.

Kempff, Gilbert: „Treuepflicht" und Kündigungsschutz, Betrieb 1979, 790 ff.

Kraft, Alfons: Urteilsanmerkung, AP Nr. 11 zu § 4 TVG.

Krevet, Reinhold: Tarifliche Ausschlußfristen und Ansprüche aus unerlaubten Handlungen, BB 1969, 185 f.

Kunze, Otto: Zur Frage des Verzichts und der Verwirkung von Tarifansprüchen, RdA 1951, 227 ff.

Larenz, Karl: Allgemeiner Teil des deutschen bürgerlichen Rechts, 4. Auflage, München 1977.
— Urteilsanmerkung, SAE 1960, 80 f.

Leser, Heinrich: Ausschlußfristen im Arbeitsrecht, AR-Blattei D, Ausschlußfristen I, 1979.

— Tarifliche Ausschlußfrist und Ansprüche aus unerlaubter Handlung, BB 1968, 171 ff.

— Arbeitgeberansprüche und tarifliche Ausschlußfristen, BB 1961, 1088.

— Tarifliche Ausschlußfristen und Arbeitgeberansprüche, Betrieb 1959, 1196 f.

— Zur Anwendung von Ausschlußfristen einer noch geltenden Tarifordnung auf tarifvertragliche Ansprüche, BB 1958, 700.

Lesser, Martin: Der Inhalt der Leistungspflicht, Breslau 1909.

Lieb, Manfred: Richterliche Inhaltskontrolle und Rechtsfortbildung, Betrieb 1973, 69 ff.

— Urteilsanmerkung, AP Nr. 43 zu § 4 TVG Ausschlußfristen.

Lüke, Gerhard: Arbeitsgerichtliche Kündigungsschutzklage und Verjährung des Gehaltsanspruchs, NJW 1960, 1333 f.

Maus, Wilhelm: Urlaubsrecht, Handbuch des Arbeitsrechts, Baden-Baden 1965 ff.

Mayer-Maly, Theo: Urteilsanmerkung, SAE 1966, 251.

Molitor, Karl: Urteilsanmerkung, SAE 1959, 142.

Müller, Gerhard: Gesetzgebung und Richterrecht, Betrieb 1981, 93 ff.

Natzel: Verjährung von Lohnansprüchen im Rahmen eines Kündigungsschutzverfahrens, Betrieb 1960, 176 ff.

— Tarifliche Ausschlußfristen im Rahmen des Kündigungsschutzverfahrens, Betrieb 1962, 67 ff.

Natzel, Benno: Urteilsanmerkung, SAE 1967, 140.

Neumann-Duesberg, Horst: Urteilsanmerkung, AP Nr. 9 zu § 59 BetrVG 1952.

— Urteilsanmerkung, SAE 1969, 214.

Nikisch, Arthur: Arbeitsrecht, Bd. I 3. Aufl., Tübingen 1961, Bd. II 2. Aufl., Tübingen 1959.

— Urteilsanmerkung, SAE 1958, 116 ff.

Nipperdey, Hans Carl: Urteilsanmerkung, ARS 27, 288.

— Urteilsanmerkung, ARS 28, 264 ff.

Okuda, Masamichi: Über den Anspruchsbegriff im deutschen BGB, AcP 164, 536 ff.

Palandt: Bürgerliches Gesetzbuch, Kommentar, 42. Auflage, München 1983.

Pawelke, Ansgar: Zur Wirkung tarifvertraglicher Ausschlußfristen gegenüber Außenseitern, Betrieb 1959, 432.

Pawlowski, Hans-Martin: Ein neues Verfahren richterlicher Rechtsfortbildung? ZFA 1974, 405 ff.

Peter, Manfred: Mandatsausübung und Arbeitsverhältnis, BlStSozArbR 1977, 257 ff.

Potthoff, Heinz: Urteilsanmerkung, JW 1930, 740.

Rappenecker, Otto: Verwirkung, AR-Blattei D, Verwirkung I (1977).

Rewolle, Hans-Dietrich: Verzicht und Verwirkung von Tarifansprüchen, RdA 1950, 8 ff.

Richardi, Reinhard: Kollektivgewalt und Individualwille bei der Gestaltung des Arbeitsverhältnisses, München 1968.

— Ausschlußfristen bei unabdingbaren gesetzlichen Ansprüchen, insbesondere dem Urlaubsanspruch, RdA 1962, 62 ff.

Rittner, Fritz: Urteilsanmerkung, SAE 1968, 238 ff.

— Urteilsanmerkung, AP Nr. 42 zu § 4 TVG Ausschlußfristen.

Säcker, Franz-Jürgen: Fristenhemmung und Fristenrestitution im Zivil- und Zivilprozeßrecht, ZZP 80, 421 ff.

Schaub, Günter: Arbeitsrechts-Handbuch, 4. Auflage, München 1980.

Schelp, Günther: Urteilsanmerkung, AP Nr. 28 zu § 4 TVG Ausschlußfristen.

Schelp / Trieschmann: Das Arbeitsverhältnis im Krankheitsfalle, Köln 1958.

Scheuerle, Wilhelm A.: Das Wesen des Wesens, AcP 163, 429 ff.

Schneider, Heinz: Die Ausschlußfrist nach dem Konkursausfallgeldgesetz, BB 1978, 1172 ff.

Schnorr, Gerhard: Urteilsanmerkung, SAE 1966, 237 f.

Schnorr von Carolsfeld, Ludwig: Urteilsanmerkung, AP Nr. 46 zu § 4 TVG Ausschlußfristen.

— Urteilsanmerkung, AP Nr. 5 zu § 670 BGB.

Schumann, Hans-Heinrich: Zur Fälligkeit von Schadensersatzansprüchen bei Schlechtarbeit unter besonderer Berücksichtigung tariflicher Ausschlußfristen, Betrieb 1967, 1319 ff.

Sieg, Karl: Urteilsanmerkung, AP Nr. 36 zu § 4 TVG Ausschlußfristen.

Sieg / Gärtner: Urteilsanmerkungen, AP Nr. 39 u. 40 zu § 4 TVG Ausschlußfristen.

Söllner, Alfred: Arbeitsrecht, 7. Auflage, Stuttgart, Berlin, Köln, Mainz 1981.

— Urteilsanmerkung, SAE 1970, 11.

— Zu Sinn und Grenzen der Vereinbarungsbefugnis der Tarifvertragsparteien, AuR 1966, 257 ff.

Soergel / Siebert: Bürgerliches Gesetzbuch, Band 2, 10. Auflage, Stuttgart, Berlin, Köln, Mainz 1967.

Spiro, Karl: Die Begrenzung privater Rechte durch Verjährungs-, Verwirkungs- und Fatalfristen,

Band I: Die Verjährung der Forderungen, Bern 1975,

Band II: Andere Befristungen und Rechte, Bern 1975.

Stahlhacke, Eugen: Geltendmachung von Ansprüchen, die einer tariflichen Ausschlußfrist unterliegen und Beginn des Laufes von Ausschlußfristen, BB 1967, 1487 ff.

— Die Beeinflussung der Effektivlöhne durch Tarifverträge, RdA 1962, 223 ff.

Staudinger / Weber: Recht der Schuldverhältnisse (§ 242 BGB), 11. Auflage, Berlin 1961.

Stein / Jonas / Schönke / Pohle: Kommentar zur Zivilprozeßordnung, 19. Auflage, Tübingen, 1964 ff.; 20. Auflage, Tübingen 1977 ff.

Tamm, Adolf: Die Verwirkungsklauseln in den Tarifverträgen, RdA 1959, 450 ff.

Thiele, Wolfgang: Urteilsanmerkung, AP Nr. 9 zu § 5 BUrlG.

Tophoven, Ernst: Ausschlußfristen in Tarifordnungen, RdA 1951, 441 ff.

— Urteilsanmerkung, AP Nr. 1 zu § 4 TVG Ausschlußfristen.

— Urteilsanmerkung, AP Nr. 12 zu § 1 TVG Auslegung.

— Urteilsanmerkung, AP Nr. 10 zu § 611 BGB Lohnanspruch.

— Urteilsanmerkungen, AP 1951 Nr. 182, 208.

Trieschmann, Günther: Urteilsanmerkung, AuR 1964, 29 ff.

— Besprechung von Natzel, Bundesurlaubsgesetz 1963, AuR 1963, 311 f.

Trinkner, Reinhold: Urteilsanmerkung, BB 1967, 1375 f.

Uttlinger / Breier: BAT, Bundesangestelltentarifvertrag, Kommentar, München 1980.

Volkmar: Urteilsanmerkung, ARS 29, 72 f.

Waechter, Heinz: Tarifliche Ausschlußklauseln in der Rechtsprechung des Bundesarbeitsgerichts, Betrieb 1966, 1808 ff.

Walter: Urteilsanmerkung, SAE 1955, 235 f.

Weber, Hansjörg: Die Nebenpflichten des Arbeitgebers, RdA 1980, 289 ff.

— Urteilsanmerkung, SAE 1980, 123 ff.

— Zur Lehre von der fehlerhaften Gesellschaft, Berlin 1978.

— Urteilsanmerkung, AP Nr. 3 zu § 3 BAT.

— Urteilsanmerkung, AP Nr. 7 zu § 70 BAT.

— Die Kündigung eines Betriebsratsmitgliedes aus wichtigem Grund, NJW 1973, 1953 ff.

— Inhaltsgrenzen für Allgemeine Geschäftsbedingungen, Diss. Marburg 1966.

— s. a. Beuthien / Weber.

Westermann, Harm Peter: Urteilsanmerkung, AP Nr. 1 zu § 340 BGB.

Wiedemann, Herbert: Urteilsanmerkung, AP Nr. 20 zu § 670 BGB.

— Urteilsanmerkungen, AP Nr. 56—59 und 60 zu § 4 TVG Ausschlußfristen.

Wiedemann / Stumpf: Tarifvertragsgesetz, 5. Auflage, München 1977.

Wolf, Ernst: Lehrbuch des Schuldrechts, 2. Bände, Köln, Berlin, Bonn, München 1979.

— Urteilsanmerkung, AP Nr. 49 zu § 4 TVG Ausschlußfristen.

— Das Arbeitsverhältnis. Personenrechtliches Gemeinschaftsverhältnis oder Schuldverhältnis? Marburg, 1970.

Zöllner, Wolfgang: Arbeitsrecht, 2. Auflage, München 1979.

— Privatautonomie und Arbeitsverhältnis. Bemerkungen zu Parität und Richtigkeitsgewähr beim Arbeitsvertrag, AcP 176, 221 ff.

— Urteilsanmerkung, AP Nr. 31 zu § 4 TVG Ausschlußfristen.

Kolibri 360 GmbH
Ferdinand-Jühlke-Straße 7
99095 Erfurt, Deutschland
produktsicherheit@kolibri360.de

Druck:
CPI Druckdienstleistungen GmbH
im Auftrag der
Kolibri 360 GmbH
Ferdinand-Jühlke-Str. 7
99095 Erfurt